完胜股市

——炒作套路及操作流程

吴迪　著

中国计量出版社

图书在版编目(CIP)数据

完胜股市：炒作套路及操作流程/吴迪著．—北京：中国计量出版社，2009.6
ISBN 978-7-5026-3013-3

Ⅰ.完…　Ⅱ.吴…　Ⅲ.股票-证券投资-基本知识　Ⅳ.F832.51

中国版本图书馆 CIP 数据核字(2009)第 066083 号

中国计量出版社出版
北京和平里西街甲 2 号
邮政编码　100013
电话(010)64275360　65934271
http://www.zgjl.com.cn
三河市鑫利来印装有限公司
新华书店北京发行所发行

*
787mm×1092mm　16 开本　印张 12.125　字数 152 千字
2009 年 6 月第 1 版　2009 年 6 月第 1 次印刷
*
印数 1-20 000　**定价：**30.00 元

目　录

来自读者的声音(代序)

——摘自金融宝典网站论坛

吴迪“经典形态 3+1”是股票市场的法宝

以前我做股票，要研究上市公司的基本面、国家的政策面，每天买报刊、杂志，看各种网站，为的是获得大量市场信息，信息越是完整，盈利的可能也就越大，说白了，费这些劲目的只有一个：就是为了买一个好股票！

但是，研究这些基本面、政策面，又要有很多专业知识，才能搞懂，一般没有这方面经验的投资者根据看不懂，有谁能看出上市公司账务有问题？十个里边能有一个就不错，但是十个公司至少也有那么五六家不同程度做假。虽然基本面分析有用，但是好麻烦！

但是传统的技术面，如 MACD、KDJ、BOLL 等需要满足很多技术条件要求才能买入，也不是就那么简单的金叉买死叉卖，虽然说传统指标有一定用处，但就技术面而言，它们所包含的技术面的东西又太少了，一般的投机者很难掌握，有多少投资者就是套在了金叉上啊！

现在国家在规范股票市场，靠消息做股票的机会越来越少了。国家在规范各项各业的市场规则，靠人际关系做生意的机会越来越少了。国家大力提倡创新经济，靠传统做事的人的生存越来越艰难了。今后的市场我们这些中小投资者怎么办？今后国家是朝国际化发展，市场是有资金实力、核心技术、百年品牌的企业和人的天下。

所以，我们要想作好分析，在基本面不行的情况下，利用技术面完全就可以做到获利了！吴迪老师不就是利用经典形态“3+1”为我们准确的把握大盘和个股了吗？通过学习吴迪老师的理论知道怎样赚钱和怎样不亏钱了。

以前的亏损是自作聪明造成的，是贪婪、恐惧、希望、赌气等造成的，但现在却不了，我理性了，并且分析的技术层次也更全了，因为“经典形态3+1”是股票市场的“核心技术”、“铁血纪律”和“赚钱机器”。

其实技术核心就是量和价、乖离，只有从这三方面入手，盈利的可能才会大。所以，我说技术分析就是股票市场赚钱的法宝！

因为我们不懂基本面分析，如果我们还不学好技术分析怎么可能赚钱？所以，与其自个学，不如直接拿来别人的成熟的方法去操作，这才是赚钱的捷径！有人说，学习吴迪理论要花钱，其实我认为，你学习吴迪理论不但没花钱，反而还赚钱了！赚谁的钱？一是赚全国其他股民的钱，因为我们的武器比他们先进！哪个庄家哪个基金没有自个的内部分析软件？我们有啥？啥也没有还想赚钱?！二是赚无智者的钱，现在的新股民就是我们赚钱的对象，他们有什么？三无人士，不赚他们的钱赚谁的？三是赚上市公司，通过吴迪理论选股可以找到大龙头，你想啊，公司牛的，股票能有弱的吗？四是赚GDP，经济不断发展，股票自然水涨船高，虽然是这样，但如果没有正确的方法，那你就只能眼看着别人从你口袋里拿钱，但你却没办法了。

——味精

没有3+1就没有今天的我，感谢吴老师。

我是1999年入市的股民，古金中外的股票书籍看了不少，可在准确买卖点位上一直无法突破瓶颈，直到2006年4月买了一本名叫《大炒家》的书，接触到手法非常到位的3+1，这3+1厉害了，任何国内作者都沾不上边。至于收益，2006年的普涨大行情不多说了，乱买乱赚，没什么技术而言。从5·30到现在的收益一般好，不是很好，只有2008年，3+1令我受益非浅，感谢吴老师无私的传授。

——飙股

吴迪的技术世界无敌

我是一个老股民，在股市屡战屡败，亏损惨重，自从接触到3+1，只学了一个月就能天天买到大阳线，只用一个月就把以前的亏损全补回来了。3+1真是太厉害。学了3+1股市变成取款机。

——xx5w10

透彻领悟，日击必涨!

经过三个月的大炒家软件熟悉和使用，现在我基本上做到天天抓取到涨停股票了。定位超级短线，每天搏击涨停股票，次日卖出。一个字：爽!

真心感谢吴老师，天才！足令我这样的北大学生佩服到五体投地。

——fuliliwei

一代投资大师

在证券投资逾百年的历史长河中，涌现了无数的风流人物：杰西利沃默、摩根、巴菲特、索罗斯、彼得林奇、江恩等。而在中国证券18年的发展史中吴迪开创的"3+1实战操作体系"无疑具有划时代的意义。将中国在世界金融投资领域的地位和水平得到了质的飞跃，彰显了什么是真正的中国"功夫"。

江恩是在其交易生涯结束后才将自己的交易体系公布于众。而吴老师则是在自己的交易黄金时期将3+1体系毫无保留地奉献出来这是多么伟大的胸怀啊!

我自己原来没有彻底领悟3+1的时候也曾经怀疑过，但是当看到别人赚的挺好的时候就明白问题还是在自己这边。然后放下怀疑刻苦钻研理论并与实战相结合才有了今天的收获。只有成功了你才能明白吴老师所说的写书出软件赚不了几个小钱。那完全是在用一颗真诚的心在帮助大家，费那么大劲干嘛，在家轻松的敲敲键盘大把大把的钞票就来了。不要用常人之心来理解一颗伟大的胸怀。

回到正题，大家学了3+1跟身边没学的股友比起来确实高明一些，什么平台、五弯十等等经典形态，分时横盘啦都知道，但是我们每天交易所面对的对手却不是身边的股友，而是具有职业五六段以上水平的高手，而你只具有业余1、2段或者更低的水平，后果是没有什么悬念的。我们惟一的出路就是刻苦、努力、认真地学好“3+1”达到五六段或者九段的水平才能在股市中有所收获。

让我们共同努力吧，用实际行动来体现“3+1”的无穷魅力，不辜负吴老师的一片苦心。吴迪——一代伟大的投资大师！

我学3+1历程的一些感想。

我在这个论坛发帖的过程，其实也是自己看书学习3+1的过程。通过写帖子，可以强迫自己把在学习过程中的一些想法归总一下，毕竟要怎样写，总要想上一想的，这强迫自己想一想，也算是在学习过程中经常总结一下经验嘛。

最开始看到的是《英雄无敌》这本书，不过，和看其他大多数股票书一样，看了之后也就束之高阁了，因为那上面讲的东西自己一开始没有适应的感觉。只是，虽然书放置一旁了，但心里还是时时记挂着。再就是，看了这本书之后，知道了有个吴迪，以及他的网站，此后经常到那个网站(不是现在这个网站)去看一看，记得网页中间有吴迪对大盘的看法和操作策略什么的，不过，当时吴迪的那些看法其实自己是没什么感觉的，因为自己对吴迪的3+1理论根本还是一个门外汉嘛。

后来网站上面登出了《大炒家》一书出版的消息，于是自己先到书市里去找，结果没有找到，于是干脆就按吴迪网站上面的地址汇款邮购算了。等了大概一个星期的时间从邮局里拿到了书，又有了一两天的时间吧，就粗略地把整本书翻完了。翻完《大炒家》后，就急忙又把《英雄无敌》翻出来看，这个时候才觉得自己对3+1知道了一点点了。当时感觉《大炒家》这本书的编排更加系统化些，讲解的也非常细致，回过头再翻看《英雄无敌》，也就觉得感觉多了一点了。

当时最深的感觉就是，吴迪的书教你眼睛往什么地方瞅，3+1的规范是非常简明的。而这一点是我看了很多其他的股票书所没有的感觉，市面上很多股票书，要么偏重于理论方面，空泛的太多，看了之后还是不知道怎么下手，要么偏重于个人经验的集合，一大锅粥五颜六色的，结果还是不知道眼睛应该专注到什么地方。而吴迪的书规范的极为简明，这与以前在学校学习数学呀物理呀化学呀上面的简明的定律公式一样，有科学理论的模样。

当然，我这样说也并不是要贬低其他的那些股票书，我不能因为我学不会那些股票书上的东西就把那些股票书贬的一钱不值。再者说，就算自己认为吴迪的书好，也并不等于自己就一定能学会学好吴迪的理念和方法。此后的过程也说明了这个问题。

看了吴迪的契合买点 3+1 的金钥匙般的公式后，算是第一次在脑袋里初步建立了一个选股的标准，这就好比有了一个初步的筛选器，通过筛选，从股市中寻找某类股票。刚一开始，自己选出的五弯十呀之类的形态常常失败，这样的问题发生了很长时间，突然有一天想到，自己选出的那些五弯十形态真的符合吴迪制定的标准吗？带着这个问题，于是在吴迪的《大炒家》书里面反复观摩书上的例子，看那些例子的形态是如何与金钥匙吻合的。通过这样的再学习，选择五弯十形态的时候要求更严格些了。

在这个过程中，有过操作成功，也有操作失败，但是，有一点是肯定的，就是自己的选股操作与学习 3+1 之前相比，显然盲目性减少了很多。以前买卖股票根本就是不知所云的瞎买瞎卖，现在至少有些针对性了。

在这个过程中还感到，有时候心态也有很多问题，有时候形态调的很好了，反而不敢下手，而有的形态调的不怎么好，却一冲动就下手了。这个问题可以说在这个过程中是反复纠缠着。

从不知道 3+1，到知道了一些 3+1，这多少也算一点进步吧。与学习 3+1 之前想比，过去实际上根本就一直在股市技术的门外磨蹭徘徊，就算看了不少股市理论书籍，却多年来连进入技术分析的门槛都找不到。当然，也不能总是去责怪那些书，内因是主要的嘛，关键还是自己不够聪明。不过，在学习了一些 3+1 后，结合在 3+1 的学习实践过程中，过去读过的那些股票书里讲的知识在一定程度上来讲又开始活起来了，把那些书上讲的知识都围绕 3+1 来展开思考，在一定程度上也帮助自己加深理解 3+1。

在这个过程中，有个现象令人非常困扰，那就是，虽然在尽力地按照 3+1 去实践，但在实战中，自己常常与那些大涨的股票无缘，或者偶尔碰巧买到了后来证明是强势的股票，但自己常常早早就卖出了。想不通呀想不通。

看到吴迪最后要出版一本新书的信息，当时就留意上了，当时去书市的频率也有点高，终于让我看到有个常卖经济类书籍的书店摆放着《大师秘笈》一书，当时就赶紧买了。

但是，把《大师秘笈》从头看到了尾之后，对上面的那个问题，就是感觉好像找到了答案，但是却又不知道如何下手去做。

碰巧在这波大盘反复下跌的过程中，时不时地总能冒出一些走强并拉出一定幅度的股票，这个现象反复出现，也就促使自己去思考这种现象，也就逐渐加深了自己对吴迪反复强调的抗跌的理解。

并且在这波大盘的反复下跌中，看着五弯十等形态经常失败的现象，更促使自己去追问原因。突然，趋势和强势股这两个概念在头脑里反复闪现，于是拿起《大师秘笈》翻来覆去地阅读、分析、比较，于是又产生了一些新的感觉。这些感觉在近期的几个帖子里写了，其中有的内容有重复，那是因为自己对一些东西感觉太强烈的原故。

问题就是，如果以为自己仅仅把那个契合买点 3+1 的金钥匙公式背会了，就能成为股市的高手的想法是肤浅的。如果会背公式就能成为高手的话，那么，是不是会背数学呀物理呀化学呀书上的公式后，就能成为这些方面的高手专家呢？那是根本不可能的。一个人靠单一的知识是无法成为真正高手的，要成为真正的高手是需要综合素质的训练积累的。

个人感觉，学习吴迪的 3+1 理论，首先一定要把吴迪用到的各个概念的内涵准确地把握，要按照吴迪的定义去把握，否则就可能误解吴迪讲的一些观点。吴迪书中有与其他股票书使用同样的概念，但是定义上有所区别，正确辨别这些区别，将有助于更准确地理解吴迪的观点。

再就是，要把吴迪讲的那些知识融会贯通，如契合买点3+1，个股行情四个层次，主抓强势股，如分析股票的一般思路：架构——趋势——波段——形态——K线——分时买点——盘口，等等。要把自己认为理解的观点与吴迪书上讲的观点反复比较对照，看是不是符合吴迪的原意。这其中最应该注意的问题就是，不要把自己的观点强加到吴迪头上，然后自己犯错误后却去指责吴迪理论。在脱离吴迪的书本时，能够用自己的语言真正准确表达出吴迪理论的内容。

总的来说，我之所以花很大的精力学习3+1，是因为其他的股票书籍无法给我需要的东西，而吴迪的书籍恰能满足我感觉需要的东西。在整个学习过程中，犯过无数的错误，但至今仍没有放弃，因为就算现在放弃学习3+1的话，那么又有什么其他的股票书能取代呢？如果在学习3+1之前就从其他股票书籍上学到了需要的技术，那也许根本就不会有机会另外花精力去学3+1了。因为不放弃，那就必须不断反思，从开始不懂3+1，逐渐到懂得多一些3+1，到懂得深一些3+1，在实际操作中，感觉自己的能力确有一些提高，那就表明希望还是存在的。通过不断学习3+1，至少让我能够感到希望。

——Gos

谈谈自己对吴老师四本书的研读顺序

吴老师在股市征战的历程中陆续出了《赢家绝技》、《英雄无敌》、《大炒家》、《大师秘笈》，我们可以很清晰的看到这样一条主线在里面分时、3+1、架构、趋势，是一个不断加法的过程。对于我们学习3+1理论的爱好者而言，也许趋势、架构、3+1、分时，这样一个不断减法的过程更适合我们。《大师秘笈》这本书最好先看，你可以把握不同的市场趋势下的操作，个股运行四个层次是3+1理论王冠上的明珠。

——老梦周

3+1 应该是一整套的思路

我个人以为，3+1 绝不仅仅就是用“金钥匙”描述的一个公式，而更是一整套的思路。

《大炒家》一书的第一章讲架构，就提到了这样一整套的分析思路。即：

架构——趋势——波段——形态——K 线——分时(点位)——盘口

我这样写可能与《大炒家》书上的写法略有差别，但我以为是符合书中原意的。

分析一只股票，就要按这套思路，从大到小，又从小到大，整体与部分表现的协调，那可靠性就越高。

从这套思路就看出，3+1 是藏在架构趋势里面的，打个比方的话，就是树木和森林的关系，如果不能从整体上对趋势架构有一定的理解，而只是把眼光放在局部搜索 3+1，那就很可能迷失在丛林中。比如说，当前很多股票都是刚刚从前期高位跌下来后出现的反弹，在一些反弹中也构造出了 3+1 的样子，但是这样失败的股票比较多。不过，也不能说反弹中的一切 3+1 都是假的，其中也有真的，但是比例相对较低，一般来说，下跌幅度过大的股票，相对而言可能的反弹空间也越大，这种股票反弹时作出 3+1 的样子后往往会继续向上冲一冲。有的甚至拉出不小的涨幅，比如前期的证券类股票，其中有国金证券等就是如此。要提高抓 3+1 的成功率，一般要求股票是走向上趋势的，在向上趋势的股票中找 3+1 可靠性才相对较高。这也就要求对如何研判趋势也应该进行学习，提高研判趋势的能力。

再就是学习找 3+1 的形态时，我认为应该多多揣摩吴迪书上的示例，看看吴迪眼中选出股票的各种形态应该是怎么样的。有的人在股市找出的看上去像 3+1 的股票，但是按吴迪书中的规范来说却有些勉强，量价变化不规范，比如有的五弯十，看上去是五弯十的样子，但实际上是在盘头，而不是盘整，这样的五弯十自然容易失败了。

另外，我感觉吴迪在使用趋势这个概念时与其他股票书籍有些差别。吴迪在用趋势这个概念时，一般是指由两个以上波段构成的股价波动，是指大概以10日均线为低点，这与波浪理论提到的波浪相似。

但是，对于架构来说，也用到趋势这个概念，这个时候的趋势是泛指总体上的方向。

而对于波段来说，吴迪规定的是以五日均线为低点。

吴迪在提到抓连续上扬的强势股的时候，还提到一个市场环境的问题，就是要求大盘最好是处在走向上趋势中向上波段中，换言之就是，大盘的5、10日均线多头向上。有了这个条件，追击可能连续上涨的强势股时成功率会大大提高。高开下打技术不是随便用的，在不同的市况下成功率是不同的。

至于在分时走势中捕捉买点，具体的情况就更复杂些，其实在吴迪的表述中，分时横盘和不破前低都是同一种东西，那就是箱体，无非就是振幅大小不同而已。在与大盘分时走势比较时要注意的就是，是把个股分时走势与大盘分时走势向下走时进行比较，这样才体现出抗跌嘛。个股分时还有种情况也可关注，就是个股分时一开始也跟着大盘三波下调，但是在大盘分时反弹时，个股分时能够反弹提升的幅度更高，显出比大盘强势的情况。

总之就是，学用3+1，不能仅仅只背那个公式，当然公式是一定要掌握的，而且还要训练总体视野的眼光，这样，在有架构安全趋势保障的情况下，抓起3+1来成功率才能有效提高。

——Gos

吴迪敢搞实战代培肯定功夫了得

进入股市，在股市泡上那么一段时间，经历过股市上涨下跌折腾过的人都能体会到，股票不是那么好炒的。

不管是自己读书看报，还是去听各种讲座什么的，看过听过之后，可能当时会觉得自己掌握股市了，甚至心中产生一些雄心勃勃的感觉，想在股市上大干一场甚至想象自己能在股市上大展宏图一般。

可是，这种感觉很快就会在被现实的市场打的晕头昏脑的。

浏览吴迪的网站可以看到，吴迪除了出了些书，而且还开授课班，竟然还搞过实战代培。

实战代培，可以说是在实际操作中手把手地带徒弟了，应该是要讲思路并进行实际操作的。显然，一个人功夫如何，在实战中是可以立马得到检验的。有机会得到吴迪实战代培的人，按照武侠小说里的说法，应该算是吴迪的嫡传弟子了。迄今为止，还未看到有这样的嫡传弟子出来说吴迪是骗人的，想必是在实战中已经被吴迪的实战水平折服了。

当然，不管是嫡传弟子也好，还是听过吴迪讲座的也好，以及很多只看过吴迪的书籍朋友也好，由于个人领悟能力的区别，不可能人人学了3+1就能成为股市高手的。这世上也没有任何人敢打包票说学了他的功夫就成为武林高手的，能够学到什么水平程度这还跟具体学的人是有关的。

要是吴迪再出一本关于3+1培训规程的书就更锦上添花了，就像围棋划分段位一样，学习3+1也划分规定出一个进阶的程序出来，一级、二级、三级等等，各位学习3+1的人只需对照规定大概就明了自己的功夫练到哪一级了。

现在吴迪通过之前出的几本书，已经很系统全面地阐述了3+1这一核心理念体系，并在《大师秘笈》里披露了利用3+1进行超常规战法的手段，但是，多数人估计都是那么笼统地在学习，虽然都能背出3+1的规定，但是未必都能头脑清晰地进行运用。

比如说，学习3+1就要注意吴迪对于一些概念的使用是与其他股票书籍有些区别的，如整理和回调，吴迪虽然使用的是同一个名词，但是有其特殊的规定，吴迪不过只是借用这些词语而已。如果不区分清楚这些概念，那么在抓六大经典形态的时候可能就抓不准。六大经典形态归纳的就是股价的各种休整形态，其共性就是3+1里关于3的规定，如成交量的萎缩过程，K线由大到小的收缩过程，以及相对于5日10日均线乖离的缩小过程等。

一般来说，休整要有休整的样子，形态就要有形态的样子，好比人们常说的，站有站相、坐有坐相一样，股价既然要休整那就老老实实地去休整，做出休整形态的样子出来，股价最好不要在休整做形态的时候忽高忽低上蹿下跳的，这种休整时不老实的形态，尽管样子好像五弯十，但实质上未必是那么回事，关键还是严格按照 3+1 里关于 3 的规定认真审核。

敢搞实战代培的，如果自己功夫不行的话，那很容易就会穿帮。反之，敢搞实战代培，必然是对自己的水平相当有信心的，而且功夫也的确了得才行。

如果一个人敢说，自己能够实战代培了，那么，他的水平也应当是达到相当的高度了。

——gos

从 3+1 看一些股市理论

吴迪声称写书出书是为中小散户服务的。中小散户资金有限，如何高效地运用资金是 3+1 的一个重要特色。

在接触 3+1 之前，看过其他关于股市方面的一些理论，如道氏之趋势理论，艾略特之波浪理论，江恩理论等等经典理论。还看过威廉姆的《证券混沌操作法》，欧奈尔的《笑傲股市》等等书籍。其中《笑傲股市》书中讲解过一些形态方面的知识，与 3+1 有一定的共性所在。

但是，这些书籍所讲述的理论和技术等方面的知识，相对于 3+1 来说，都还显得粗放了些，而 3+1 已经深入到分时走势研判当中了，而且能够把分时走势研判与 K 线组合形态、波段走势融为一体。市面上也有些书籍讲分时走势的，但是太孤立，与市场存在一定的割裂。

如果继续深入的话，那目标只能是盘口数据了。即时委买委卖成交的盘口数据是演化出一切股市数据、指标、技术、理论的源泉。其中潘伟君的《看盘细节》一书中讲过一些盘口知识，可谓是相关书籍中的经典之作，他也是能够把盘口数据与股票价格的整体走势融为一体的。

从整体宏观上来看，自股市诞生的那一天起，股价永远不停息地在做涨跌循环的波浪起伏运动，可以说涨跌循环是一个基本的股市原理。从这里出发而演化出架构、趋势、波浪，以及各种折返幅度、形态波段等各种股市现象。当然，如果股市在某一天从社会消失的话，关于股市的这一切现象也就消散了。

对于散户来说，追求的是什么呢？当然追求的就是股价波动中一些关键的涨跌切换的拐点位置。就像一辆火车，在火车启动的临界点上车，那效率是最高的；早了就要花费相当的时间等待，付出时间成本，晚了就失去了最佳的上车机会，强行想登上车的话，危险就大多了，那需要一定的飞身上火车的高超技术。

3+1 的精彩之处就在这里，就是吴迪说的“股价上涨不过几个点位”。这个点位，就是形态和波段之拐点所在。显然，若能掌握这项技术，那从股市中高效地取得收益当然是自然而然的事情。

一般来说，大多数散户由于资金有限，大多数时候都是一锤子的买卖，进出便捷。显然，3+1 就像是为广大散户量身定做的炒股利器。其实，对于资金量相对大一些的散户来说，利用 3+1 做滚动炒作也是一样有效的。

知道这些简明的道理是容易的，但是如何做到却是不容易的。如果人人只要学了 3+1，就很容易地掌握并运用的话，那股市就没法玩下去了。就像辩证法一样，就是分析矛盾嘛，简单吧，但这世上真正能称得上辩证大师的能有几位？又有几个人能把辩证法玩的炉火纯青呢？不管是玩辩证法，还是玩 3+1，都是有层次之分的。何况这世界上还有很多人自以为聪明，对 3+1 嗤之以鼻呢！更遑论学习研究 3+1 了。

那么，是不是只要学习 3+1 就足够了呢？

因为一些公开的书籍已经讲了很多经典理论这方面的知识了，吴迪并不在自己的书中重复深入地讲解这些经典理论了，但一些经典的股市理论，如趋势理论、波浪理论等，学习这些理论将对理解 3+1 有很大的帮助。

大家可以再去看看吴迪自述的自己的炒股经历，他是读了大量的书籍的，学习过大量经典理论知识的，与平常人不同的是，吴迪能够将理论与自己的实践结合起来，并善于深入钻研，再加上其他一些机缘巧合，因而发展概括提出了一套新的理念理论技术体系。

也就是说，3+1 是在大量的经典理论和实践基础之上的升华的产物。

对于广大的普通散户来说，包括初学者来说，所接触到的 3+1 其实是一个浓缩了无数经典理论和刻苦实践的结晶物。对于广大普通散户来说，这个结晶物是那样的耀眼夺目，却未必看得到辉煌背后无数的辛劳和血汗。

试问，在这个事实面前，那些自以为把 3+1 的规定背的滚瓜烂熟的读者，你真的理解了 3+1 的真谛了吗？其实，在几百年的股市历史中，流传着一些经典的股市格言，这些格言也是背起来很容易，但是真正又有几个人能实质上理解了的呢？要知道，格言可都是浓缩结晶物品呀，岂是那么容易消化的。就像压缩饼干一样，看上去很一般嘛，倘若你像吃寻常普通食物那样囫囵吞枣的话，那可能撑坏你的胃哟。

每次我把吴迪的几本书读过之后，再到股市中实践一段时间后，有了一些个人体会后，再回过头来重读吴迪的书的时候，就会产生一些新的体会。就会感到，其实，个人的一些体会吴迪早就写在书中了，只是自己以前的功力太浅，书中有些东西当时还看不懂，也根本没有注意到。对于学哲学来说其实也是这种体会，当一个人的人生历练越丰富之后，回过头来再读哲学，那种感悟是不可同日而语的。吴迪在书中曾经提到，他有机会与大师级的人物接触后，大师的点拨如拨云见日醍醐灌顶，令他既百感交集又无限欣喜，这是他的造化。但是，吴迪没有藏私，而是将他的所悟所得，公之于众，无非就是为有缘人提供一些帮助而已。他个人的人生经历，其实不也是一种缘分造化吗？看开了，也就那么回事。

最后，就像论坛里的“临界点”所说的那样，在学习 3+1 后，在 3+1 的指引下，把过去所学的理论以及自己总结的一些经验，都在 3+1 的旗帜下整合起来，形成个人的有效的套路和章法，那么，对股市的认识将更深入一层。如果一个人想学习炒股，如果还没有读过一些经典理论的话，那一定要去了解一下，如果只是读吴迪的书的话，有很多东西可能是难以消化理解的。

当然，理论技术学习是一方面，心态的锤炼也是极其重要的。心态的成熟对于有效地驾驭理论技术为自己服务是非常重要的条件，否则理论技术就很容易在实践运用中走样变形。关于这一点必须重视。当然，技术和心态相互之间是相辅相成的，或者可能形成良性循环效应，手感越做越好，也可能形成负面循环效应，心态越来越糟。

不要把 3+1 与其他的经典理论孤立开来，因为吴迪的理念本就是继承和发展经典理论的成果，显然，学习一些经典理论，将更有助于理解 3+1。

——Gos

学习 3+1 知易行难在于耐心和细节

股市中的现象千变万化，一般地说，一个人越是投入，可能受到的打击越多，并可能造成越不自信，因为真是很难把握各种风云变幻，也许就像天上的云彩一样变化无穷。

为了从宏观上总体地一般地把握市场，人们就需要理论指导。理论可以通过学习间接地从别人的总结获取，也可以是自己从实践中总结，如果个人足够睿智的话。

各种股市理论是对千变万化的一些股市现象的概括假说。学习使用理论的目的在于，用理论武装头脑，在观察股市的时候，不会简单地被各种现象所诱惑。有了理论指导，也使个人的行为变得更有的放矢，少些盲目，多些针对性。

但是，只有在把理论和技术转化为个人的能力后，理论技术才能为我所用。能不能实现这个转化，决定你能否运用理论技术为自己服务。

但一个人学习一个新理论的时候，可能会常常受到个人以前的各种经验的影响，不管是已经有一些股市经验的人，还是没有股市经验的人，也会受到个人以前的人生经验的影响。当然，这种影响有的有负面作用，而有的有正面作用。克服负面作用，发扬正面作用是很有必要的。据说有些军人出身的人会比较容易取得不错的成绩，这就可能与他们习惯更严格遵守纪律有关。

对于炒股来说也需要遵守纪律，无规矩不成方圆，一个人在股市上搏击总是有些自己的套路和章法吧，否则岂不是糊里糊涂地蛮干嘛。

但是，套路和章法从何而来呢？就是上面说的或者通过学习别人的理论技术，或者个人总结经验教训，通过不断的实践摸索和检验而形成自己的套路。

我们学习 3+1 就是要达到这样的效果。为什么要学习 3+1 呢？很简单，可以说，几乎每天在涨幅榜的前列都能看到 3+1 的身影。当然，有人可能会说，涨幅榜上也有股票不是 3+1 也大涨了呀。的确如此，不过，炒股要讲一个可把握程度的问题。股市中偶然现象是很多的，很多股票的涨跌可把握性不是那么高，也就是俗话说的“看不懂”。当然，看不看得懂，看懂多少，这还跟每个人的功力不一样有关。但可以肯定的是，没有人能够看懂股市中的所有现象。如果某个人能够对任何股市现象都能说的头头是道的话，那这个人十有八九属于骗子行列，如众多股评家就是这个类别。再说了，谁能把股市中所有的机会一个不漏地全部抓住不放呢？有时候该放手的还是要放手，做自己有把握的事情成功的可能性才更高。当然，要提高个人水平，总要探索实践，难免是要犯错误交一些学费的。也只能这样才能不断地增进自己的能力，当个人把握事物的能力更强更广后，可把握的机会自然会变得越来越多。而这只能是千般努力后水到渠成的结果。

学习 3+1，包括学习其他理论技术都有一个问题，那就是如何保证自己的理解和使用理论技术时不走形不变样的问题。如果对理论技术理解不准确，或者在使用中不能严格按照规则办事，那么该理论技术的效力自然不容易发挥出来。当然，如果你学习的理论技术本身就是假的，那么无论你如何努力也是无法取得成功的。任何理论技术，只要是有人的确用它取得了不俗的成绩，就说明它有其存在的道理。当然，还有一个问题就是，对别人有效且效力高的理论技术，对自己也未必那么有效，原因就是每个人的个性存在差异。每个人只有找到并去做利于发挥自己特长的事情，才可能实现个人对成功的追求。

学习 3+1，首先要正确理解吴迪对他总结的这把“金钥匙”的各种规定。比如说股价推高一段后进入休整期，常态的变化是，如K线形态从大到小的收缩，成交量由大向小萎缩，乖离也由大向小变化靠近5日均线或10日均线。反复观察各种历史数据形态，不断增进个人的理解，这很有必要。

在正确理解的基础上才能谈到去如何实现正确运用3+1，这个时候可能就要强调心态了。比如说，有没有耐心等待形态的完成等等。

当然，形态是否完成又是与分时走势攻击的时刻有关的。如果能在形态休整完毕，分时展开攻击的时刻恰当地切入，那当然是极高的境界了。

这就又要求对分时走势有相当的经验了。如果把握不好分时的话，就会抓不住机会，错过机会。

理解分时走势也要抓住实质，比如说吴迪推崇的分时走势横盘和不破前低两种情况，实质是什么呢？就是抗跌于大盘指数分时走势。明白了这个实质，那么，就算是不太规范的分时走势，只要它符合强于指数分时走势这个要求，就要敢于搏击。

分时走势在市场中是千变万化的，如果不能把握实质的话，就很容易陷入到无穷无尽的分时万象中。

有人说分时走势可以看作是“一分钟”周期的K线图，这非常正确。学习K线图，通过观察分析分时走势图可获得更高的效率。这不失为一种学习技巧。

不论是3还是1，把握细节是非常重要的，毕竟实时的交易行为是在具体的盘中的某种状态下完成的。而人的心态是随着股价的不断变化而变化的，不能正确识别细节特点，就可能为现象所欺骗。但无论什么样的细节，关键就是不要脱离了吴迪给出的3+1的规范。

可以这样说，整体架构是管趋势的，趋势是管3+1各种形态的，3+1又是管各种K线和分时的。大的管小的，小的构成大的。这就是大与小的辩证关系。

只注意大的，就容易流入夸夸其谈，只注意小的，就容易迷失方向。

无论是心态还是技术，无论是耐心还是细节，这都主要靠个人去用心领悟。大的理论方面的东西可以进行讲解，但是小的细节方面的东西是无法穷尽的。同一套拳法，不同的人同时练一段时间，功力是不同的。而细节的东西尤其靠个人的体悟，这不仅要求要勤于实践，更要求要善于科学总结经验。大的道理好讲，但具体的细节是永远讲不完的。我们每个人都生活在无穷无尽的各种具体的新鲜的细节中，难道不是吗？没有人能够穷尽具体的细节，所以这个世界才永远给人充满新奇感。

学习3+1，逐渐形成有利于自己个性的套路非常重要。比如说有人善于运用3+1提前打埋伏，而取得不错的成绩，这就是渐渐形成自己的章法了，这是非常必要的。当然，提前打埋伏在大盘恶劣的熊市里风险就会变大，这也是要注意的。凡事有利则必有弊，而利弊也是随着条件变化而发生变化的。如何科学划定利弊的边界需要个人不断地勤于探索和思考。

不可能所有的人都能成为某个行业的状元大师高手。尺有所短，寸有所长。这个世界就是由各种不完美的事物相辅相成的。我们可以不断地追求，有物质的，也有精神的。如果实在不能在股市中取得成功，那就把炒股的经历当作一场精神的炼狱吧。

吴迪与其他一些人的不同之处。

人们会不会因为人都长着眼睛鼻子耳朵，就说所有的人都是一样的呢？显然不会。但是，在论坛上却出现了这样类似的现象，就说吴迪的一些话与其他人的一些话相似，于是就把吴迪与那些人混为一谈。

分析研究各种各类事物，除了分析事物的相同的地方之外，重要的还要分析事物的不同的独特的地方。按毛泽东的矛盾论的说法，矛盾是普遍的，但是区分各种事物的关键在于矛盾的特殊性。

市面上的股票书籍非常多，但常见的主要是这样两类。一类是主要讲理论的，什么趋势理论、波浪理论等；看了这样的书，读者面对具体的股市的时候，仍然是一头雾水，不知从何下手。一类是罗列各种具体技巧的十八般武器的大杂烩，书中汇集了多少多少种的技巧方法等；看了这样的书，读者在面对具体的股市时，不知道用哪个武器好，大脑可能一片混乱。

吴迪的书则有自己特点，核心理念就是要捕捉股价的起涨点，及如何捕捉起涨点的技术。书中所言股价上涨不过几个点位，就是指股价的起涨点不过就那么几种情况。吴迪的书不仅提出这个问题，重要的是他在书中对这个问题进行了全面系统的论述。可以说，基本上把他总结归纳的理念和技术拿出来了。这就是吴迪的书的独特之处，也是读者应该重点学习的地方。

当然，吴迪书中也有一些提到的概念与别人相似的地方。比如说架构这个概念吧，市面上也有极少的个别书说的是股市的“S”形结构，以及有些人可能知道的只铁书中所说的“藏宝图”其实也是指的这个东西。

但是，与其他人不同的是，其他人讲到这个概念时，一般也就是围绕这个概念打打转而已，不再或不能深入，拿不出更多细节的东西。而吴迪的书却由架构而引导读者深入到其内部，揭示架构内部具体的结构形态，而揭开了架构的神秘面纱。如果只看前者的书的话，那只能在架构之外徘徊，而看了吴迪的书，你却有机会进入到架构的内部。

如果把这个概念比作藏宝图的话，吴迪的书就是教你打开藏宝图的金钥匙。但其他的人却只是拿着这张图晃呀晃的，就是不告诉你进入的门径，或者他们自己也不知道如何进入，当然也就讲不出来什么了。

对于那些只讲理论的书籍，就是不断地对读者说，他有一种神奇的武器，但是却从来不把这个武器拿出来，或者根本就拿不出来。对于那些只罗列各种技巧的书籍，看似十八般武器样样俱全，但是每一样武器都浅尝辄止，蜻蜓点水，在股市中具有极大的局限性，常常令读者无所适从。

最后归结一下就是，吴迪的书讲的理念和技术是系统的、精炼的和简明的。架构是教人从宏观上观察股市，以对股市有一个整体的把握。而 3+1 则是叫人从微观上观察股市，是深入到架构内部，分解架构的各种组成元素，归纳提炼出几种经典的结构形态。进而，在对股市有宏观把握和微观认知的基础上，目光聚焦到股价的几个起涨点位，追求不出手则已，出手则一剑封喉的效果，抓住股价变盘的咽喉要道。如果读者能够学会理解这一理念和技术，那么，股市不就真的变成了一部印钞机吗？只要耐心等到股市给出机会，而 3+1 的机会在股市里几乎是随处可见的，只是人们不知道这一点，常常熟视无睹而已，不然，你只要轻点几下鼠标，股市就哗哗地往你的账户里印钞票了。

吴迪的技术和为人的境界，都是令人佩服的。在这个世上，一个人拥有了好的技术，一种做法就是藏私，不传人，或少传人，只供个人或少数人享用；另一种做法却是共享，公之于众，与他人分享。吴迪就是有了好技术，又与人共享的人。按现在一般常理，人们可能认为，这些技术是吴迪呕心沥血钻研出来的，公布出来太不可思议了。但是，这个世界上总有奉行利他主义的人，而并不是人人都是所谓的经济人，都是奉行利己主义的。在过去的革命战争岁月中，多少仁人志士抛头颅洒热血，这种爱国主义的表现正是利他主义的表现，否则的话，一个民族是无法生存下去的。

因为吴迪奉献出来的理念和技术都是实实在在的，任何只要对股市知识有一些了解，对股市有一些经验的人，都不会否认这一点。所以，有理由认为吴迪是极真诚地希望与人共享他的理念和技术的。至于一些人因为自己奉行利己主义，奉行所谓的经济人理论，而怀疑一切利他主义者，这种现象只表明了这种人自身的自私狭隘而已。

——gos

星之火，可以燎原

延续与变迁，可以很早就预测后市行情会在哪类股中产生。这是从大的结构方面做判定。但对实际操作还是不够的。阴阳是抽象性的，底下的内容是繁杂的。二八也是如此。操作时还需确定目标。

行情的启动演化都是由点到线，由线到面直至燎原之势。从四个层次看,即逆市上涨到抗跌率先启动，至同态势，发展到轮番补涨，往往是市场极其火爆之时，也是到顶之时。

点，即星星之火，发生在逆市上涨或抗跌率先起动层次。从历史看，大都是市场先知先觉的机构所为，实力较强。具体操作中，对抗跌股的类别、板块加以分析外，还须对提前起动或局部逆市上涨的票重点关注分析。因为这个点所代表的类别或板块是后市的热点主流。上海梅林是个不错的案例。从过去炒网络时还是后来科技股的反弹。可以将它的历史走势结合大盘走势研究，就会明白点是如何表现的。而5·30后600036的强势也不是没有理由的。不妨将600036与600016在5·30时的走势看看。比较一下。看看主力是不是没有太多花样。

点起动了，由点所组成的线如果不跟上。那么这个点是失败的，与点同类板块的线动了，才能说行情正式开始，而这也说明是主力有准备、有组织的运作行为。你想，能短期结束吗?

下面当然不能仅仅是点线行情。必然会扩展到面。也就是二或八的行情。实际已发展到轮补涨层次，也即燎原之势。虽然波澜壮阔，但已到风险来临前夜。

以上，只是对行情的框架做一番评论。细节方面还须自己体会研究。重点当然是星，这颗星星是怎样燎原的。其中趣味还是蛮激动人心的。

运筹帷幄，决胜千里

星星之火，要求我们在日常看盘时，特别是调整势时更多的发现后市行情变迁的迹象。见微知著，事情尚处于萌芽状态时，能有所发现，对后期的操作起到决定性的作用。而发现这些星星，则需要大盘对照功能。

吴老师曾强调与大盘对照功能。这实在不能忽视。无论是日常做票，还是盘后研究。都使我们获益匪浅。这也是我佩服他的一个缘由。3+1是一个整体，不过是一个局部整体，而将其与大盘走势结合，这才真正算的上是个整体。大盘破前低，它不破；大盘还在下面趴着，它已上去给人解套；大盘做稍长整理，它短暂整理就突破；大盘做平台，它稍长整理就向上，不都是强势的表现吗？四个层次，不仅体现在大的结构上，在局部照样有效。同样同态势，提前起动的就是强，后市涨幅也大。

在此，我强调将3+1与大盘走势看成一个整体，以看清无论在大的结构上，还是局部区域上，个股所处层次以及强弱，以给自己做票策略提供有效的依据。在平常的研究中，也要如此。很多细节性的东西，我无法一一阐明，这需要自己花工夫。

最后补充一点，整体的把握脱离不了细节的熟识。如果对量、均线、K线不深刻了解,是用不好3+1的,只有对3+1基本搞懂后,在加上大盘对照明白后,运筹帷幄,决胜千里我想不是难事。

最后三文,算是我对吴老师理论的粗略解读的终结。在任何行业，都只能靠自己的勤奋才能有所成功,我信奉此。你呢?

——lhd1129

吴迪老师的炒股经历——感动加感慨

今天把吴迪老师的第一本书《赢家绝技》看了一遍。

感慨真多!

尤其是最后吴迪老师讲他的炒股经历，吴老师一步一个脚印，靠着悟性和努力，从《赢家绝技》到《英雄无敌》、《大炒家》，从对股市一无所知，到登堂入室，成为大师。从吴老师最开始的炒股经历，仿佛都看到有自己的影子，我们都比吴老师幸运，因为我们有《英雄无敌》、有《大炒家》要是不能在股市有所成就，真说不过去。

——老棉袄

通过吴迪战法看炒股就是炒心

当一个人熟悉某个行业的有关技能的话，技能已经熟练掌握和并能自由运用的时候，那么他就可以比较容易地胜任相关工作，工作时也是随心所至，手到擒来，一切都会很自然。

当两个势均力敌的对手交手时，这时候考验的就是各自的精神状态，心理素质的稳定，有时候还有环境对人的不同影响，关键就是涉及技术发挥的不同情况对各人的影响。

吴迪战法揭示的是股价走势变盘的关键所在，无论是主力还是散户，其实都受这一规律的制约，谁违背了这一规律，谁的操作就面临巨大的风险，就会遭到规律的惩罚。这就要求，一是学习理解吴迪战法的规则，二是经常调整修养自己的心理素质。既要正确掌握战法的规定，又能正确地用好战法，这样才能发挥出战法的威力。当然，由于各种因素的影响，胜率是不可能达到百分之百的，总会出现这样或那样的一些失误，这就要求还要有一定的失误预防措施，避免错误扩大化。

——Gos

读吴迪老师的《大炒家》之前，在炒股上属于完全未入道者(当然就算现在也不能说入道)，在完全凭运气进出之间，一直无法解决一个问题，怎么我一买入它就跌呢？带着这个问题读过许多书，可是找不着答案。先声明一下，那时不管我水平怎样，国产的股票书我是不看的，太忽悠人，最讨厌的一类话就是：照此买入，你就享受大黑马翻番的乐趣吧！作者怎么就敢视而不见中间那些大幅振荡的过程呢？我买了之后怎么持股啊？相信各位也曾有过此类享受的过程。所以，不看国产书。由此也差点错过了《大炒家》。

今年3月份的一天，到书店没发现什么可看的书，随手就拿起了《大炒家》，随手就翻到了那决定命运的一页，呵呵，一眼看到这么一句：上轨压制下轨支撑。配着图，吴老师做了详细讲解。看着看着，我马上就有种茅塞顿开的感觉，原来……

马上掏钱买下，回家一晚上读完，我觉得这是本宝书。从此后开始了全新的学习过程。

吴老师反复讲过，意识的转变是关键。我觉得很是。不抄底，不追涨，等市场自己走到那个临界点，它启动你才抓(我理解的好像还不是到位)，简单吗？不能说复杂，但做到却极不简单，这就是亚当理论中强调的顺势而为，可你不知道什么是势，当然也无从顺起。学习了，知道了，还得大量的验证实践，直到贴着市场的刀锋走，在那种锐利中体会到乐趣。从眼前无物，到眼前有物，到心中有物，最后是连心中也无一物，这就是学习 3+1 应该走的历程吧？(不好意思，从书中字里行间感受到吴老师的境界，才有此说，不是为了故意弄酸，毕竟有个目标好。)

下面讲几个实战经历。

大家的水平肯定比我高，但在水平没这么高之前，是不是有过这么个感受？你可能能买上好股，可就是没骑到底，常常就在它随便折腾几下时把它清了，随后它就涨个不可收拾。今年 3 月份，我进了两只股，一个是华联超市，一个是洪都航空，多好的马呀！跑了，没抱住(由此你也可以判断我水平有多低)。

读了《大炒家》，先记住了两点，波段持股用 5 日均线，分时买进抓横盘。好，就这么办。那天上午，抽空翻股，盐湖钾肥落入视线，分时横盘已涨起来，赶忙看日线，日线是一个非常漂亮的五弯十，顿时信心大增，敲键盘买入，当天即赚，完全是有生以来头一回。次日回档，如果不是有个 5 日均线持股的意识，它就把我回出来了。以后几天小涨，主力也不闲着，天天留上影线，但一直稳定的行走在 5 日线上，好几次想着落袋为安，5 日线都把我劝住了，以后的走势大家也都看到了。

并不是说，有这么一次就算成了，还早着呢，我只是想借这个机会向吴老师表示尊敬和感谢。祝愿金融宝典网越办越好，祝愿吴老师工作顺利，大大发财！祝愿大家心想事成！请多指教！

——xbdhh

老师的 3+1 是定性和定量的完美结合。股市投资更多的是像在追求一种艺术，对于艺术的掌控和演绎往往是定性容易定量难，然而 3+1 却做到了定性与定量的完美结合，真是一个奇迹。3+1 为我们组建了一个完善坚实的平台，借助这个平台不断完善我们自己的理念、策略、战术战法。

无私奉献是老师最大的成功，也是我们最大的幸运，我不知道该怎样向老师感恩。

——拐点

别人说股市有风险，别人说股市是变动的未知数，但老师把这些视为定理的投资教育改写，能在风云激荡的市场中做到悠然常胜，岂是一般的专家、高手所能企及。只有像老师这样的股票大师，才能如此深入地洞察股市灵魂深处，吾等所能做的，就是好好的跟着老师学习，踏着老师的足迹，一步一步走向通往股市成功的道路。吴老师，就这一点我说一下我的个人看法，也细细读过您的几本大作，3+1 确实是前无古人，确实是打开股市宝藏的金钥匙，至于为什么用不好，我感觉有几方面。一，大盘跌到现在，90%以上的人亏损严重，造成心态极度不好，就算机会出现在眼前，也不敢轻举妄动。二，股市本就是一个博弈的市场，越赚越有信心，越赔越无底气，大家都赔的一塌糊涂，就是老师的金钥匙，在大家的眼里，也变得麻木了，这有点像市场中的扭曲放大效应，暴涨时，利多放大，利空不见，暴跌时，则相反，人之所以麻木，全都是这样造成的，但我还是相信老师的理念，老师的 3+1，眼前大势不太好，赚钱不太容易，但这也正是锻炼我等操作水平的时候，还是老师那句话，先小资金练胆练手，等熟练了，再放开膀子操作。到那时，相信 3+1 在大家的手里面就是名副其实的“金钥匙”。

——一代魔君

吴老师，首先祝您元旦快乐，我在 2007 年看了您的《大炒家》后很震惊，都知道股市是物质的，物质是运动的，运动是有规律的，规律是可以被掌握的，然而做了十几年的股票，都不知道规律在哪里？然后我下载了前几本电子版的书，并用手工抄写保存下来，这四本书我反复看了有四五遍，觉得太惊奇了，竟然有人能让股市现出原型。

——lzplee

吴老师，我为你喝彩！

我现在刚接触吴老师的“3+1”和“股势的四个层次”理论，感觉非常好！自感“股势的四个层次”符合自然的发展规律，所以非常感激吴老师。

更让我感动的是吴老师诲人不倦的精神！

——太阳雨

其实吴迪老师的书是一种境界，并不是让你照搬，我运用老师的理论，又运用了趋势的研判那才是战无不胜，真的达到这个境界，你真的不会输钱，因为你知道了在什么时间进、什么时间出。我现在感觉很轻松，这种体验太美了。

——爱的魅力

3+1 完美体现 NO.1， 世人难比

看到论坛有人贴，3+1 完美体现的实盘买单，不敢恭维，拿出本私幕工作室的操盘记录，让大家看看吴老师的 3+1 的真正实力！

解说：下面的交易单是在大盘 2 月 27 日历史暴跌接近崩盘状态下，利用吴老师盘中选股技术，在大盘连续 3 波跳水横盘抗跌情况下买入，当日在绝大多数个股跌停，只有 2 个(好像只有两个)涨停的情况下能买到涨停，这才是 3+1 的和本工作室的真正实力(600613 当日排涨幅榜第一)！

本私幕工作室经理古度 * 翼圣　　主操盘手 大盘走势

20070227	600613	永生数据	证券买入	14.950	1200	17940.00	17.94	26.910元	1.20	.00
20070228	600613	永生数据	证券卖出	15.660	800	12528.00	12.53	18.790元	1.00	.00
20070228	600613	永生数据	证券卖出	16.000	400	6400.00	6.40	9.600元	1.00	.00

3+1 完美体现，一天捉三个涨停

解说：4 月 30 日尾盘本盯住 600668，没有追上，回身把 000402 拿下，668 和 000402 都是自选股。

5 月 8 日盘中把 000402 出掉，分别买入 600493 和 600448。600493 和 600448 都是下横盘抗跌，分别在均线买入。

5 月 9 日早盘 448 不打底直接上冲，在高位尖部卖出；493 早盘

低开，没摸开盘价拉个尖头就向下，在向下瞬间卖出，当日已经找到好票，所以不等调整先出局。

5月9日应该是很成功的一天，这天买入的3个股都摸至涨停板。600738当日是经典的五弯十形态，放量，在分时抗跌均线下买入。中午大盘一波跳水，自选股中000518迅速拉起，当日也是经典的五弯十形态，在1点52分放量启动时买入。600382依然是经典的五弯十形态，在1点46分放量突破前期高点16元瞬间买入。至此，尾盘三股都摸到涨停！

5月10日早盘大盘剧烈震荡，600382在第一波回落挂低单卖出，600738打得太低，随大盘走了一波，在10点08分拉起尖部回落瞬间出局。000518随大盘走了一波，分别在高处卖出。

三股卖出分别在不同价位追进000420，000420当日是经典的五弯十形态，分时横盘，放量。尾盘最高摸到8个点，但最高价未突破9月29日，相信明天一定能突破创新高。

5月11日早盘不打底直冲，在尖部下落瞬间9。48卖出一半观察，后来一直横盘留一半等周一。

20070430	000402	金 融 街	证券买入	18.440	2000	36880.00	36.88	55.320元
20070508	000402	金 融 街	证券卖出	19.830	1000	19830.00	19.83	29.750元
20070508	600493	凤竹纺织	证券买入	9.860	2000	19720.00	19.72	29.580元
20070508	000402	金 融 街	证券卖出	19.780	1000	19780.00	19.78	29.670元
20070508	600448	华纺股份	证券买入	7.260	10000	72600.00	72.60	108.900元
20070509	600493	凤竹纺织	证券卖出	10.470	2000	20940.00	20.94	31.410元
20070509	600448	华纺股份	证券卖出	7.570	5000	37850.00	37.85	56.780元
20070509	600448	华纺股份	证券卖出	7.760	5000	38800.00	38.80	58.200元
20070509	600738	兰州民百	证券买入	8.560	4000	34240.00	34.24	51.360元
20070509	600382	广东明珠	证券买入	16.000	1500	24000.00	24.00	36.000元
20070509	000518	四环生物	证券买入	6.730	5000	33650.00	33.65	50.480元
20070510	600382	广东明珠	证券卖出	16.800	1500	25200.00	25.20	37.800元
20070510	000420	吉林化纤	证券买入	8.640	3500	30240.00	30.24	45.360元
20070510	600738	兰州民百	证券卖出	8.990	2000	17980.00	17.98	26.970元
20070510	000518	四环生物	证券卖出	7.140	3000	21420.00	21.42	32.130元
20070510	000420	吉林化纤	证券买入	8.770	4500	39465.00	39.47	59.200元
20070510	600738	兰州民百	证券卖出	9.020	2000	18040.00	18.04	27.060元
20070510	000518	四环生物	证券卖出	7.290	2000	14580.00	14.58	21.870元
20070510	000420	吉林化纤	证券买入	8.850	1600	14160.00	14.16	21.240元
20070511	000420	吉林化纤	证券卖出	9.480	4600	43608.00	43.61	65.410元

历史暴跌，3+1 再次体现，一天又捉三个涨停！

昨天大盘暴跌，我们成功逃顶，今天等大盘反弹转身杀入，自 5 月 9 日以来又一次一天连捉三个涨停！(http://www.jrbd.com.cn/bbs/ShowPost.asp?ThreadID=4757)

以下是交易记录。

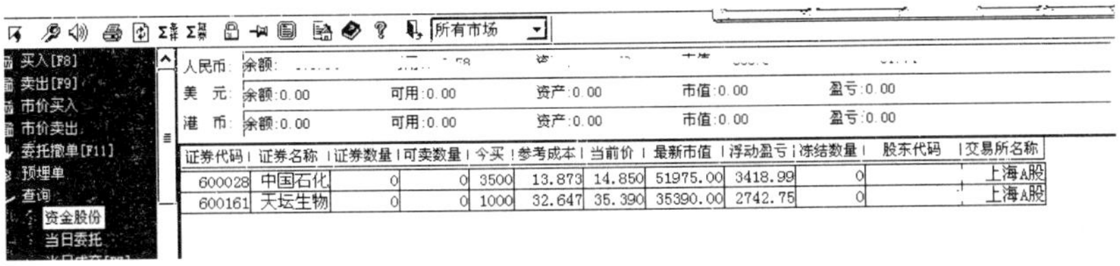

所有市场

买入[F8]
卖出[F9]
市价买入
市价卖出
委托撤单[F11]
预埋单
查询
资金股份
当日委托

人民币：余额：
美　元：余额:0.00　可用:0.00　资产:0.00　市值:0.00　盈亏:0.00
港　币：余额:0.00　可用:0.00　资产:0.00　市值:0.00　盈亏:0.00

证券代码	证券名称	证券数量	可卖数量	今买	参考成本	当前价	最新市值	浮动盈亏	冻结数量	股东代码	交易所名称
600028	中国石化	0	0	3500	13.873	14.850	51975.00	3418.99	0		上海A股
600161	天坛生物	0	0	1000	32.647	35.390	35390.00	2742.75	0		上海A股

导 语

我从1998年出版《赢家绝技》起始，每隔几年都推出新作，陆续出版了《英雄无敌》、《大炒家》和《大师秘笈》。考虑到读者啃书本难，我又制作了一套授课光盘，以期通过直面传授的方式收到更好的效果。我觉得到此已经把股票走势的谜团揭示得很清楚了，把对付炒股这“玩意儿”的招数也抖落得很干净了，相信这些应该足够大家学习和运用的了。炒股不就是怎么买怎么卖嘛，从上到下从里到外从粗到细，被我十年寻了个遍抠了个底儿朝上，几近到了再无挖掘的地步。

同时，为了使我的理念方法实现电脑智能机械化，更便捷规范地服务于广大投资者，又研制出“大炒家软件”推向市场，一次次不断地优化升级，最终使其指标功能达到了选买、持有、卖出准确率都相当高。

似乎我也再没有什么可向百万“迪迷”奉献的了，挺长一段时期搁笔专注于软件升级优化及其他项目，但回收读者和软件用户反馈意见的日常工作没有停，通过交流逐渐地由责怪别人操作不当转为自我思考，冥冥之中觉得这个“活儿”我是不是没最后干完？特别是一个共性的问题引发我不得不正视起来，就是一个字：“乱”，操作应用起来有点乱。的确由于理念方法与指标功能之多，有人实际操作应用时不免乱了套，谁也没认为是书和软件的错，因对应股价走势各个关键点位，故理念方法与指标功能不能一一能动匹配，不过这倒令我像发现一条光明之路似的联想到了套路。

大家知道干什么都得讲个路子，自始至终得有路子可照着走，没头引、没路循、没法依、没目标奔，那能干出什么名堂来？干什么不都得乱了套。干事要有头有央有尾才成，虎头蛇尾不行、不开好头也不行、有头接下去乱来也不会有好结果。

扯到炒股就不应该有套路吗？没套路，实际操作中就可能会盲目无序、乱中出错，而不规范的操作行为也易于引起人性弱点的频发，选股就可能东一条帚西一扫把，利用软件选股也可能会张冠李戴效果不佳；没套路，持股就可能被随意性左右，没有定性什么长中短策略因震仓的出现，一下子就慌得弃筹而逃；没套路，卖票就可能早卖怕踏空晚卖恐被套而摇摆不定，终究落了个没卖到好处还得要吃后悔药。

看来，一个终极解决方案有谱了，针对大家共性的问题，我反复琢磨研究对策，终按着自己平时操作的思路结合使用软件指标功能，归纳整理出“炒作套路及操作流程”，看看能否起到改乱为套、以套取胜的规范效用，以使广大的读者和用户达到我所期望实现的目的。

围绕股票操作众家多是在探讨方法，是否有了对头的方法就能保赢包赢吗？显然不足矣，股票走势有许多环节，一个方法只能对应解决一个环节的问题，而且各环节除本身需解决的问题外，还连带引发投资者心神不定的情绪变化，这些无不影响股票操作朝顺利向好的方向进行，也许后者不亚于前者所起的实质作用，可以说这就肯定了方法与套路是两个概念，方法不能取代套路的作用。除此还有一个兴奋点，将股票炒作全过程形成操作套路是一个新的尝试，古今中外没见过有谁对此方法的论述，别说是无人问津想都想不到的套路，我的几部书就方法涉及的已够全面的了，难道还非得把环节、人为等因素都纳入进来考虑形成套路？究竟有没有如此必要？独创新篇是否有哗众取宠之嫌？以上自问暂先搁置，实践是检验真理的唯一标准，不妨弄出几个套路来实验证明一下。

从书中“股票走势架构”理论的“几大趋势”之论述中，让大家理解和认识到：炒作上升趋势中的个股是不可争议的正道之举，确定选择方向性的大主题之后，如何参与其中的炒作就成了接着要考虑的问题，而在这个问题之下，跟着就涉及的是长线、中线抑或短线炒作？因长期的炒作经历让我们体会到，如不事先决定炒作线度，那就什么“线”都炒不好，各“线”有各线走势的规律，各“线”有各线的操作讲究，不能混淆不能遇之随意而为，“线”乱则策略乱、手法乱，后果必然乱得一塌糊涂。

那么，我们就先从确立炒作线度为始，即长线、还是中线抑或短线炒作，然后再顺次进入各线度中的具体操作。

进行各线度的操作之前，还有一个非常重要的前提不能忽视，这就是个股行情四个层次的超强意识，在这个不可脱离的意识指引下，才能适时跟上热点轮换、把握市场炒作节奏，有目标地主动选择个股炒作，获取当期市场收益最大化，以免盲目介入或死抱不该当期“层次”表现的个股，不赚或少赚，错失市场当期给予赢利的宝贵机会。

炒作套路一：放眼趋势，长线炒作

长线炒作指的是趋势炒作，是对个股走势上升趋势的炒作，不以时间为限。

个股上升趋势的形成，主要以底部图形如双底、头肩底、多底的大箱体(5 日均线波动或日线阴阳上下)为基础而完成下降趋势逆转的；不可不视的还有横向趋势转向上升趋势的，这样形成上升趋势的基础是中继底部图形。

通常从原理上讲：底部图形支撑上升一个趋势，蓄势形态支撑上升一个波段，整理形态支撑上升 1 日或几日 K 线。

华立科技(图 1-1)上升趋势的形成，显示是由双底图形完成的基础建设。

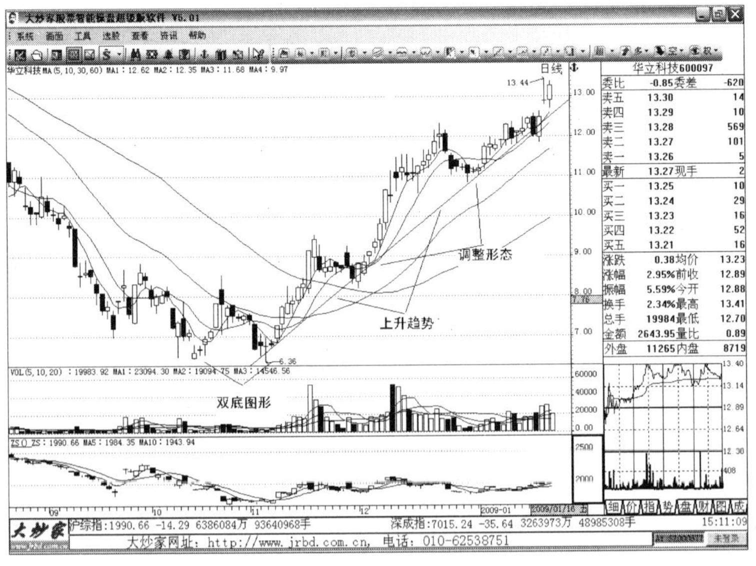

图 1-1　双底图形

鲁信高新(图 1-2)的上升趋势显示，是由头肩底图形完成下降趋势逆转的。

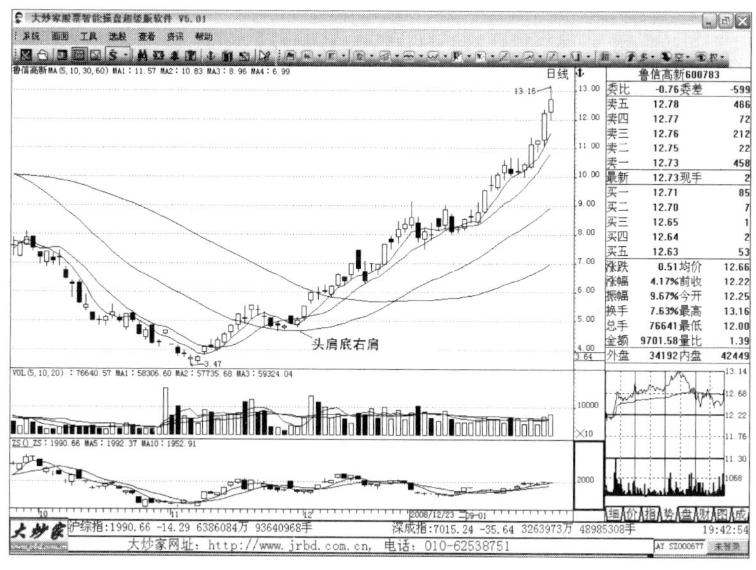

图 1-2　头肩底图形

赛马实业(图 1-3)形成上升趋势的底部图形，是更长周期三个底坐成的 5 日均线大箱体。

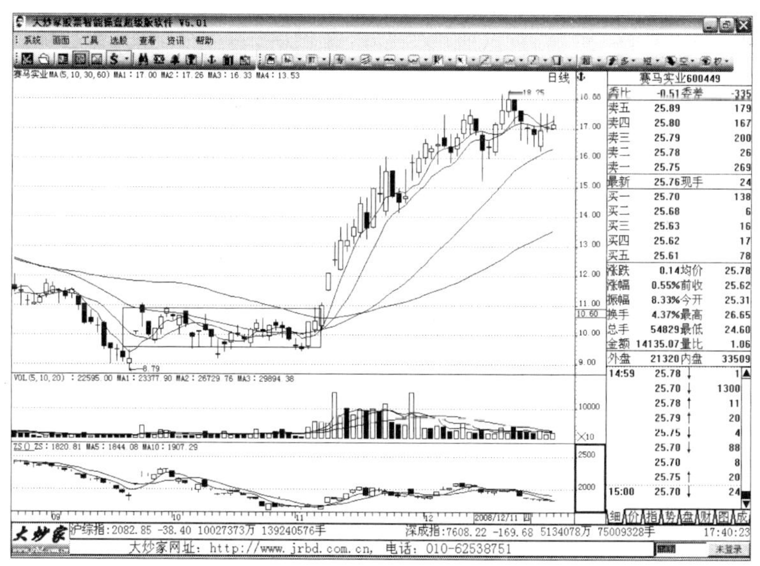

图 1-3　5 日均线大箱体

东华合创(图 1-4)以日 K 线为上下交错形成了一个大箱体，自突破箱顶上涨就此展开了多波形成的上升趋势。

图 1-4　日线大箱体

同方股份(图 1-5)由中继底部图形——头肩底或者说成是 5 日均线波动大箱体，改横向趋势为上升趋势的。

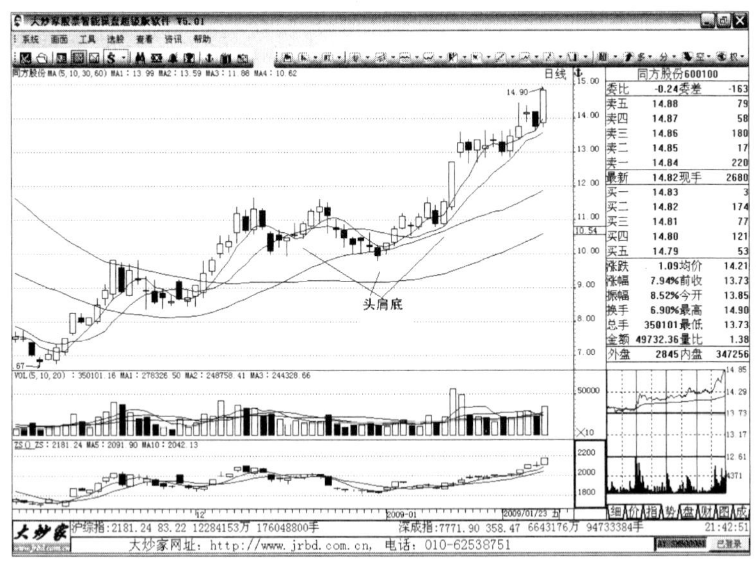

图 1-5　横向趋势头肩底

中继底部图形还有双底较为常见。可以说有什么样的底部图形，就有什么样的中继底部图形，不要以为中继就不是底部，以致不敢放胆介入。

通过以上底部以及中继底部图形的展示，我们看到了上升趋势形成的最初阶段，必须注意的是在这个筑建底部的阶段是关注期，不宜考虑参与，尽管那时价位相对比较低些，但扎在底部或隐在中继底部不能确定未来走势的图形里，不如待到突破图形颈线位、行情展开升势时介入，那时显山露水趋势明朗的大行情明显可望可及。

介入后放眼趋势长线持有，大线条粗放式管理，以上升趋势下轨为底线，不要预想可能升几波，哪波结束、回调下破底线为持股终点。

以东华合创(图 1-6)为例，不破下轨可安心持有，破下轨只管卖出便是。

图 1-6 破上升趋势下轨

破上升趋势下轨终结炒作是中规中矩的选择，也许破下轨就接着再下去了，也许破下轨之后又返摸前顶做双头的，还有最后一波冲刺的，另有冲过前顶突然急砸的，这都是碰上线时卖出的选择。但有一点是可以肯定的，破下轨再接着返上冲破前高大涨的极为少见。说句不贪的话，都赚满一个趋势大行情了，又何必在乎风险加大的尾声小利呢，有能力再去选一只有轮涨要求刚发起趋势行情的个股。

长线炒作不必精耕细作，不要管趋势中的大形态调整，更不要理波中的小形态整理，虽然理论上暂避大小形态的调整和整理能多赚，又省时间可去图谋他利，但实际操作起来是有一定难度的，到头来可能是得不偿失。即使躲开大形态调整，但到重起之时却只顾忙别的或抽不出资金或被更大诱惑吸引等，都太有可能错过再入的机会。对很多人来讲，整天忙于打打杀杀的频繁进出，还不如悠然自得的长线炒作赚得富余。

当然不是说长线炒作最好，刚才主要说的是涉及规范的问题，根据我们以往的成败经验和教训：长线、中线、短线炒作，事先制定好持股策略绝对利大于弊。没有长、中、短线炒作买、持、卖的有备而来，在实战中随意而为乱来一通，那就什么“线”都炒不稳当炒不理想。

通过以上对个股上升趋势由始而终的描述，我们了解到底部图形是形成上升趋势的基础，是给予关注的着眼处；突破底部图形上涨是上升趋势的起始点，是参与炒作的最初买点；依托上升趋势下轨底线蜿蜒而上，是咬定青山不放松的持股待涨期；下破底线标志、上升趋势的完结，是了结长线炒作的卖点。沿着这个“挖掘长线潜力股、到何时介入、到持股策略、到最终卖出”的思路走完，一条上升趋势个股炒作的环扣相接的流水线就显现开来。

这可以称为炒作上升趋势个股的套路，下面我们把这个炒作套路，再改进为可实际操作运用的程序。

1. 开始实际操作，首先要有选时的概念。以前说选时是指对介入股票走势本身时机的选择，比如日线起涨、分时横盘等。这里指的选时是指长、中、短线应各在市场什么时候操作，即长、中、短线操作的套路分别对大盘走势状况的选时，比如：大盘走势处在完成底部图形突破上升的时候，是利用操作上升趋势个股套路的“最佳”时期；大盘走势处在持续的下降中或连波的上升中，“不太”适用于操作上升趋势个股的套路，对大多数个股而言不是早了或就是晚了，至少利用的不是好时候。

什么样的大盘走势状况适用于中、短线操作套路，后面再细说。

上面提到了“最佳”和“不太”，最佳是市场个股表现的主流时期，不太适用的时期尽管个股表现非主流，但也不排除在大盘走势不在状况时也有上升趋势个股的形成。这就如同个股行情四个层次的意识，有率先起动的也有同态势的，此意识不仅适用于个股的上涨波段，也同样适用于个股的上升趋势，若操作此类个股有必要与“四个层次”联系起来。不然，都找不到为何炒作的理由，又哪来信心买入和持有？而作为顺势而为选时在于与大盘同态势，这无疑是更易于同步识别及把握上升趋势的发展和衰落。

那么好了，在大盘走势处在完成底部或中继底部图形突破上升时，抑或在大盘走势出现其他状况时依“四个层次”意识，从两市搜选出“同态势”或其他层次的个股，集中起来予以高度关注以备寻机介入。

2. 既然长线操作，就无所谓是不是在初波上行的头一两天介入，但切忌不能追到波段的后期，更不必苛求在盘中分时走势的最佳点，能买进时当天不跌下来就可。既然长线操作那么整个管理过程就是粗放式的，所以还是要区别于中、短线操作的细作，该糙的就得糙，不能什么都要求极致，太细了就有可能因为达不到而放弃，错过本应不该放过的趋势介入机会。

那么好了，从备选股当中择优挑出想做的一只或几只，轻松地介入在上升趋势首发的波段初期。

3. 介入后本着长线操作的策略，持股中主盯上升趋势下轨底线，欣赏着蜿蜒而上的5日均线，不看日线更不理分时走势，以免受惊吓半路被吓跑弃筹，任风吹浪打奈何不了持股岿然。不为所扰，持股待涨。

4. 待5日均线下破上升趋势下轨(往往在10日均线处，或上点或下点)时果断出货。卖票时也不必慌张，赚了那么多不差少赚两个，确定无望后从容处置。若想卖高点，且有超前意识的话，可在最后一波冲刺的波段头部卖；若有摸高的话，亦可在二次摸顶不过时卖。如此，下破上升趋势底线为终结，择一决定的点位卖出。

有了这个上升趋势个股操作的套路，我们就能有意识、有准备、有计划、有管理地做好长线了，再不会为日常频繁忙于中、短线操作，而过后对绵延曲上的长线大行情留憾了。

为了实现这个“上升趋势个股炒作的套路”，让大家更有效地运用于实际操作，下面将意念中的套路付诸于真正的现实操作当中，利用“大炒家软件”的指标和功能，来实时实盘实战演示其整个的操作流程。

操作流程：

对应上升趋势个股操作套路的顺序，盘中点击软件“上升趋势”图标，从“沪深A股”中选出当下处于上升趋势中的个股(因暂时没设个股“底部图形”指标(待后补)，选出上升趋势的个股将会包含刚突破底部图形上升的个股。若未赶上突破上涨的首波，也可退而求其次介入第二波的起涨，第三波不作考虑了)。

2009年2月初，沪市大盘日线走势为5日均线波动大箱体，此时运行至箱体前高不下而处盘整中(图1-7)，大有突破形成上升趋势之可能，如炒长线品种，不趁此大盘上升趋势初始之机选做“同态势”个股，又待等何时？于是点击“趋势向上”指标，从“沪深A股”中筛选“同态势”个股。

2月2日，笔者也启用了个股行情四层次中“同态势”功能，选出的数量不但多，也把一点没有迹象突破的个股都选了出来，这是因为大盘还没起涨。用“趋势向上”指标能筛去这类个股，但会多出来已涨高的个股。从涨起来的个股群中选，总比从不动还不知何时能涨的堆里选合理吧。

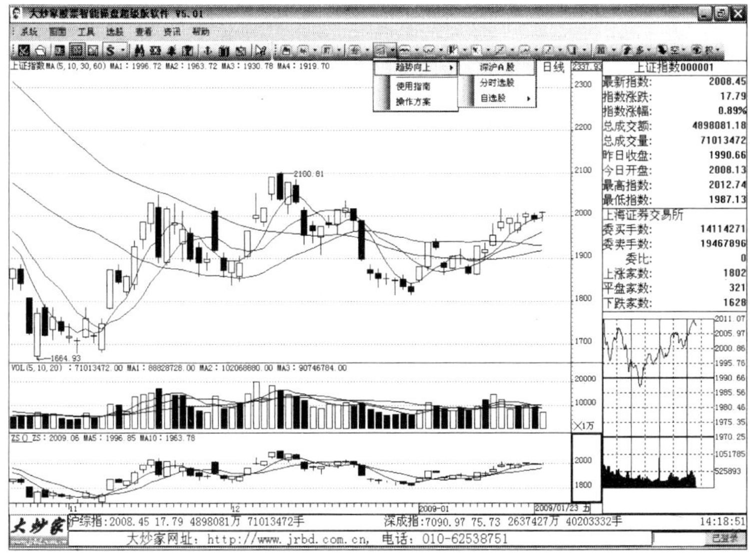

图 1-7　沪大盘箱体

选出两百多只处于上升趋势中的个股(图 1-8)，其中有刚形成上升趋势初涨的，也有上涨挺高的。

	代码	名称	昨收	最新	涨幅↓	现手	最高	最低	总手	总额	均价	涨跌	振幅
1	SH600496	精工钢构	7.02	7.18	2.23%	116	7.23	6.95	60813	4316.75	7.10	0.16	3.99%
2	SH600731	湖南海利	4.46	4.56	2.24%	18	4.60	4.44	65228	2952.53	4.53	0.10	3.59%
3	SH600785	新华百货	14.00	14.10	0.71%	8	14.50	13.91	17323	2461.91	14.21	0.10	4.21%
4	SZ000515	攀渝钛业	13.55	13.80	1.85%	22	13.90	13.45	41645	5720.78	13.74	0.25	3.32%
5	SZ000569	长城股份	6.26	6.35	1.44%	12	6.40	6.21	85757	5427.48	6.33	0.09	3.04%
6	SZ002272	川润股份	21.70	22.10	1.84%	3	22.35	21.60	19278	4242.04	22.00	0.40	3.46%
7	SH600858	银座股份	17.70	18.00	1.69%	4	18.30	17.74	24400	4380.03	17.95	0.30	3.16%
8	SZ000860	顺鑫农业	13.38	13.58	1.49%	50	13.84	13.50	71185	9712.49	13.64	0.20	2.54%
9	SH600016	民生银行	5.02	5.13	2.19%	10	5.19	5.06	1842346	94519.41	5.13	0.11	2.59%
10	SH600036	招商银行	14.81	15.30	3.31%	37	15.57	14.96	1391652	213107.92	15.31	0.49	4.12%
11	SH600000	浦发银行	17.40	17.90	2.87%	253	18.17	17.46	591037	105725.73	17.89	0.50	4.08%
12	SH601328	交通银行	6.00	6.12	2.00%	351	6.22	6.03	655439	40191.44	6.13	0.12	3.17%
13	SH601939	建设银行	4.41	4.47	1.36%	2766	4.53	4.43	1356970	60933.67	4.49	0.06	2.27%
14	SZ000778	新兴铸管	7.23	7.34	1.52%	40	7.50	7.21	124949	9197.87	7.36	0.11	4.01%
15	SH600597	光明乳业	5.64	5.82	3.19%	24	5.98	5.78	121475	7115.02	5.86	0.18	3.55%
16	SZ002220	天宝股份	18.35	18.67	1.74%	3	19.18	18.60	17638	3330.04	18.88	0.32	3.16%
17	SZ002227	奥特迅	16.30	16.58	1.72%	10	16.93	16.48	21936	3660.82	16.69	0.28	2.76%
18	SZ000932	华菱钢铁	5.97	6.07	1.68%	72	6.21	6.02	324091	19792.30	6.11	0.10	3.18%
19	SH600019	宝钢股份	5.84	6.00	2.74%	193	6.09	5.91	1687819	101379.40	6.01	0.16	3.08%
20	SZ002014	永新股份	9.40	9.54	1.49%	9	9.74	9.41	28013	2684.57	9.58	0.14	3.51%
21	SH601166	兴业银行	19.51	20.30	4.05%	21	20.59	19.68	398046	80274.91	20.17	0.79	4.66%
22	SZ002223	鱼跃医疗	25.80	26.10	1.16%	10	26.80	25.81	10268	2710.33	26.40	0.30	3.84%
23	SH601398	工商银行	3.97	4.00	0.76%	225	4.07	3.98	2128800	85830.49	4.03	0.03	2.27%
24	SH600005	武钢股份	6.66	6.85	2.85%	138	6.97	6.70	1520845	104076.16	6.84	0.19	4.05%
25	SH601088	中国神华	21.96	22.24	1.28%	36	22.71	22.16	291483	65437.93	22.45	0.28	2.50%
26	SZ000723	美锦能源	13.93	14.16	1.65%	13	14.49	14.10	40504	5791.14	14.30	0.23	2.80%

大炒家股票智能操盘超级版软件 V5.01
上海指数　深沪A股　电力　自选股　分时选股　做多选股　权证选股　做空选股
沪综指:2336.40 15.61 9425098万 118065416手　深成指:8634.02 5.26 4787488万 61345572手　11:08:40
大炒家网址: http://www.jrbd.com.cn, 电话: 010-62538751

图 1-8　选出上升趋势个股

我们要的是与大盘“同态势”个股，最好是刚形成上升趋势初涨的，那就需要从选出的个股中再进行一遍人工选拔，结果选拔出来13只个股(图1-9)。

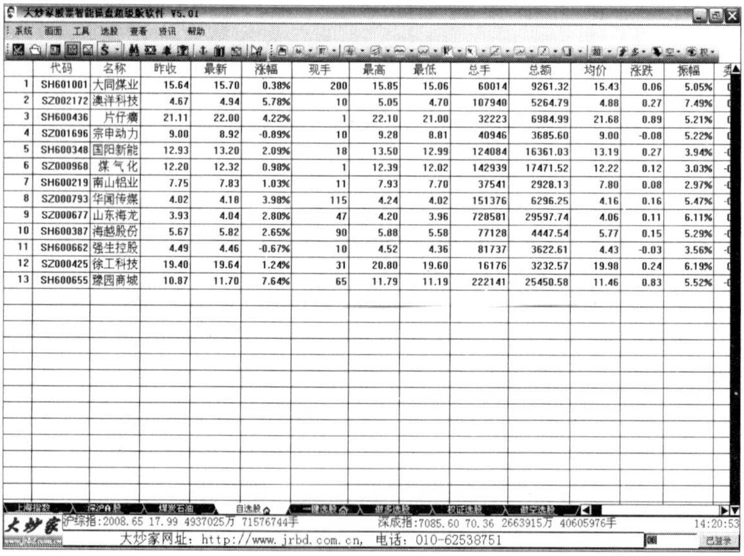

	代码	名称	昨收	最新	涨幅	现手	最高	最低	总手	总额	均价	涨跌	振幅
1	SH601001	大同煤业	15.64	15.70	0.38%	200	15.85	15.06	60014	9261.32	15.43	0.06	5.05%
2	SZ002172	澳洋科技	4.67	4.94	5.78%	10	5.05	4.70	107940	5264.79	4.88	0.27	7.49%
3	SH600436	片仔癀	21.11	22.00	4.22%	1	22.10	21.00	32223	6984.99	21.68	0.89	5.21%
4	SZ001696	宗申动力	9.00	8.92	-0.89%	10	9.28	8.81	40946	3685.60	9.00	-0.08	5.22%
5	SH600348	国阳新能	12.93	13.20	2.09%	18	13.50	12.99	124084	16361.03	13.19	0.27	3.94%
6	SZ000968	煤气化	12.20	12.32	0.98%	1	12.39	12.02	142939	17471.52	12.22	0.12	3.03%
7	SH600219	南山铝业	7.75	7.83	1.03%	11	7.93	7.70	37541	2928.13	7.80	0.08	2.97%
8	SZ000793	华闻传媒	4.02	4.18	3.98%	115	4.24	4.02	151376	6296.25	4.16	0.16	5.47%
9	SZ000677	山东海龙	3.93	4.04	2.80%	47	4.20	3.96	728581	29597.74	4.06	0.11	6.11%
10	SH600387	海越股份	5.67	5.82	2.65%	90	5.88	5.58	77128	4447.54	5.77	0.15	5.29%
11	SH600662	强生控股	4.49	4.46	-0.67%	10	4.52	4.36	81737	3622.61	4.43	-0.03	3.56%
12	SZ000425	徐工科技	19.40	19.64	1.24%	31	20.80	19.60	16176	3232.57	19.98	0.24	6.19%
13	SH600655	豫园商城	10.87	11.70	7.64%	65	11.79	11.19	222141	25450.58	11.46	0.83	5.52%

图1-9 选出“同态势”个股

这就算完成了对大盘走势状况的选时，同时也从两市搜选出“同态势”个股，集中起来予以高度关注以备寻机介入。

排第二的澳洋科技(图1-10)看起来挺合适，昨日就已突破五日均线波动大箱体，先于大盘一步起动，今天大盘高开后高位振荡，澳洋科技高开，冲高后略有回落，即高位横盘(图1-11)。

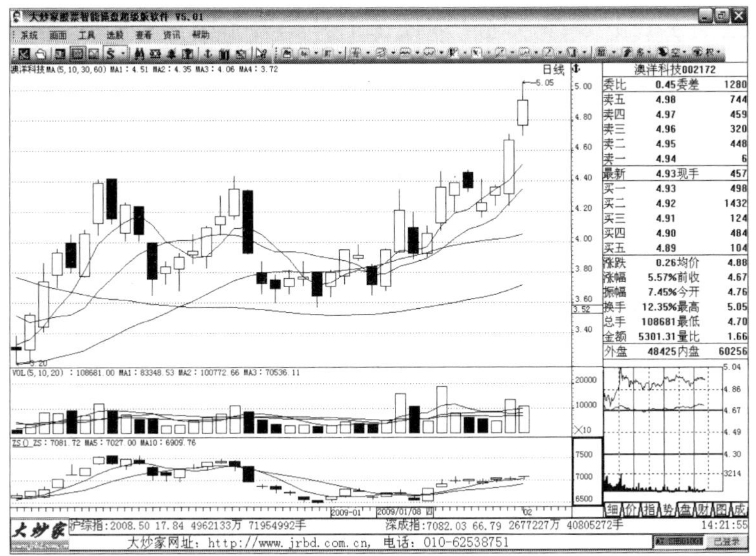

图 1–10　澳洋科技

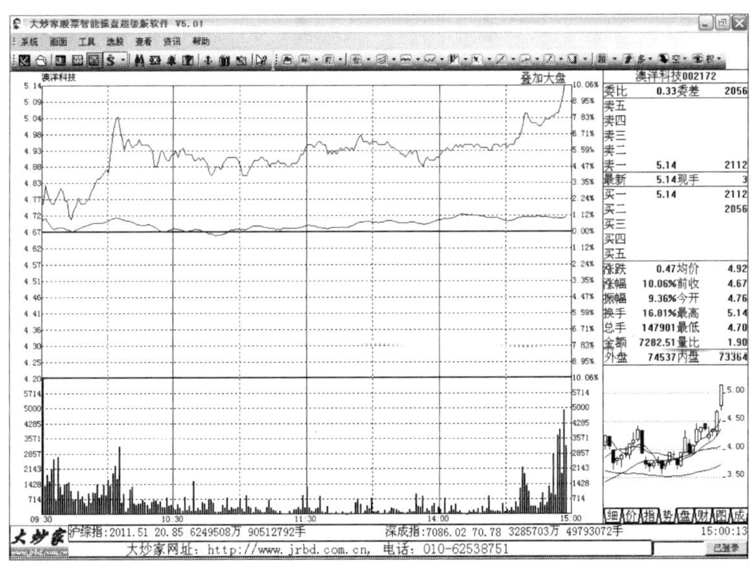

图 1–11　澳洋科技后市

后市澳洋科技倚势而上，竟能冲上涨板。开个好头，但求能走出个像样的上升趋势来。

至此就算完成了“从备选股当中择优挑出想做的一只，轻松地介入在上升趋势首发的波段初”的工作。从 1600 多只中挑选到一只买入，前后不过用了 3 分多钟，这全仰仗于上升趋势个股操作的套路和软件智能化的迅捷作用，两者相配轻而易举。

澳洋科技(图 1-12)不但走出了上升趋势，而且涨势令人惊喜有加，虽然排不上在这次市场行情中表现最抢眼的个股，但亦属强中之辈。

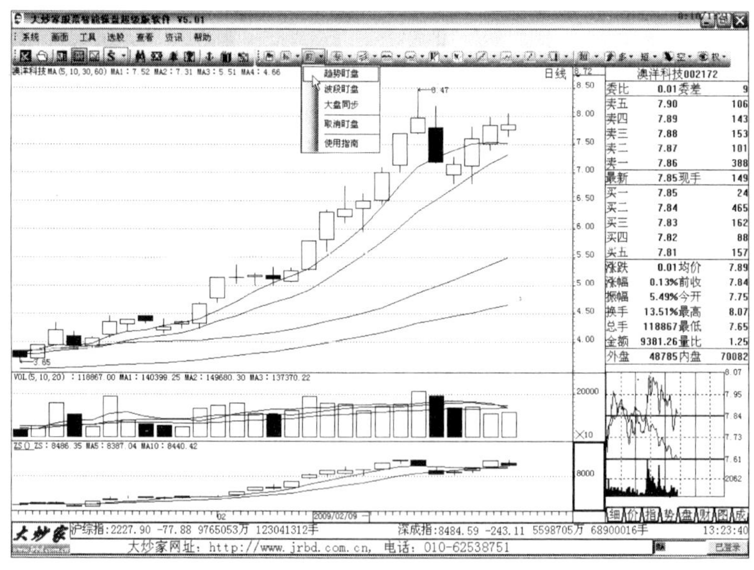

图 1-12 澳洋科技上升趋势一览

个股强，不一定你这把手强，说不定早被踢出去了，日线走势上的整理，分时走势的上下振荡，赚多了些的满足，怕被砸下来的恐惧无不在折磨着绷紧的神经，即便有“套路”可循，也难免过早地抛掉手中的“黑马股”。启用“趋势盯盘”系统，看又能如何？

如果利用“趋势盯盘”，那些可能动摇持股信心的杂七杂八因素都被刻意隐蔽起来了，没出翻白卖点之前，视野里满线尽是红金甲，何有惊神将筹弃。

从诗情画意回到实盘中来，其后几天大盘走势回调下打凶狠，该股也在高位上下盘整，要说的还有，澳洋科技这次跟随大盘的上升趋势，走的不是升一波中间经过调整形态再升一波，而是中间只做了 4 天稍长整理的小形态就又展开升势的，后一大波走势斜率加大，似乎就成了先小波后一大波的冲刺行情了。如这样分析，这时候真该留意了。因此，需要时不时地启用“趋势盯盘”系统来监视一下。

几次启用监视还没发现该股“趋势盯盘”翻白，2 月 24 日股价不比前几天低反倒出来了翻白(图 1-13)，这就是大炒家软件“趋势盯盘”的高明之处。不管高不管低，只管破不破上升趋势的底线。既然自上升趋势以来从不给白脸，这次翻脸了咱也识相点，走人吧。

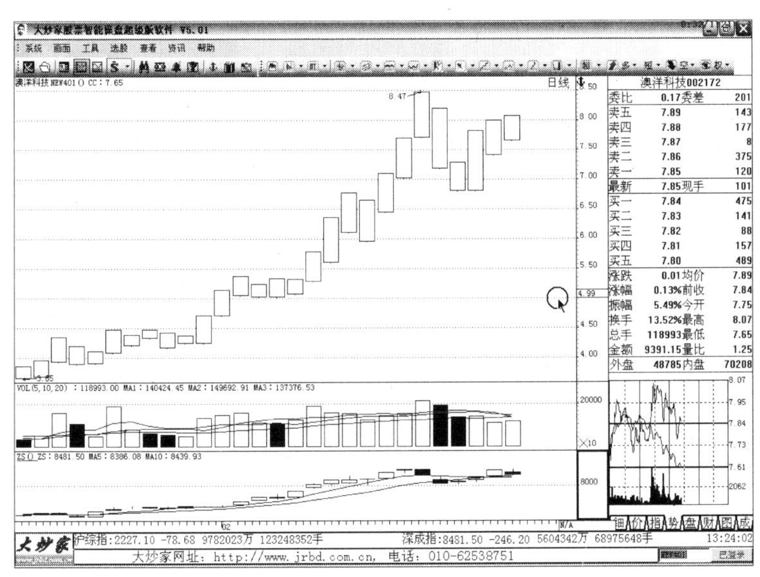

图 1-13 趋势盯盘盯卖

“趋势盯盘”只在下破上升趋势底线时翻白，不设其他方式的卖点翻白，以统一规范操作。

澳洋科技(图 1-14)后市白脸依旧，分时走势也是一脸的皱，上下一道一道地维持到收盘。

截止到此就算完成了“不为所扰，持股待涨”和“下破上升趋势底线为终结，择一决定的点位卖出”的上升趋势个股操作套路中两个艰难任务。“趋势盯盘”一个系统管制持、卖两大环节，既盯盘，又盯卖，一举两得、两得皆准。

人们都说：会买股票是徒弟，会卖股票是师傅。其实买卖票都不简单，说师傅是指有定力的一面，这方面“趋势盯盘”比天下哪个师傅包括我在内都有定力。因电脑没有被赋予人一般的活性，只是机械式地执

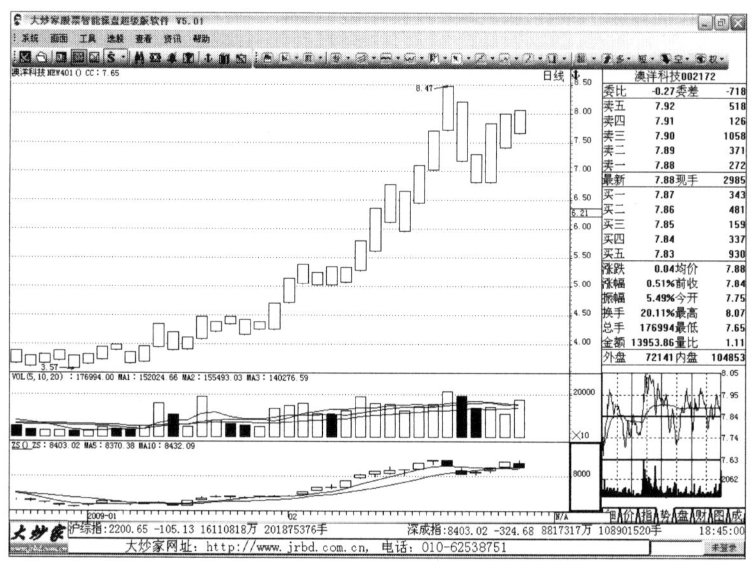

图 1-14　澳洋科技收市

行程序发出的指令，这个指令来源于上升趋势个股操作的套路，而这个套路又是来自于中国十几年西方几百年股市永恒不变的铁一般的客观规律。

“炒作套路”与“操作流程”珠联璧合将势不可挡天下无敌，一个粗放的上升趋势个股的操作就显现出来奇妙，下面更细更复杂更惊心动魄的中线、短线、飙股的操作，将会带来精彩的无与伦比的精神享受，当然也缺不了不菲的收益。

卖出澳洋科技(图 1-15)后继续留意其之后的情况，有点出乎意料的是大盘第二天中跌，该股竟能抗跌爬上，虽涨幅不大但颇吸引人。第三天前市依然是走势抗跌，我是不为所动，因了解这种多头行骗的伎俩，但绝对会有人对这样创新高感兴趣，前期又是一波大涨的走势，料想还可能再来一波，于是乎纷争抢入。

但快到下午两点的时候突然变盘大跌起来，看清那可是在大盘跳水之前。作为同行我佩服主力操纵股价的能耐，不仅敢于冲刺前高，且还用小幅蹭涨方式以少换多引来散户资金的热捧。

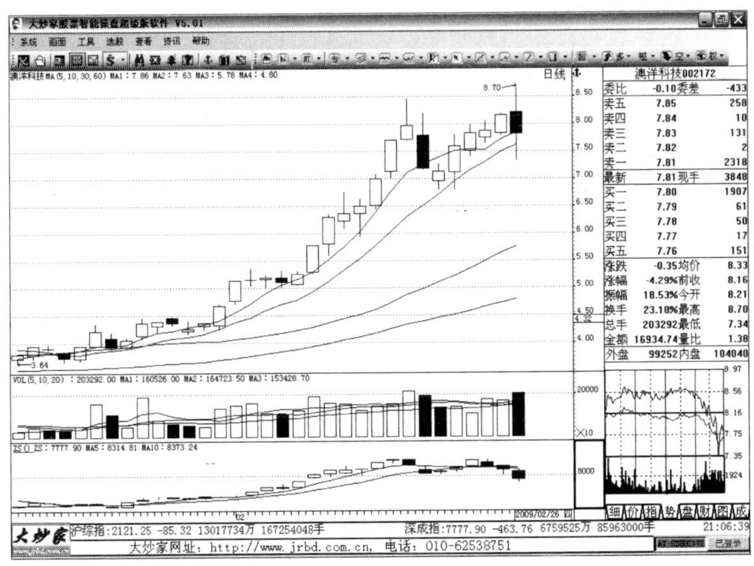

图 1-15 澳洋科技第 2、3 天

第三天，澳洋科技(图 1-16)低开稍上，接着直打跌停板，大盘走势当日整理跌幅不大，有反弹也再拉不动他了，明白这是为什么了吧。

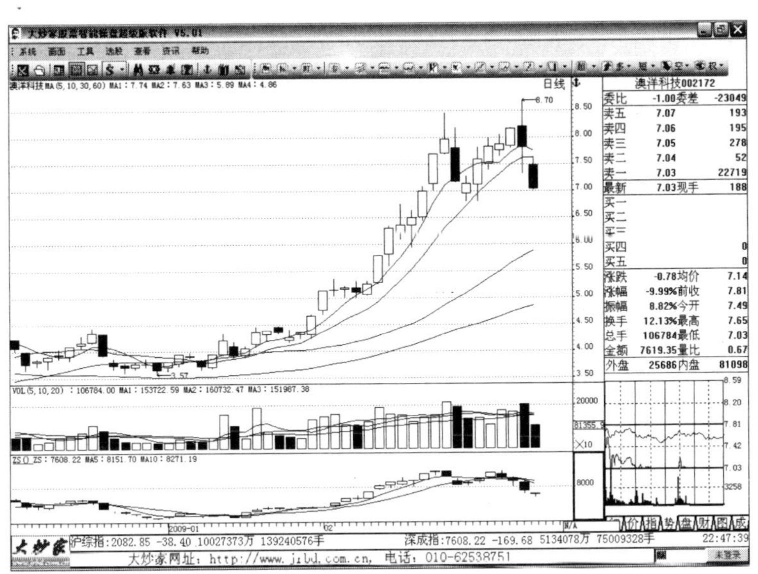

图 1-16 澳洋科技第 4 天

借此把“盯盘系统”对各线度的操作具体设置说一下。趋势操作的长线持股、卖出统一设为日线盯盘；波段操作的中线持股、卖出统一设为60分钟盯盘；短线操作的今买明卖持股、卖出统一设为五分钟线盯盘。这是考虑到各方面情况，并经过无数次的实盘操作验证得出的最佳持、卖方案设定。当然，有时因特殊情况会上下偏差一些，这是因为任何软件都无法将所有的走势都精确到统一的一个标准，能达到95%的可靠率已是令人十分满意了。

对于所有入市的投资者来说，买入后的持股和卖出都是很头疼的事情，始终处于留也不好卖也不是的两难地步。在使用大炒家软件之前，我自己持、卖也不能容易地持到尾卖在顶，被吓被踢出，常有失误，这得怪人固有的人性弱点。我要发狠研发软件的目的，就是想通过计算机软件来规范“人打死也定不了性”的操作行为，根据全部个股历史走势铁一般的规律，以绝对大概率成效为标准，编程出各线操作的盯盘系统，只需要人用手少用脑来执行便是，唯有这样才能战胜自己战胜股市。

有了大炒家软件选股指标或功能，买上即涨的好票轻而易举，再用一举两得的“盯盘系统”，不论对长线、中线、短线操作策略的持股、卖出，不再忐忑不安睡不好觉犹前豫后难下其手，除了“盯盘”什么不用想也什么不需看，就等见着“翻白”了账，往口袋里一把把装钱，整个股市真的就成了提款机了。

路上我要说股市是提款机，说不定有人能把我打个鼻青脸肿，写给你们看也会是半信半疑，半信是看过我写的书认为还在理也有可操作性，半疑也不怪，继续往下看吧，铁证一般的实战案例在候着呢。

介入个股趋势操作主要取之于底部图形的突破起涨，而个股的底部一年可能见不着几次，加上同样可操作的中继底部也增加不出来多少，因而适合做长线的个股机会并不是很多，大量的机会还是蕴藏在中短线个股的炒作上。那么，在大盘见底有炒长线个股的机会，又有兴趣又有耐心不妨一试。

大资金适合做长线，难做中线，更做不来频繁进出的短线，因而持别适合“趋势炒作及操作流程”；如有人做资金管理，那就分配一部分出来做长线，一部分做中短线，到时对比一下哪条线收益大；上班一族没时间看电脑老盯着盘面，利用这个套路及操作流程做长线再好不过了。

流程链条：

选突破图形股票→买入个股→启用“趋势盯盘”→翻白卖出。

注解：“选突破图形股票”，是指利用“趋势向上”指标选出当时走势处于上升趋势的个股，再经人工操作细选出刚突破底部图形的某些股票。

“买入个股”，是指从中优选出某只个股买进。

“启用‘趋势盯盘’”，是指对买进个股的持股待涨，启用“趋势盯盘”功能实施监视。

“翻白卖出”，是指走势翻出白框卖出个股，红框表示继续持有。

炒作套路二：抓住起涨，波段炒作

个股波段炒作是截取上升趋势中的一波上涨行情，不参与上升趋势中波与波之间的调整，如果说一个趋势为长线，波段炒作就可以定为中线操作。

波段炒作的着眼点是波段与波段之间的调整形态，即平台盘整、5日均线弯至10日均线、回调大形态，介入在突破形态起涨之日的分时走势买点上，这就是契合买点3+1。

江苏国泰在上升趋势中(图2-1)，每涨完一波都以大形态完成蓄势调整，然后再新起一波继续升势。2009年2月2日，末端一天显示，此次又突破平台形态再一次上涨，当天午前分时走势出现横盘买点，之后逐级上升至涨停。

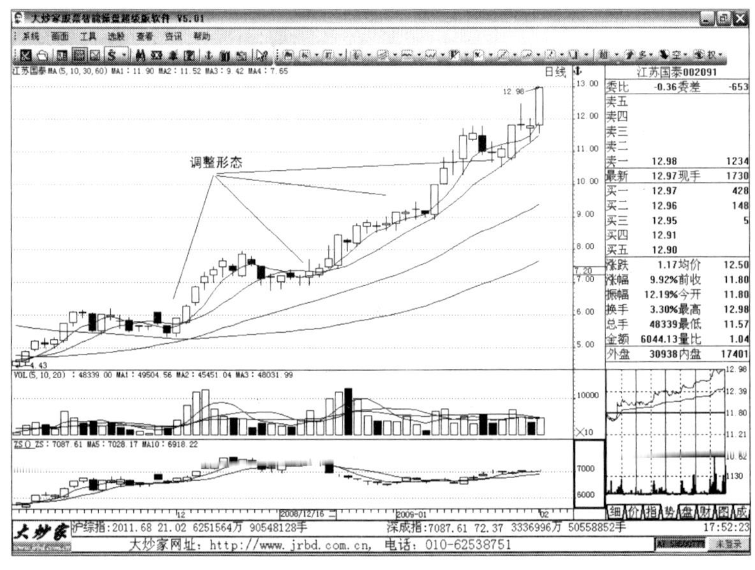

图 2-1　调整形态

1. 个股行情的四个层次

在讲解“上升趋势个股炒作套路”一开始就提到“进行各线度的操作之前”，一定要想到联系个股行情四个层次的超强意识，在此特别指出个股的波段炒作中，这一“超强意识”更是尤为重要。因为波段炒作要比长线操作更多地需要这些意识的引导，要比短线操作更能发挥其非凡的价值作用，能及时地介入个股自大形态的起涨，以及介入后对波线走势的预期乃至结束。脱离了这组层次的意识选股就会遇到很大困难，同样是起涨，隶属该行情层次的个股就能得到涨升的保障，涨幅也会比其他个股幅度大。

个股的波段炒作同样必须要“选时”，而“选时”是离不开个股行情四个层次意识的，在大盘走势一波行情结束进入形态调整时，就应联系起其中的“抗跌率先起动”的意识，主动去抓先于大盘上涨的个股，这类个股其中大多还能随大盘起涨而继续上扬；在大盘蓄势完毕起动时，当然是指突破上涨不是破位下行，就该联系起“同态势”的意识，随这时市场主流板块个股的炒作；在大盘滞涨盘头时，就轮到联系起“轮涨补涨”中“轮涨”的意识，前期在大盘上涨而没涨或小涨的个股，现在要轮到他们大涨了；波段炒作不要用“补涨”意识，“补涨”定义在不太强的大盘振荡走势，个股连续上涨的见少，不是阴阳交错就是走势不规则不流畅，你涨一天我涨一天难走出像样的波段，留给短线操作去短炒一把；在大盘完成头部下调时，就轮到联系用起“逆市上涨”的意识，赚取反向操作带来的异样感受。

即使开头不是用“个股行情四个层次”的意识选股，通过其他方法直接选股，但对选出的个股也要联系到属不属于当下行情层次要表现的。是，则大胆介入，不然须思量；若不加联系地盲入，涨大涨小稳不稳当就难以估量了。

还有个问题，很多人平时操作在这方面老栽跟头又不知所以然，即什么时候能做波段、什么时候不能做波段呢？可能会有人回答：下降趋势不能或难做波段。还可能有看过我书的人回答：从大形态起动上涨可以做波段。这话还有点靠谱，但只能给个及格分。是从大形态上起涨不假，但问题是并不是所有的个股起涨都能升出波段行情。再具体一些能涨出大行情还是小行情抑或昙花一现，这才是问题的关键。

正是有的能、有的不能走出像样的波段行情，没买的个股呼呼地大涨，而买进的个股却慢腾腾地小涨，还有买进不是起涨或原来抱着的一动不动更急死个人，这叫怎么回事？不免令人好生纳闷。要想买上大涨的个股就得求助于“选时”，还得拜托于“个股行情四个层次”意识(有关“个股行情四个层次”的论述，请仔细研读吴迪《大炒家》——编者注)。

下面连这个“能不能做波段”，带同“选时”及“四个层次”的案例展示，一勺烩把个中缘由道个明明白白。

鲁信高新(图 2-2)在大盘走势刚进入平台盘整时，就率先起动上涨(抗跌率先起动意识，包括抗大盘下跌和与大盘同步盘整，突出在率先起涨)，后在大盘起涨时又随之继续上涨。看来率先起动的个股走势，是非常值得早关注早介入的。

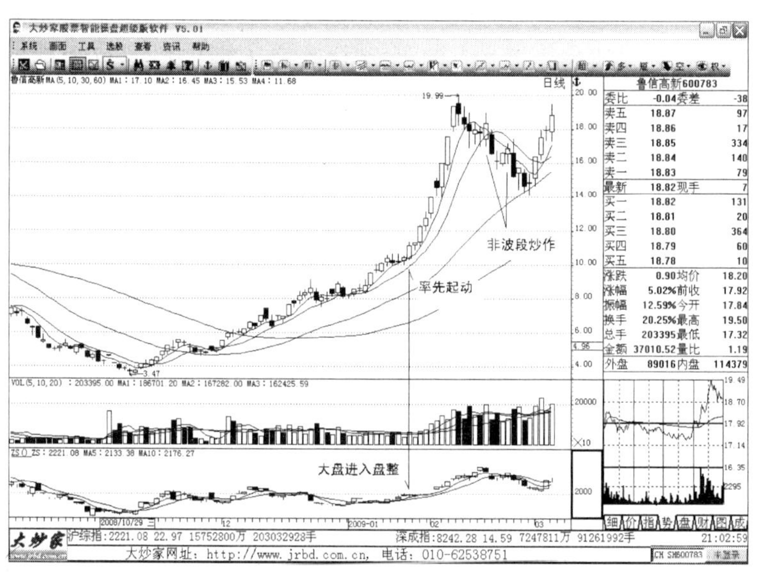

图 2-2　鲁信高新率先起动

个股波段炒作应把“个股行情四个层次”的意识放在首位；接下再考虑“选时”。因是选在大盘走势适当的时机，而适当的时机“四个层次”对大盘走势有不同的要求，具体在以下范例中讲解。“选时”选的对头，同时也就解决了“什么时候能做波段”的问题，相反不懂不会“选时”，也就不知道什么时候能不能做波段。

当大盘走势完成双底图形盘整时，该股不等大盘多盘就率先起动上涨，当然该股前多次的抗跌与此次率先起动不无关系，因而抗跌是率先起动的前兆，是抓率先起动个股的提早关注点。随后必然的率先起动就是个股波段炒作“选时”的时候，当然此时也是个股趋势炒作“选时”的时候，选在大盘走势结束底部图形转向向上趋势的始初，选在大盘走势上升趋势中继结束调整再次要起动的时候。

从这只个股联系“率先起动”意识到“选时”，再到考虑此时能不能做波段，大盘走势在前期两波的下降中，该股虽然抗跌并在大盘反弹时有所上涨，但都没有走出像样的波段行情，还有早期该股处在向下趋势中的那次盘整，连反弹都没有更别说波段炒作。这说明在大盘趋势下降时，在个股走势向下趋势中，不是“率先起动”意识允许个股波段炒作的时候。在大盘未来走势向上给个股上涨营造上涨环境，或未来走势横向盘整不会给个股上涨制造破坏性阻碍，同时个股走势也蓄以待升突破图形或形态起动上涨之时，才是利用“率先起动”意识，“选时”及选择个股波段炒作的时候。

鲁信高新像样的大波段行情早一波起升于大盘走势，还有二波初与大盘走势同步盘三四天但率先起动，如果没有个股行情四个层次其中之一“抗跌率先起动”的意识，不知那时谁会有准备有胆量去抓，瞎蒙的不算，说不定哪次蒙错倒霉了，有了这个顾名思义的意识，那就会积极主动地去抓早已被纳入视线具有潜质的个股。

除了大盘和个股向下趋势以外，还有不是选择“率先起动”个股波段炒作的时候，那又是什么样的状况呢？

还说鲁信高新，一大波波段行情结束进入调整，到了“五弯十”形态时，小阳表示似乎又要起动上涨，可大盘走势那时正在做大幅上升后的大头，该股的最后一波冲刺也不大允许不经过较大调整旋又行情再起，一缺少环境配合，二自身态势不佳，故不是波段炒作的时候。之后在下跌仍受五日均线压制之下的反抽，就甭提波段炒作了。

最后经过深幅回调，该股又率先起动，有波段值得一炒，那时大盘也在酝酿反击，本身也有二次摸顶的需要。

还有多种走势状况不能做波段操作，这里主要举的是能做波段的例子，不能做的多在短线操作中会有举例具体谈及。

昆明机床(图 2-3)第二波上涨的波段行情是“同态势”，随大盘走势同日突破起动上涨，其后走势也与大盘同出一辙，见顶回落也是像听命于上级指示似的一起撤退，表现出“同态势”个股誓与大盘同生死共存亡的精神。右端的“同态势”反弹，由于同鲁信高新率先于大盘上涨不一样，没有先涨出的几天，故行情要短一些，能涨到什么程度还要服从大本营的意志。

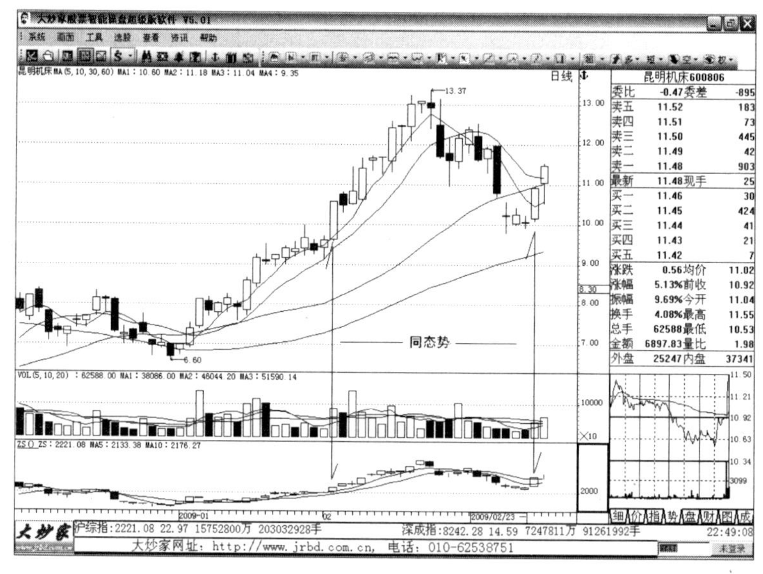

图 3　昆明机床同态势

有所不同的是该股“同态势”起源，是在先上升一波后的平台形态上起涨的，不是像大多同态势个股，同时完成底部图形突破起涨的。因此，“同态势”意识要求的起源是蓄势大形态即可，举此例也是单为提示这一点。

该股第一波不是“同态势”上涨，但那时也是在大盘做成双底未来不坏的情况下，先上涨也是本身完成了头肩底形态的构筑而升起的，符合两方面的基本条件。

该股波段炒作联系“个股行情四个层次”其中更明确的“同态势”意识，“同态势”意识在“四个层次”中算是最直观、不需逻辑费事来推理的。“选时”在大盘走势展开上升趋势之初也没问题，有了上面两点的保证，选择这个时候波段炒作更没问题。如果没有这些方面的联系和思考，能不能如期炒上如昆明机床一类个股的波段行情呢？抓第一起涨点不大可能，明显涨起来去买有可能，毕竟那时市场看多舆论也高唱起来了，有了“四个层次”意识、“选时”、有波段可为的判断，我们就能先走一步，享受机构主力、股民大众抬轿上行的惬意。

有问题的是该股右端“同态势”的反弹，有必要探讨值不值得波段一炒。这时大盘走势已下调不浅破了上升趋势下轨，反弹后再下或趋于横向的可能性偏重，限制此次上升幅度也就顺理成章，那同态势的个股包括昆明机床的此次反弹，就不大会有像样的波段行情可炒，既然难有行情，这时就不是选择个股波段炒作的时候。

率先起动的另当别论，先起涨加上同态势反弹合起来也够波段炒一把的了。

个股行情四个层次的“率先起动”、“同态势”完了，该排到第三个层次“轮涨补涨”意识了，这里要补充说明的是轮涨和补涨是两种情况两个形式，轮涨是轮到至少一个波段走势的上涨，补涨是补少则一日多则几日的K线上涨，下边分别示例加以阐释。

在2009年初,大盘走势上升的那波中，有多少率先起动和同态势的个股大幅上涨，可中恒集团(图2-4)等却蜗牛式地爬行小涨了一些，在大盘进入盘头期倒一反弱势强攻起来。实际想一想大盘指数涨了那么多，大多数个股也都涨幅惊人，凭什么我就涨那么一点儿，现在该轮到我人涨了，或者说原来按着自己的路线图上行，不与他们争锋，现在要独领风骚吸引眼球展开冲刺行情了。

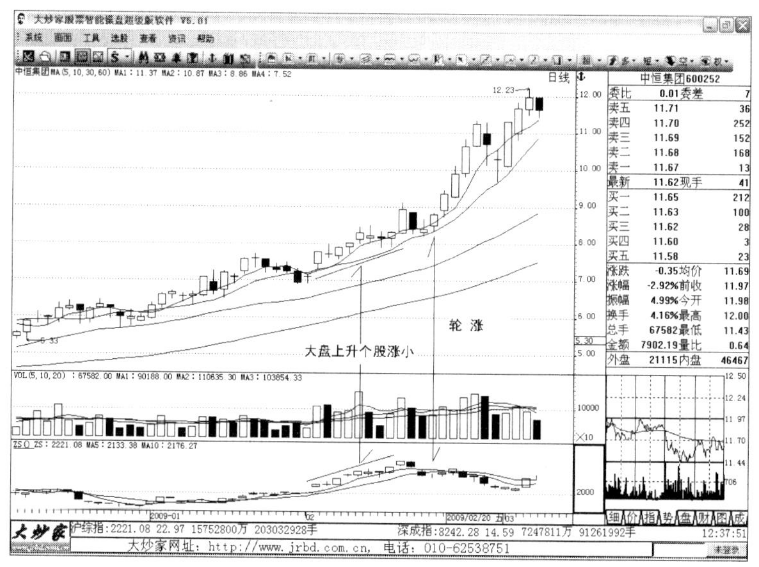

图 2-4　中恒集团轮涨

炒作个股波段行情从“轮涨补涨”到“逆市上涨”的意识，因是逆势而为(逆市包括逆横、逆下)，不同于“率先起动”和“同态势”意识的顺势而为，所以“选时”也要逆向思维，选在预期大盘走势未来不好的时候，好就没有他们涨的份了。

炒中恒集团的波段行情不能不联系上“轮涨”意识，否则谁会在大盘走势一波结束盘头时介入个股，怎么也要等到大盘做头折腾消停了再说。“选时”选在这个时候不免令人放心不下，恐买入后缺少大盘上行的支持难涨许久。可能股市就需要这样此消彼长以维持股市的生态平衡。不管怎样，在这个大盘盘头不稳的时候，的确存在“轮涨”意识提示下的“选时”，不无个股波段行情炒作的时机。不懂、不会买或怕买，只能错过市场能给予的另类机遇。

武汉中商(图 5)不是像中恒集团“轮涨”慢了一波而是慢了一日 K 线，2009 年 3 月 4 日大盘走势单边上扬大涨百多点，而该股只是小涨中阳，同时还有涨的更少的，于情于理都应该有补涨的份额，于是 3 月 5 日后补大涨满 10 个点，分时走势宁抗大盘下跌也在所不辞。

联系上了“补涨”意识，就能炒上这类昨涨小、今会大涨的个股。如没有这个意识，可能就会去追昨大涨的个股，那可能就要被当头一棒

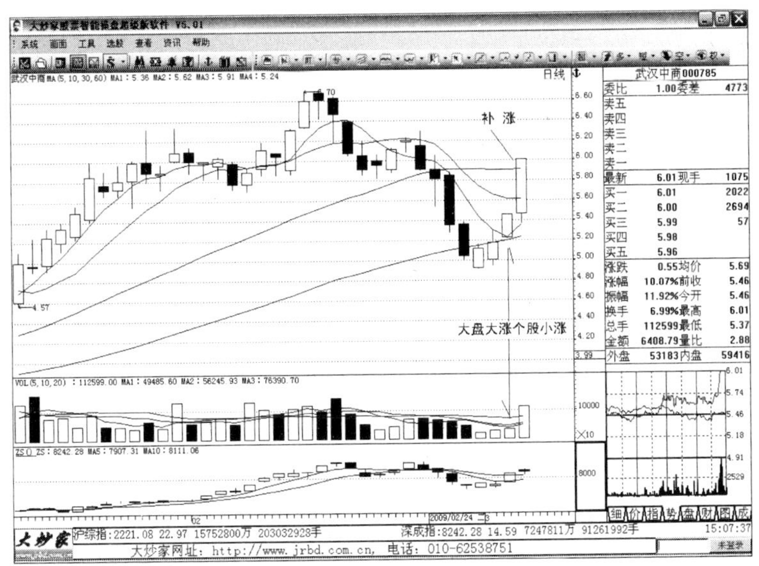

图 2-5 武汉中商补涨

了，因为除个别外大多个股冲高回落。不过这只是个短炒的机会，不是个股波段炒中线的时候，大盘反弹高度不确定，这类先小涨个股多是冲出个大阳就完了，补涨完行情也就快结束了。若是上升趋势自大形态的补涨还会好些，也许会再随势上涨一阵。

恒邦股份(图 2-6)也是前期走势与大盘走势强势上升不相配，与此有关在大盘盘完头开始下跌中逆流而上，大涨不止、发泄前期未大涨的怨气，由此得出市场是公平的，个股上涨也是分梯队早晚的事，所以挖掘之前没涨或没涨大的个股不失为明智之举。

第四个层次的“逆市上涨”意识恰好与之吻合，采有智之举或能利用“逆市上涨”之意识，敢于介入这类反潮流精神充分体现的个股；不采不用不知“逆市上涨”怎么回事可就恍如陌生了。若叫人在此刻“选时”无异于拖他跳湍急的河流，若叫人在这个时候选个股波段炒作，说不定能骂出个八辈祖宗，可就是这个时候却恰恰是利用“逆市上涨”意识，“选时”及选择个股波段炒作的时机。

无论“个股行情四个层次”的意识，还是“选时”，或是找“个股波段炒作的时候”，以上说的热热闹闹连“层”累牍，皆是为进行个股的波段炒作所做的思想准备而已。固然，没有这些先见之明，炒波段行

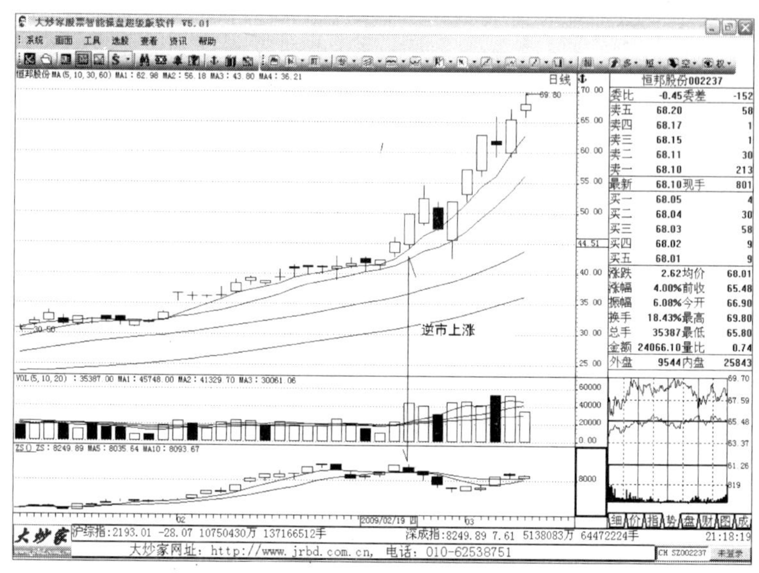

图 2-6　恒邦股份逆市上涨

情定有相当的难度，但只有思想没有具体的方法配合运用，也难以达到“入到好处，出到恰当”的境地。好马配好鞍，好手配妙法，下面就将买入、持股、卖出三个环节的操作及运用相应的手法悉数道来。

2. 如何抓住波段起涨的第一买点

个股波段炒作的介入点，当然首推抓自大形态起涨的第一买点，而做到这一点唯有“契合买点 3+1”手法，比点位、比安全、比当日涨幅、比未来走势(大阳起动继续大涨的几率大)，别的任何方法都无法与之相比。

长城开发(图 2-7)的日线走势是典型的“五弯十”蓄势形态，2009 年 3 月 4 日，分时走势在些微抗跌横盘，这就是契合买点 3+1，整体走势处于上升趋势之中，此时形态调整恰好在下轨线点到为止。

该股前期有一次“轮涨”举动未果，这次架起了“抗跌”的阵式，似有重振雄风爬起来再攻的势头，同时也时逢大盘深跌企稳亦有反弹的苗头，大盘若涨他更能涨，这些都给“选时”加满了条件，此时不做波段买入又等何时。

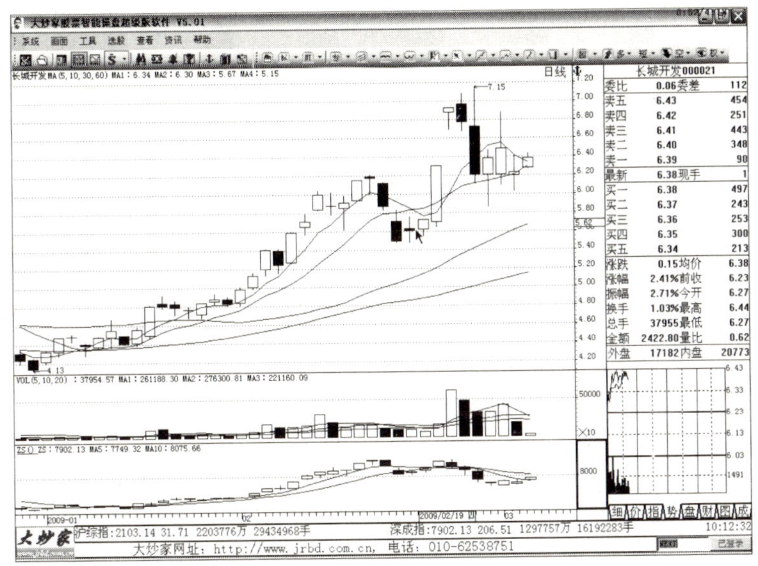

图 2-7　长城开发

长城开发(图 2-8)随后又继续横了一会儿，午后持续横盘到后市，尾盘冲高、收市小落。一根大阳几乎填满了调整期的空间，好看了许多，也给未来走势留下了想象的上升空间。

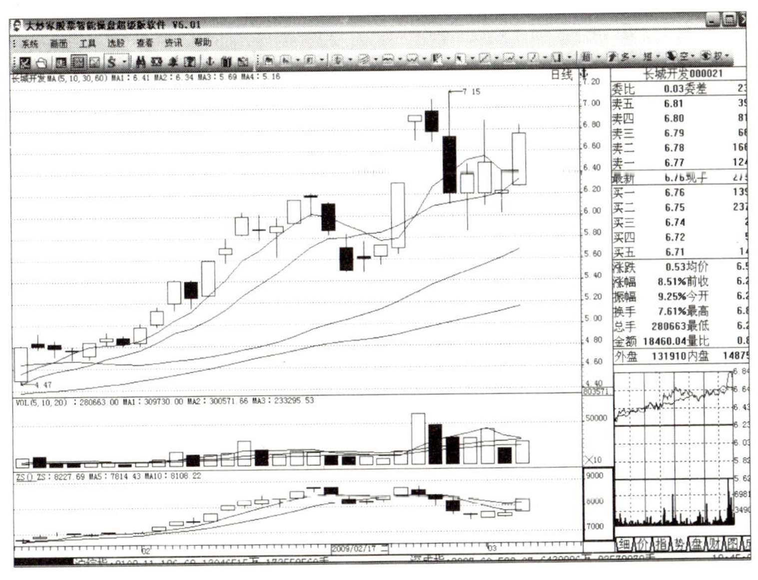

图 2-8　长城开发后市

次日，大盘由强变弱、分时走势振荡，长城开发前市(图 2-9)依然保持强攻不懈的态势，午后顺势渐落，后市在大盘不给支持的情况下，自行水中捞月直送霄宫。

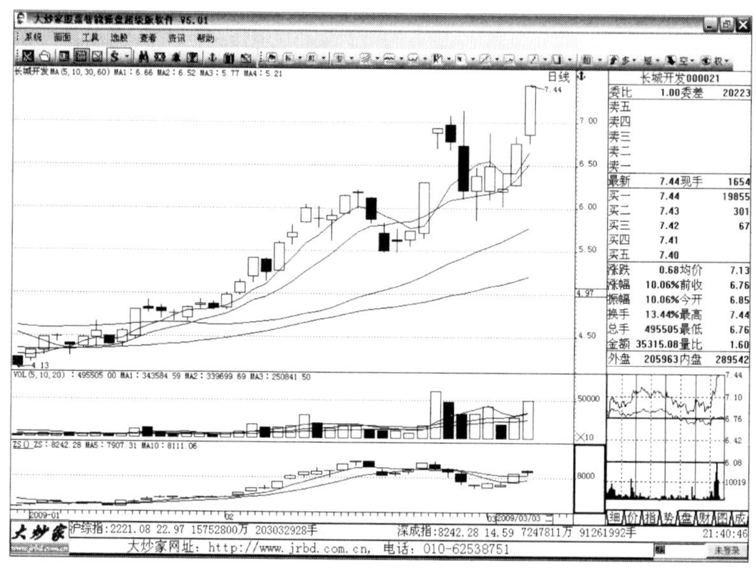

图 2-9 长城开发次日

3. 买入后如何波段持股待涨

介入后放手波段中线持有，少看日线免踏空，不管间中小形态整理，即使有日收上影收大阴，过日回抽不过再卖不迟。不看分时免搅心，波段炒作不应在乎振荡差价，视五日均线为撑点，不破不改上升斜率一路持有，直到波段见顶为终点。

中华企业(图 2-10)在上升的波段走势中，先小幅上涨再最后冲刺，只要日 K 线受到 5 日均线的支撑不破，尽管持股待涨，要看分时走势哪天都不得安宁，3 天冲刺那几天分时走势更会是惊心动魄，最后 1 天收市出长上影阴线，见头部信号已出，第二天回摸不过再卖不迟，就这样赚满了一个波段的行情。

4. 如何波段见顶卖出

波段炒作的卖出有若干点位，在日线走势超乖离，分时走势直线上冲为卖出最高点，但难免也有卖出后行情踏空的时候；见日线走势收上

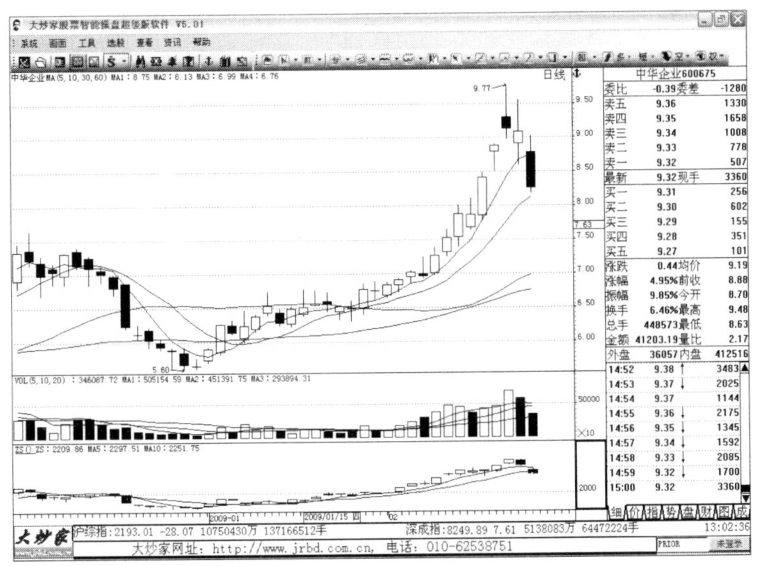

图 2-10 中华企业

影中大阴，次日分时走势回摸不过为卖出次高点，但也有不摸直下的可能；日线走势进入盘头期为中规中矩的卖法；下破盘整或下破 5 日均线为卖出最终点位。

图 2-10 中华企业是一类波段走势的卖法，多伦股份(图 2-11)不同在于没有长上影线的头部信号，而是出现了高位滞涨的几日盘整，是在进入盘整中卖，还是下破盘整也是下破 5 日均线卖，那就看当事者怎么决定了。还有其他类走势的卖法，在此就不一一范举了，无论遇着什么走势，能在头部区域内卖出，就算是波段行情中线操作画上了圆满的句号。

通过以上对个股波段炒作由买、持、卖的全程举例描述，我们了解到中继形态是形成上升波段的基础，是给予关注的着眼处；突破大形态上涨是上升波段的起始点，是参与中线炒作的最初买点；依托 5 日均线斜向而上，是不为所扰不为所骗的持股待涨期；盘头结束或有效下破 5 日均线，标志波段行情的完结，是了结中线炒作的卖点。沿着这个挖掘中线潜力股，从介入、持股、到最终卖出，一条个股波段炒作清晰的脉路显现出来，这可称为是波段炒作的套路。

下面，我们将这个股波段炒作的套路，利用大炒家软件的指标和功

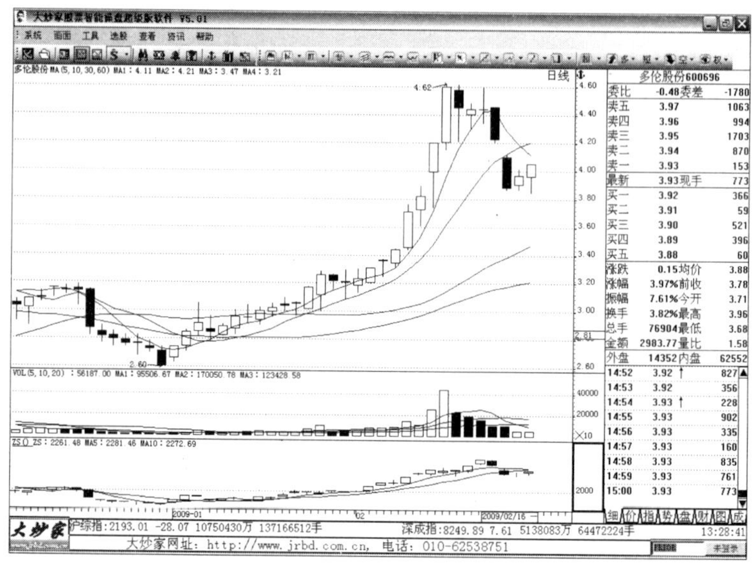

图 2-11 多伦股份

能，变为实盘操作流程，以便于广大的用户有效地运用于实际操作。

实盘操作流程：

用到软件操作还得强调，如果不是利用“四个层次”功能框起大盘日线走势选股，通过其他指标或功能直接选股，对选出的股票也要联系属不属于当下行情要表现的走势个股，然后再决定是否买入。

对应“个股行情四个层次”的意识，利用软件设置的“四个层次”功能，或利用其他的选股指标与功能，如“起涨 3+1”、“上破形态”，“分时选横盘”、“分钟线蓄势形态”等，找对“选时”机会，及时选入买进可能走出波段行情走势的个股，持股卖出启用“波段盯盘”监察红白规范执行。

2009 年 2 月 27 日，在大盘分时走势继下跌两波又下一波时(图 2-12)，启用利用大盘日线走势选“个股行情四个层次”其中“抗跌起动”功能，看有否日线分时双抗跌的个股可做。

这是基于大盘连续数日下跌，尤其昨日大跌致使乖离偏大，按规律讲今日应收敛整理，这是在大盘走势回调下跌时，趁稍停整理之机寻个股操作的机会。

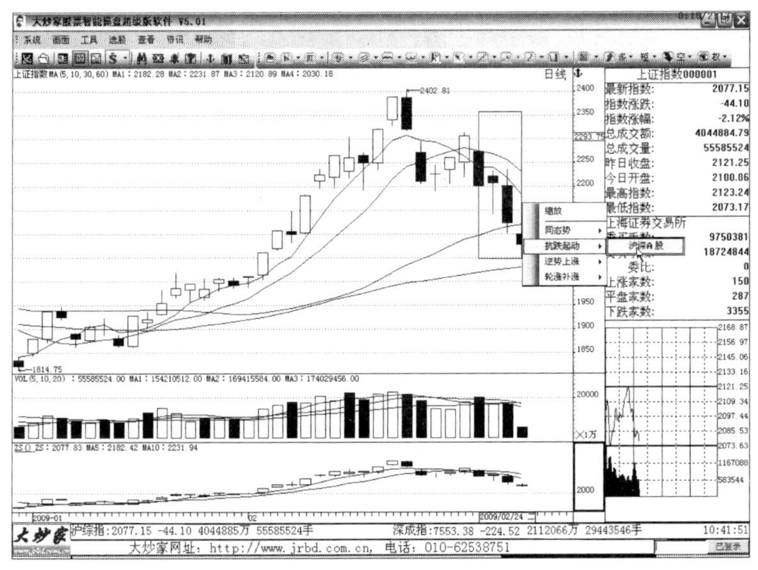

图 2-12 “抗跌起动”功能

这也算是预测大盘当天走势后市好坏的窍门之一，在大盘下跌波段中，一日大阴乖离所致次日应是整理(如是变盘开跌大阴无乖离所限，那次日有可能连续大阴下行)。既然整理，分时就应是上下有高有低的振荡之势，可断后市大盘分时走势难能大好但也坏不到哪里，不能太坏就不能大跌，那么，逢低选抗跌有买点走势个股，日线符合“个股行情四个层次”的当期，视个股走势状况短线或中线操作可为之。

反之，在大盘上升波段中，一日大阳乖离，次日也应是整理，既然整理，分时也应是上下有高有低的振荡之势，可断后市大盘分时走势不能太坏但也难能大涨。对整理时理论上要求慎买个股，然大盘处于波段上升不是跌势中整理完再下，会有强势或补涨个股表现上好，而因大盘整理振荡有所影响，选买个股一定要在大盘走势低买、不宜高追。而经过一日整理大盘又将重拾升势，即使大盘走势前市有回调也可断后市亦能维持上涨基调，则是中、短线放心大胆选买分时有买点个股买入。

再有对大盘日线走势在盘整期以及上下突破形态时，预测全天分时走势好坏，待逢到适当的个股时再说。

“抗跌起动”功能大约选出五六十只抗跌个股(图 2-13)，一只只看非常耗时间，而且没有必要看分时不好的个股，于是再接着启用“分时选买点”功能，筛选出值得分时走势一看的个股。

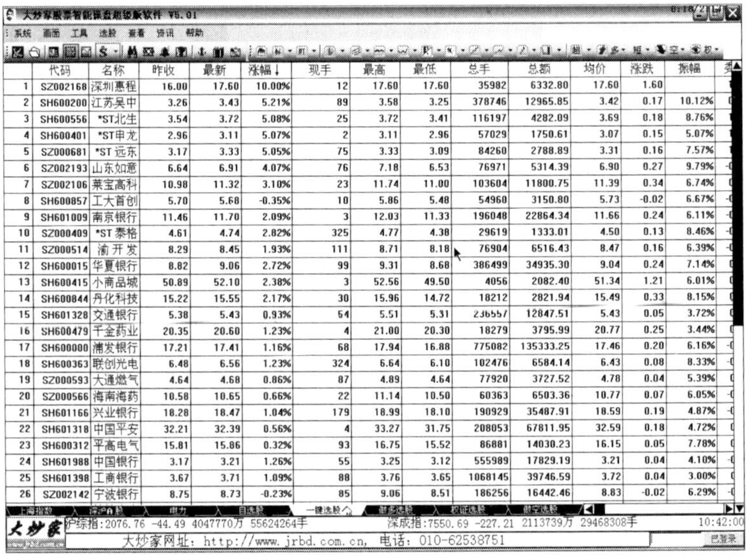

大炒家股票智能操盘超级版软件 V5.01

系统 画面 工具 选股 查看 资讯 帮助

	代码	名称	昨收	最新	涨幅↓	现手	最高	最低	总手	总额	均价	涨跌	振幅
1	SZ002168	深圳惠程	16.00	17.60	10.00%	12	17.60	17.60	35982	6332.80	17.60	1.60	
2	SH600200	江苏吴中	3.26	3.43	5.21%	89	3.58	3.25	378746	12965.85	3.42	0.17	10.12%
3	SH600556	*ST北生	3.54	3.72	5.08%	25	3.72	3.41	116197	4282.09	3.69	0.18	8.76%
4	SH600401	*ST申龙	2.96	3.11	5.07%	2	3.11	2.96	57029	1750.61	3.07	0.15	5.07%
5	SZ000681	*ST 远东	3.17	3.33	5.05%	75	3.33	3.09	84260	2788.89	3.31	0.16	7.57%
6	SZ002193	山东如意	6.64	6.91	4.07%	76	7.18	6.53	76971	5314.39	6.90	0.27	9.79%
7	SZ002106	莱宝高科	10.98	11.32	3.10%	23	11.74	11.00	103604	11800.75	11.39	0.34	6.74%
8	SH600857	工大首创	5.70	5.68	-0.35%	10	5.86	5.48	54960	3150.80	5.73	-0.02	6.67%
9	SH601009	南京银行	11.46	11.70	2.09%	3	12.03	11.33	196048	22864.34	11.66	0.24	6.11%
10	SZ000409	*ST 泰格	4.61	4.74	2.82%	325	4.77	4.38	29619	1333.01	4.50	0.13	8.46%
11	SZ000514	渝 开 发	8.29	8.45	1.93%	111	8.71	8.18	76904	6516.43	8.47	0.16	6.39%
12	SH600015	华夏银行	8.82	9.06	2.72%	99	9.31	8.68	386499	34935.30	9.04	0.24	7.14%
13	SH600415	小商品城	50.89	52.10	2.38%	3	52.56	49.50	4056	2082.40	51.34	1.21	6.01%
14	SH600844	丹化科技	15.22	15.55	2.17%	30	15.96	14.72	18212	2821.94	15.49	0.33	8.15%
15	SH601328	交通银行	5.38	5.43	0.93%	64	5.51	5.31	236557	12847.51	5.43	0.05	3.72%
16	SH600479	千金药业	20.35	20.60	1.23%	4	21.00	20.30	18279	3795.99	20.77	0.25	3.44%
17	SH600000	浦发银行	17.21	17.41	1.16%	68	17.94	16.88	775082	135333.25	17.46	0.20	6.16%
18	SH600363	联创光电	6.48	6.56	1.23%	324	6.64	6.10	102476	6584.14	6.43	0.08	8.33%
19	SZ000593	大通燃气	4.64	4.68	0.86%	87	4.89	4.64	77920	3727.52	4.78	0.04	5.39%
20	SZ000566	海南海药	10.58	10.65	0.66%	22	11.14	10.50	60363	6503.36	10.77	0.07	6.05%
21	SH601166	兴业银行	18.28	18.47	1.04%	179	18.99	18.10	190929	35487.91	18.59	0.19	4.87%
22	SH601318	中国平安	32.21	32.39	0.56%	4	33.27	31.75	208053	67811.95	32.59	0.18	4.72%
23	SH600312	平高电气	15.81	15.86	0.32%	93	16.75	15.52	86881	14030.23	16.15	0.05	7.78%
24	SH601988	中国银行	3.17	3.21	1.26%	55	3.25	3.12	555989	17829.19	3.21	0.04	4.10%
25	SH601398	工商银行	3.67	3.71	1.09%	88	3.76	3.65	1068145	39746.59	3.72	0.04	3.00%
26	SZ002142	宁波银行	8.75	8.73	-0.23%	85	9.06	8.51	186256	16442.46	8.83	-0.02	6.29%

上海指数 深沪A股 电力 自选股 一键选股 做多选股 权证选股 做空选股

大炒家 沪综指:2076.76 -44.49 4047770万 55624264手 深成指:7550.69 -227.21 2113739万 29468308手 10:42:00

大炒家网址：http://www.jrbd.com.cn，电话：010-62538751

图 2-13 选出抗跌起动个股

考虑大盘几波分时跌的不浅，不适宜点“横盘抗跌”，就拖到“不破前低”(图 2-14)，再点“一键选股”就从刚才选出的日线抗跌个股中细筛分时不破前低的个股。

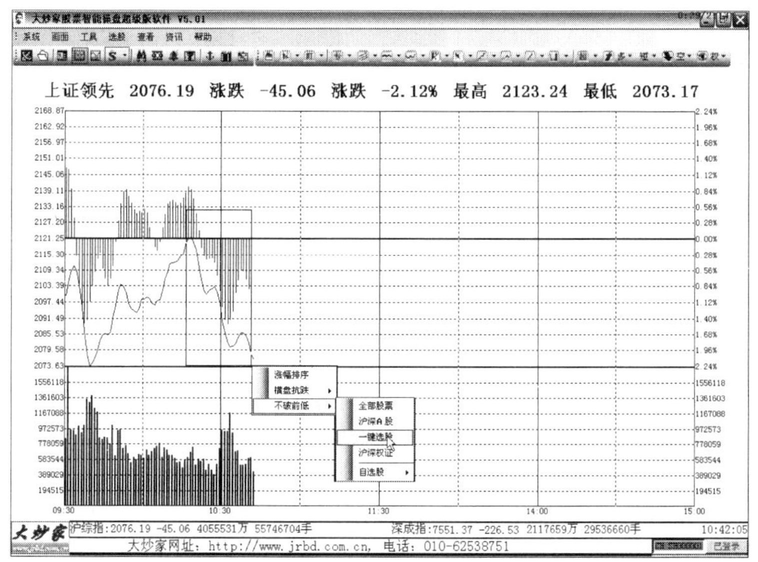

图 2-14　“分时不破前低”功能

这次筛选减少了许多，只剩下 13 只(图 2-15)，查看起来不会太麻烦了。

	代码	名称	昨收	最新	涨幅	现手	最高	最低	总手	总额	均价	涨跌	振幅
1	SZ000593	大通燃气	4.64	4.68	0.86%	5	4.89	4.64	78005	3731.50	4.78	0.04	5.39%
2	SH601328	交通银行	5.38	5.43	0.93%	350	5.51	5.31	237539	12900.83	5.43	0.05	3.72%
3	SH601166	兴业银行	18.28	18.45	0.93%	2133	18.99	18.10	193117	35891.61	18.59	0.17	4.87%
4	SH600000	浦发银行	17.21	17.39	1.05%	6	17.94	16.88	775482	135402.91	17.46	0.18	6.16%
5	SH601398	工商银行	3.67	3.71	1.09%	92	3.76	3.65	1068762	39769.48	3.72	0.04	3.00%
6	SH600479	千金药业	20.35	20.60	1.23%	4	21.00	20.30	18279	3795.99	20.77	0.25	3.44%
7	SH601988	中国银行	3.17	3.22	1.58%	447	3.25	3.12	571969	18343.15	3.21	0.05	4.10%
8	SZ000514	渝开发	8.29	8.45	1.93%	30	8.71	8.18	77080	6531.30	8.47	0.16	6.39%
9	SH601009	南京银行	11.46	11.69	2.01%	44	12.03	11.33	196367	22901.66	11.66	0.23	6.11%
10	SH600844	丹化科技	15.22	15.55	2.17%	30	15.96	14.72	18212	2821.94	15.49	0.33	8.15%
11	SH600015	华夏银行	8.82	9.05	2.61%	94	9.31	8.68	386826	34964.90	9.04	0.23	7.14%
12	SZ002106	莱宝高科	10.98	11.32	3.10%	77	11.74	11.00	103717	11813.54	11.39	0.34	6.74%
13	SZ002193	山东如意	6.64	6.91	4.07%	44	7.18	6.53	77036	5318.88	6.90	0.27	9.79%

图 2-15　再选出不破前低个股

莱宝高科(图 2-16)，分时走势同样不破前低，日线走势处于 K 线阴阳上下的大箱体运作，整体明显抗跌于大盘，今日自箱体中部返上，

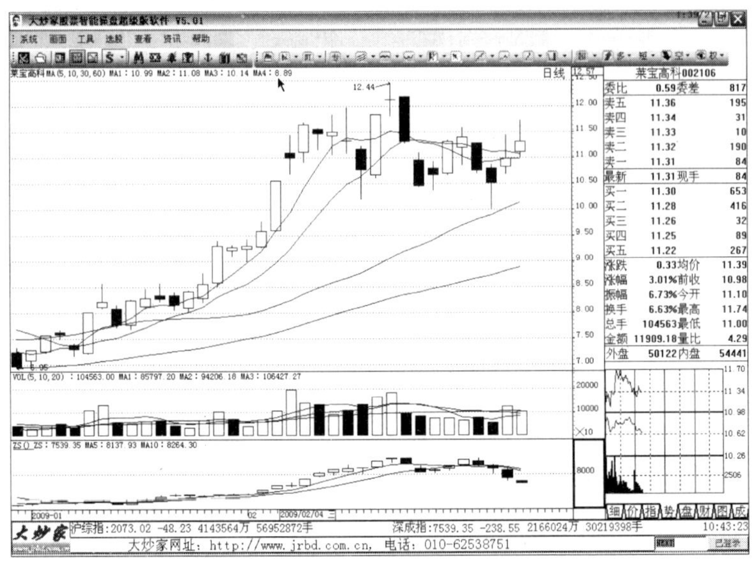

图 2-16 莱宝高科

依昨日收阳、今日分时皆呈抗跌状况，想必有往箱顶上行的预期。

该股属“层次”当期，选大盘在下跌之时也对，至于可否做波段有点难测，按理日线抗跌应该做，但在大箱体中恐不突破继续盘整，如是放弃，选做了同时选出的山东如意。

莱宝高科(图 2-17)收市涨幅 6.56%，就是这样还排于两市涨幅榜第 14 位，从这只个股分时走势看，当时发现时的价位，没有比大盘走势后来又创新低时的点位再走低，这说明：如看好票非等大盘再跌深时买，很可能那时个股价位不低反高，买就高了一些，不买就错过了机会。

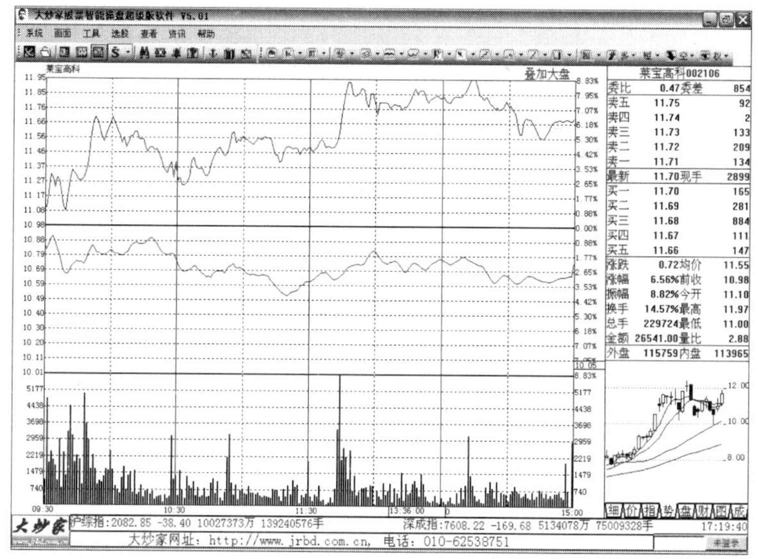

图 2-17　莱宝高科后市

虽然没买莱宝高科，但对它后来的走势情况稍加了留意，往往经验就是这样点滴累积起来的。在后来的几天里，该股振荡向上(图 2-18)，走势虽不流畅也不太强，但涨高了就是好家伙。

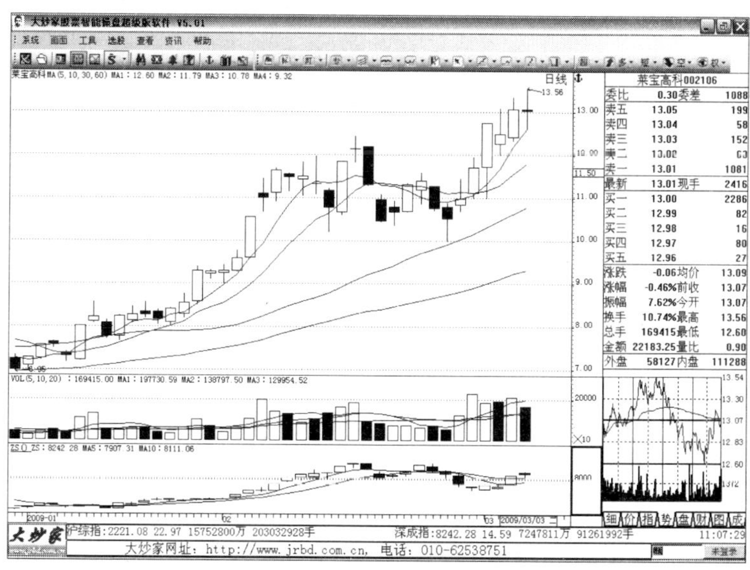

图 2-18　莱宝高科涨高

同时选出的还有山东如意(图 2-19)，该股符合分时不破前低走势，日线走势处于逆市上涨的波段中，若当时启用“逆市上涨”功能也会选出来，昨日 K 线十字星显然抗跌于大盘，今日受 5 日均线支撑，依日线呈分时皆抗跌状况，想必后市还会助涨该股上行，至少会盖过昨星填上至上轨的空间。

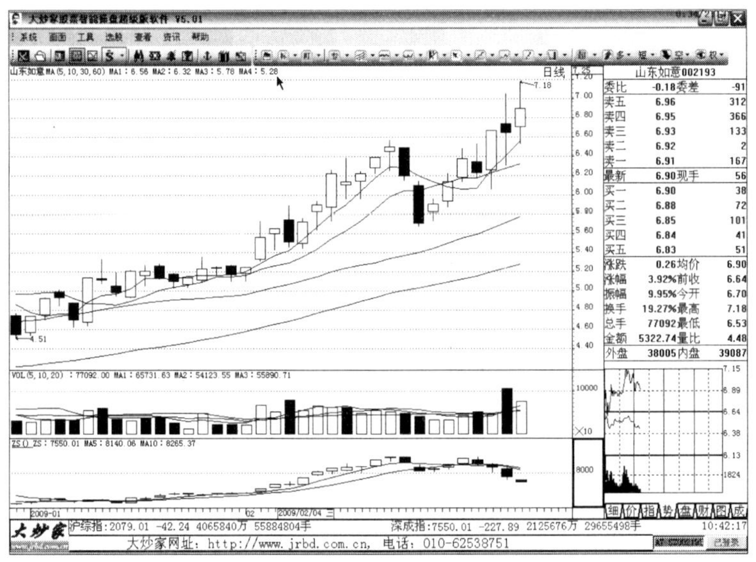

图 2-19 山东如意

该股前期在大盘强劲上升的那波行情中表现的不够充分，此波逆市上涨大有全力发挥的劲头，虽当时想选“抗跌率先起动”的，可选出“逆市上涨”的个股也算歪打正着，若该股逆市涨幅过大，“抗跌起动”功能就选不出来了，涨幅小就在被选之列。该股这时也应该能做波段，又抗跌又逆市且上涨不久，怎么也得把波段走完，大盘只要没企稳反弹就有戏耍。

放弃莱宝高科选买山东如意还有个理由是，突破刚先涨比还没突破上涨的好，大盘若起会给先行者再送一程，这是硬道理。

山东如意(图 2-20)后市表现可圈可点，虽然有所振荡，但一直能保持抗跌走强状态，收市稍涨过昨十字星，应说是很守规则，以后还能再上。

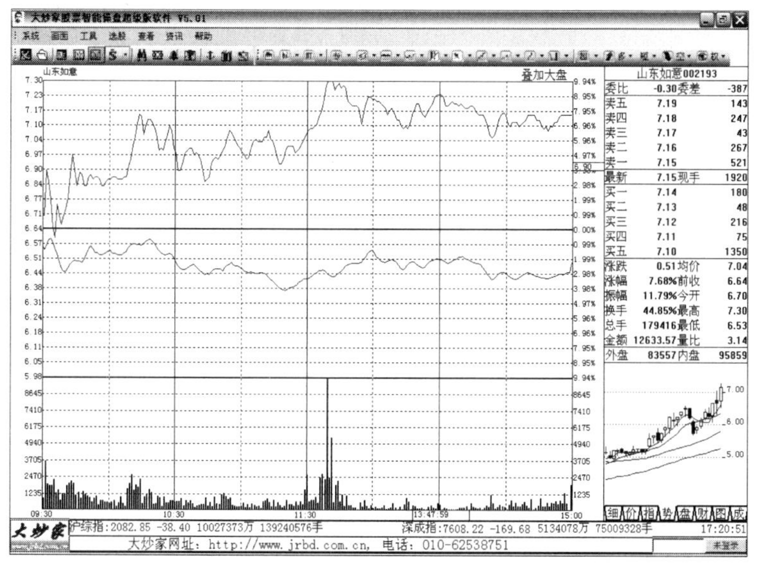

图 2-20 山东如意后市

山东如意收市排两市涨序第 9 位。能在不稳的市道有如此收获，亦算不错了。

鉴于山东如意也属“逆市上涨”个股走势，在未见大盘企稳反弹之前可持股待涨，次日启动“波段盯盘”功能(图 2-21)，将此盯盘直接改为 60 分钟线，省了几步的麻烦。

该股 60 分钟线盯盘显示全天泛红，收盘以涨停板收，这不免有点意外之惊喜。

3 月 4 日，大盘反弹了，两市涨停板拥上了一大片，那是“同态势”的天下，山东如意只混了个小涨，这就是“层次”更迭的缘故。涨小没跌所以“60 分钟线盯盘”没翻白。

3 月 5 日，山东如意连续几天上涨，股价已从 6.88 元涨至 8.40 元，要上心盯着点了。盯归盯，一小时看一眼不累，看多也用处不大，中线盯盘要比短线盯盘从容很多，赚满波段了不在乎 60 分钟走势高点低点。下午开市不一会儿，60 分钟线盯盘翻出小白了(图 2-22)，那就出手卖吧。

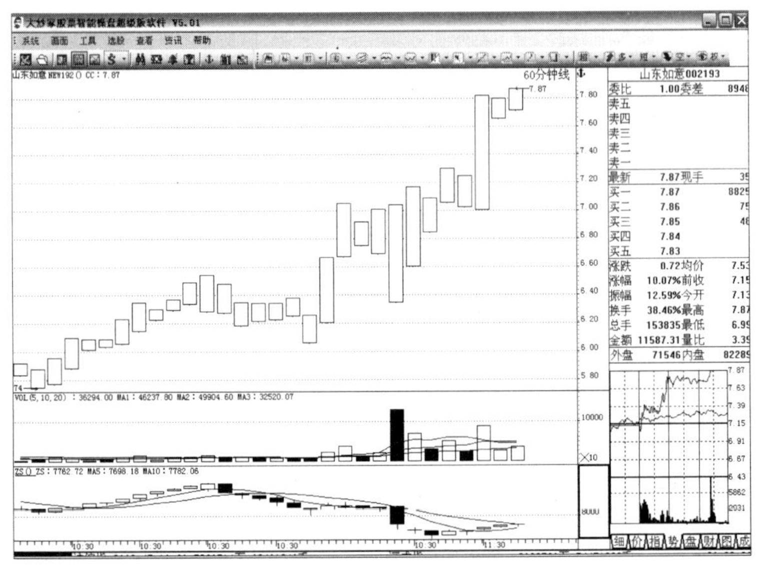

图 2-21 山东如意盯盘

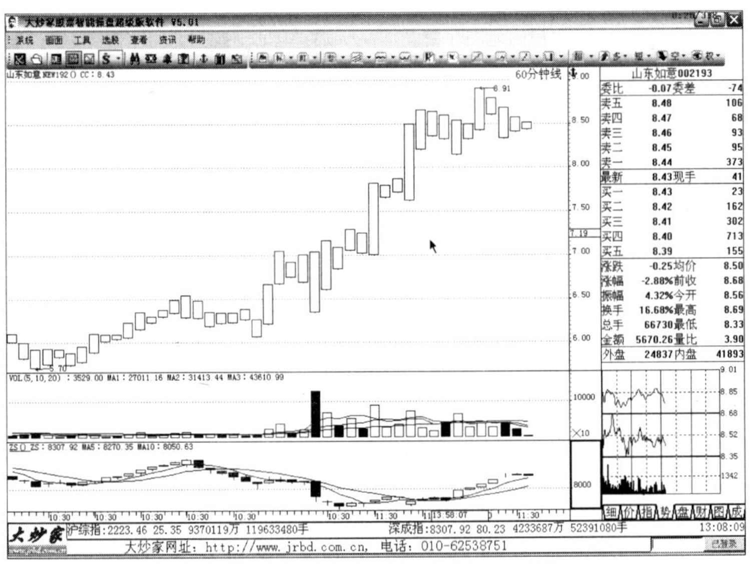

图 2-22 山东如意盯卖

山东如意(图 2-23)分时走势后市虽有返上，但日线走势显示已进入高位滞涨盘整，波段行情终了，再没必要留恋黄昏了，若定日线盯盘还要等到落日，看落日又要等上几天。

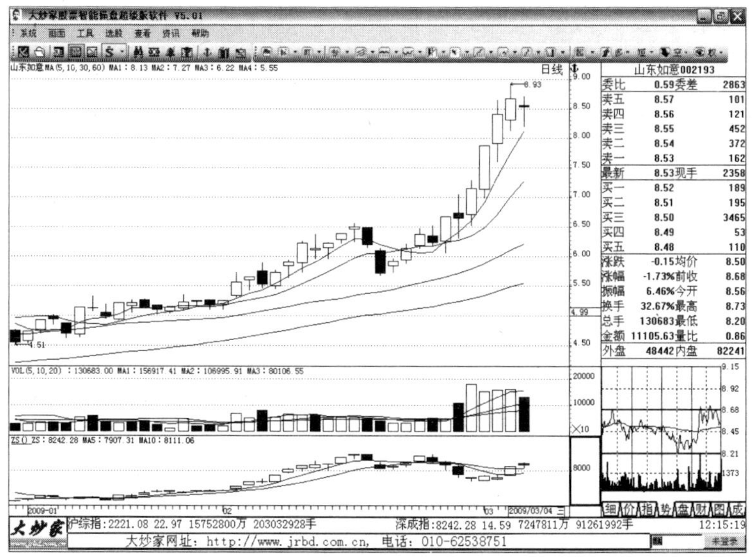

图 2-23　山东如意收市

3 月 5 日，山东如意(图 24)低开低走，尾盘报跌中大阴，表示此波行情终结，证明昨天盯盘翻白卖出是正确的，对昨天不是高价，对整个波段走势是次高价，对今天就是高不可攀了。

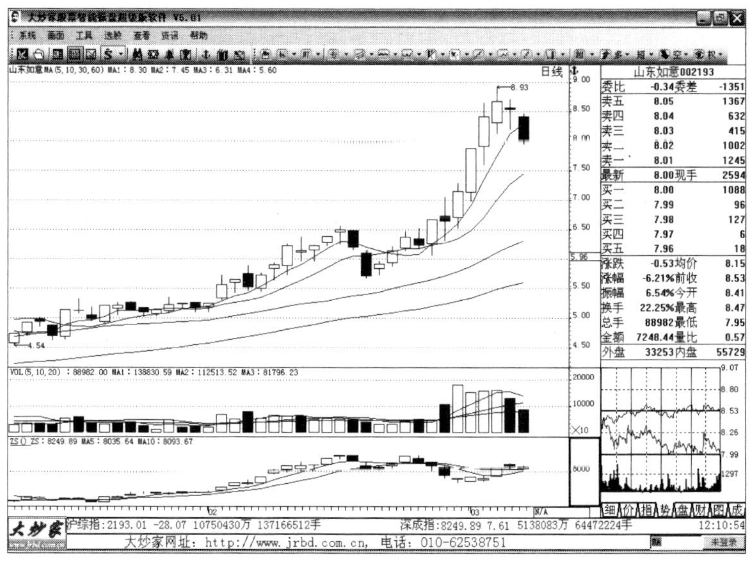

图 3-24　山东如意次日

在讲解个股波段炒作套路时，费了不少口舌论持股道卖出，那还是高水平只讲要点，说起来容易做起来难，实际能做到那简直比登天还难。有了盯盘系统，一切都变得简单了。在 60 分钟线盯盘之下，个股波段操作的持股是那样的轻松安然，卖出又是那样当机从容！

中线波段操作的适时介入，既可以利用大盘日线走势“四个层次”功能，再点“一键选股”通过“横盘”或“不破前低”细筛选股，也可利用其他如“起涨 3+1”指标、“上破形态”指标，还有框大盘分时走势的“分时抓横盘”功能等，当然更可以用分钟线“蓄势形态”指标，而且此项指标对分时横盘走势把握不准的人愈甚合宜。设了这么多选股指标和功能，就是为了殊途同归完好地实现 3+1，从多个不同的渠道去抓住个股第一次起涨点。

有了分钟线盯盘几乎不用把持股、卖出再当回事了，有了如此多的围绕 3+1 选股的指标和功能，按理说选股也不成什么问题了。可是有人还会不太满足，可能对个股分时走势横盘的认定还是觉得没完全透亮，如果能像盯盘那样就好了，给出个颜色上去抓就省事了，或者是有个定型的“模板”照着抓就 OK 了。老实告诉大家这些办法我这个大脑袋不是没想没试过，至今也在不懈地努力着，自动交易系统也卡在这儿，那可是保准就选出几只啊。可是，一个分时横盘不仅仅是个股主力能自主决定后市非涨起来不可的，当然大多数风平浪静的时候能自我搞定，但碰到非常情况也难以抗拗，因为制约的因素太多了：大盘走势配不配合？日线走势允不允许？到没到该表现的层次？别的板块突兀发绕就得退让等等。因此，很难做到大家想象的地步，软件的机械性难能统一全乎到综合方面的考量。但问题也不要搞的太复杂了，如不追求百分百概率，还是有办法做到一定程度的，就分时横盘的认定，不要太过于钻牛角尖刻求，也不要死搬硬套一个定式，在“短线操作帮助”中特别提过，只要是自大形态第一天起涨，个股分时走势对照大盘有抗跌行为的横盘，抓上就十有七八了，这里再特别指出，现在再加上“个股四层次”、“选时”、“是时候个股波段操作”的考虑，抓横盘上涨的概率就有个十有九成了，难道这还不可以吗？还不足以鼓起去抓的勇气吗？

2009 年 2 月 20 日，在早市大盘下跌欲做双底之时(图 2-25)，点击“日线大形态”，趁机利用一分钟线“蓄势形态”指标选股。

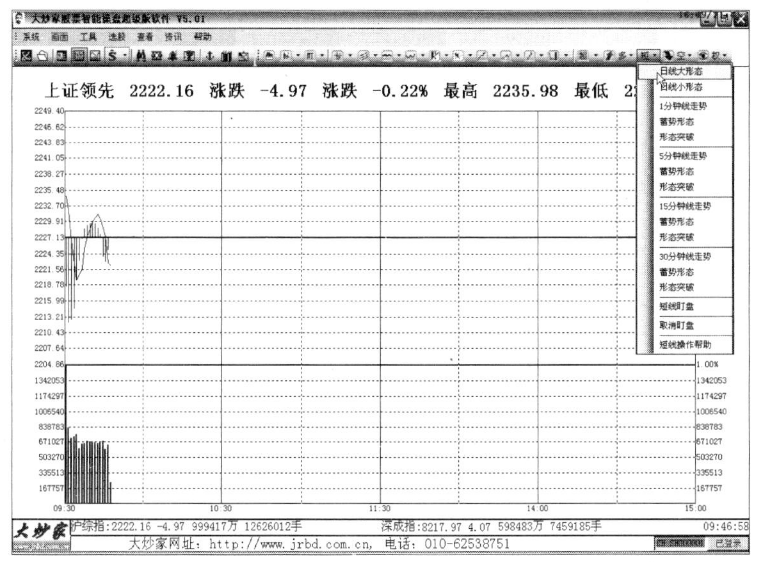

图 2-25　点击“日线大形态”

选出符合“日线大形态”条件的个股后，再点击一分钟线的“蓄势形态”指标(图 2-26)。

在查看被“蓄势形态”指标选出的个股中，氯碱化工的一分钟线蓄势形态表现为典型的“五弯十”形态(图 2-27)。该股分时走势显示在大盘下跌时抗跌小盘，整个走势明显趋强于大盘。

这时也看了一下日线走势(省上一图，借看图 2-29)，当时属于前期小涨现有不甘心欲大涨的势头，取之“四个层次”其中“轮涨”的意识，“选时”在大盘走势的盘整期，该股会趁此走出至少“轮涨”的波段行情。

之后大盘分时走势双底未成又下一波，氯碱化工(图 2-28)微下，乘大盘下跌止住之机直冲涨停。

氯碱化工(图 2-29)早市小横，这时若利用一分钟线“蓄势形态”指标还能选出来，但昨天大涨今天早市可不敢进了，昨天是起涨哪怕不大涨也难跌回来，今天可就没准儿了。

	代码	名称	昨收	最新	涨幅	现手	最高	最低	总手	总额	均价		
1	SH601727	N电气	7.89	7.91	0.25%	170	7.97	7.81	35803	2826.82	7.90		
2	SZ002269	美邦服饰	29.85	29.60	-0.84%	1	29.90	29.31	1067	316.33	29.65		
3	SZ002267	陕天然气	13.81	13.86	0.36%	188	13.95	13.80	3026	420.32	13.89		
4	SZ002261	拓维信息	30.71	32.30	5.18%	63	32.58	31.20	5507	1763.21	32.02		
5	SH600850	华东电脑	5.72	5.61	-1.92%	22	5.68	5.60	3259	183.39	5.63		
6	SH600849	上海医药	8.87	8.92	0.56%	26	9.01	8.80	6968	621.56	8.92		
7	SH600848	自仪股份	7.74	7.73	-0.13%	10	7.79	7.62	1429	110.68	7.75		
8	SH600846	同济科技	7.85	7.80	-0.64%	13	7.83	7.71	17325	1345.95	7.77		
9	SH600845	宝信软件	19.19	18.28	-4.74%	2	18.95	18.21	2396	440.90	18.40		
10	SH600844	丹化科技	15.37	15.24	-0.85%	10	15.60	15.24	1738	267.24	15.38		
11	SH600843	上工申贝	5.79	5.76	-0.52%	3	5.85	5.76	2089	121.32	5.81		
12	SH600840	新湖创业	9.53	9.45	-0.84%	27	9.58	9.42	4195	397.80	9.48		
13	SH600838	上海九百	4.79	4.79		40	4.81	4.76	5415	259.63	4.79		
14	SH600837	海通证券	12.94	12.79	-1.16%	29	12.89	12.70	88351	11328.32	12.82		
15	SH600835	上海机电	11.67	11.80	1.11%	2	11.98	11.67	17980	2123.50	11.81		
16	SH600834	申通地铁	7.80	7.80		1	7.84	7.75	1471	114.75	7.80		
17	SH600833	第一医药	6.79	6.75	-0.59%	13	6.79	6.67	2064	139.01	6.73		
18	SH600832	东方明珠	8.78	8.89	1.25%	130	8.92	8.76	24898	2205.22	8.86	0.11	1.82%
19	SH600830	香溢融通	6.19	6.15	-0.65%	50	6.25	6.13	8303	513.85	6.19	-0.04	1.94%
20	SH600827	友谊股份	11.09	11.20	0.99%	6	11.22	11.02	3719	414.19	11.14	0.11	1.80%
21	SH600825	新华传媒	15.66	15.51	-0.96%	14	15.67	15.40	715	111.01	15.53	-0.15	1.72%
22	SH600821	津劝业	3.63	3.63		10	3.64	3.58	3667	132.58	3.62		1.65%
23	SH600817	ST宏盛	2.87	2.89	0.70%	9	2.93	2.88	4875	141.52	2.90	0.02	1.74%
24	SH600816	安信信托	16.75	16.70	-0.30%	6	16.76	16.51	2166	360.63	16.65	-0.05	1.49%
25	SH600815	厦工股份	7.00	7.08	1.14%	13	7.09	6.93	28416	1997.61	7.03	0.08	2.29%
26	SH600814	杭州解百	5.69	5.68	-0.18%	20	5.72	5.66	1975	112.34	5.69	-0.01	1.05%

日线大形态
日线小形态
1分钟线走势
蓄势形态
形态突破
5分钟线走势
蓄势形态
形态突破
15分钟线走势
蓄势形态
形态突破
30分钟线走势
蓄势形态
形态突破
短线盯盘
取消盯盘
短线操作帮助

散步选股

大炒家 沪综指:2221.39 -5.74 1010506万 12756402手 深成指:8213.50 -0.40 608465万 7594135手 09:47:09

大炒家网址：http://www.jrbd.com.cn，电话：010-62538751

图 2-26 点击一分钟线“蓄势形态”

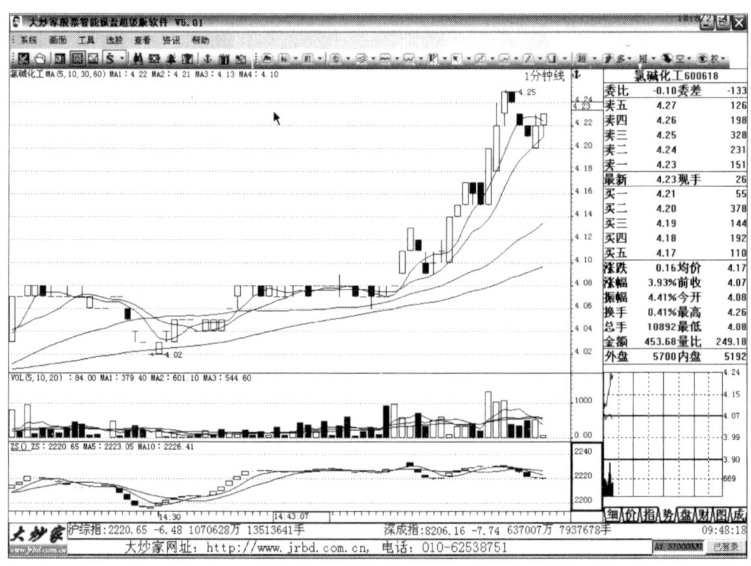

图 2-27 氯碱化工

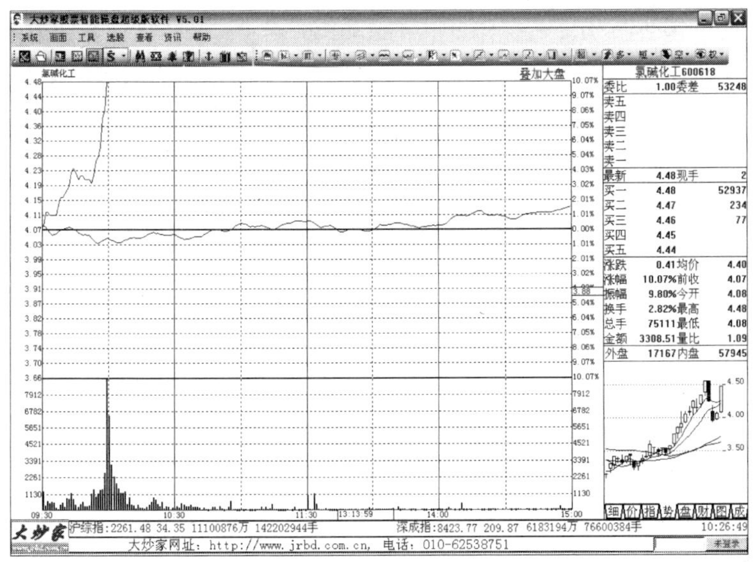

图 2-28 氯碱化工后市

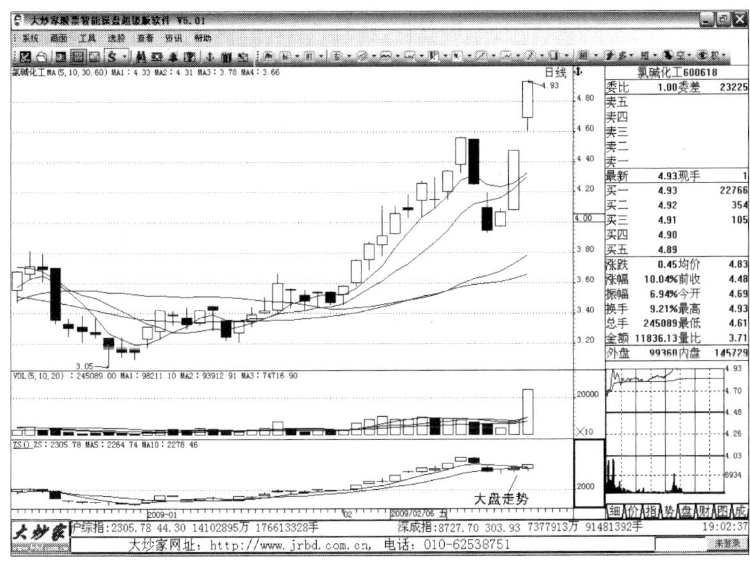

图 2-29 氯碱化工次日

从该股前期的日线走势看，没有像有的个股涨那么凶而是小幅爬升，似乎是建仓行为的表现，此次该到他轮涨走大行情了。上海本地股在哪次市场有大行情时都不会平寂的，头波提前准备不足，二波提前储备了不少筹码要大干一场了。

个股行情四个层次其中的“率先起动”，说的是不等大盘起动先行上涨，现在大盘调整刚企稳还在恢复构建形态中，氯碱化工就率先起动大阳，这是对大盘若涨调完再起的预想，如果大盘调完不起反下，退而求次该股还有“轮涨”的要求，看来此次波段走势总归会有发生的。

2 月 24 日，开市就对氯碱化工实施了 60 分钟线盯盘(图 2-30)，一个小时看一回又不耽误干别的，全天不见翻白继续持有，希望能成为一只早于“同态势”“率先起动”大幅上涨的个股。

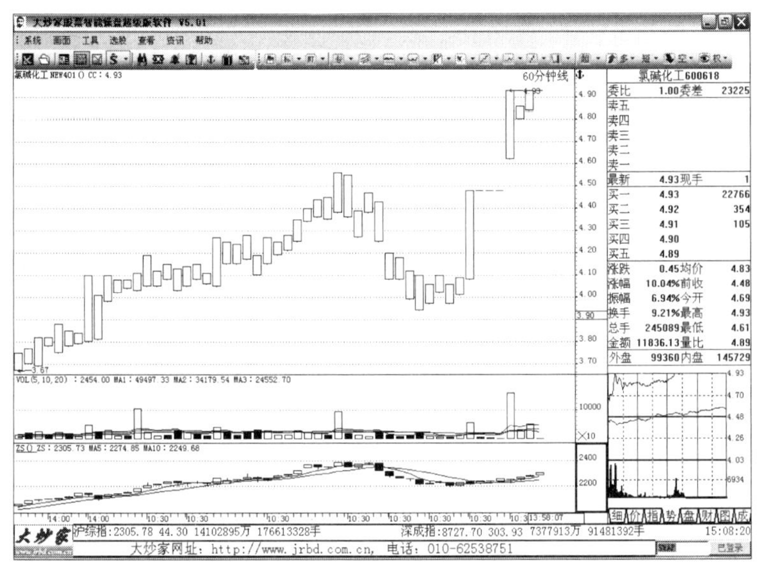

图 2-30　氯碱化工盯盘

波段操作买进的着眼点，当在大盘走势形态调整期和结束调整期起涨，即基于“率先起动”和“同态势”个股行情层次的意识。氯碱化工就属于“率先起动”一类，前期大盘上涨有的个股大幅涨升，该股涨势一般，现在是否有轮到大涨的可能。此次突破大形态起涨，远强于在调整低位的大盘走势。有此期盼可将该股作为波段走势品种对待。

但是，防大盘变坏之心还是要有的，大盘若调整完不上而下，那些轮涨的个股涨势就要受到制约，不能逆势而上就会成为昙花一现。前阵子钢铁股不就来了这么一下子吗？到那时同态势个股就不是往上涨了而是往下破位了。因此，原先的期盼不能继续执拗下去，顺势而为当是明智，60 分钟盯盘翻白卖出便是。

今天大盘变坏了，是受夜盘美指大跌创新低的影响，媒体肯定会这么说，其实我市场本就有进一步调整的要求，前期大盘走势涨得那么多，下调两天就能完呀，有几家机构愿意顶着大批获利筹码知难而上，也不是基本面有多大实质性的改善，至少还要再消化消化吧。

可氯碱化工依然是那么坚挺，这是上海本地股中唯一上涨板的个股，也是两市 A 股仅存 13 只封停的个股之一，而比他起的更早也寄予厚望的关铝股份却在 60 分钟盯盘翻白眼被除掉了，氯碱化工(图 2-31) 60 分钟线盯盘全天一直红红的，亦当被保留着。

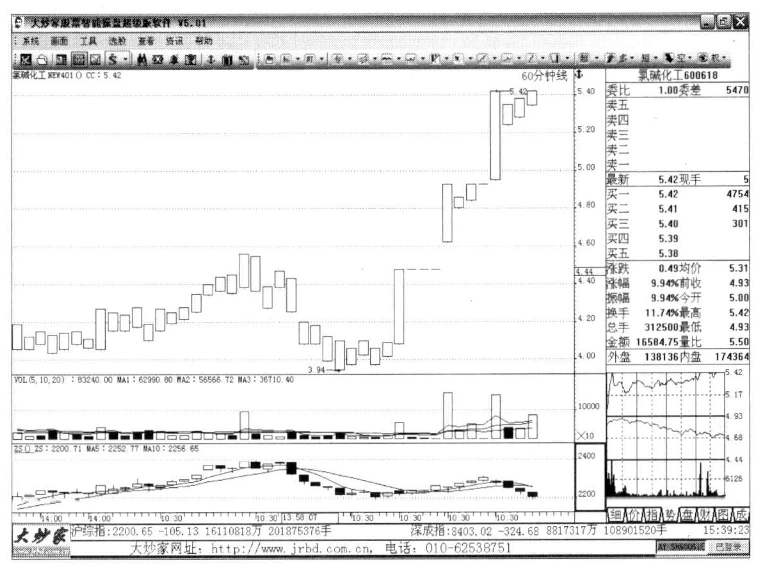

图 2-31　氯碱化工盯盘

2 月 25 日，氯碱化工早市停牌，这表明又是主力和上市公司为题材炒作而联的手，什么时候出公告不行偏偏在股价拉高时出。想必开市后股价会大幅振荡，令投资者不知所措。

开市后该股直线上冲，这是配合出所谓利好，早上看基本面看披露信息的人在准备抢筹呢。如若人工操作，一看开市往上冲，除非涨停，则是冲到哪卖到哪，若开市先往下冲则不要卖，等反弹到视情况再卖，往往先下打是唬人，这是我在书里写过的。但有了盯盘系统就按 60 分钟线盯盘规范操作吧，起码我这里先要以身作则说咋办就咋办，对突发状况人工操作有把握处理好也不是不可。

中午收市前 60 分钟线盯盘还红着，午后开市就翻白了(图 2-32)，这是因中午收市前的急下造成的，当时没翻白是因为翻红时间长，所以午后一开市新计 60 分钟 K 线就显出来了。这时没卖等反弹，当反弹再不过前高时卖出，其实波段操作也没必要这样小计计，翻白就卖倒省事，不过在这里把急打不卖等反弹卖的方法提一下而已。

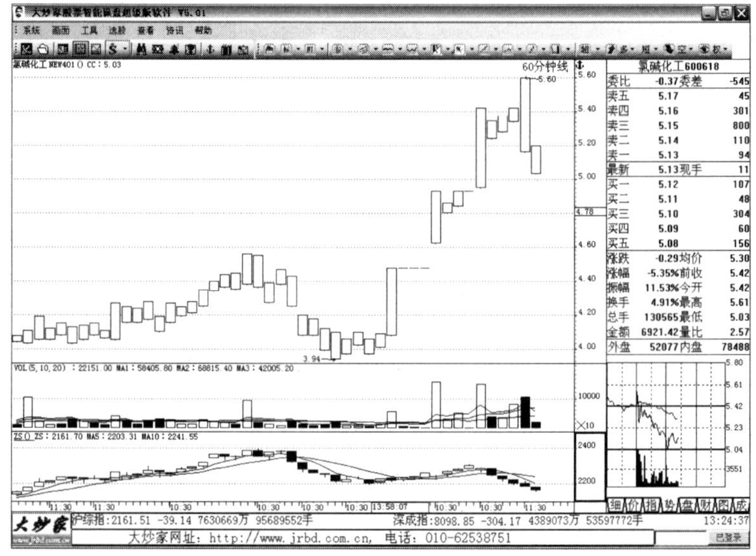

图 2-32 氯碱化工 60 分钟盯卖

氯碱化工(图 2-33)后来到收市一直在低位徘徊，大盘回升有力它也不作为。

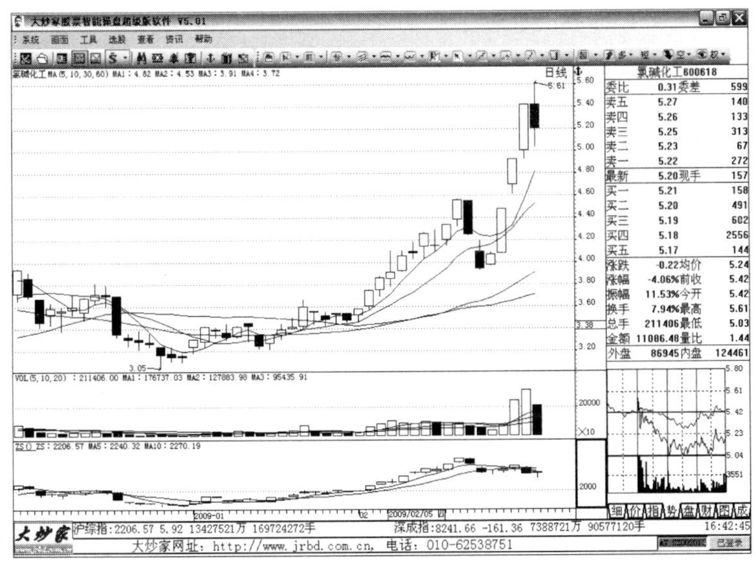

图 2-33 氯碱化工次日收盘

2 月 26 日，氯碱化工(图 2-34)更是大跌，也有胳膊扭不过大腿的成份，大盘平稳些还罢，大振荡谁也受不了。以致原期望能走再高的所望，被股市不测风云给搅散了，所以，稳妥起见，就得以 60 分钟线盯盘翻白为卖点，不能一厢情愿抱到悔之晚矣的时候。

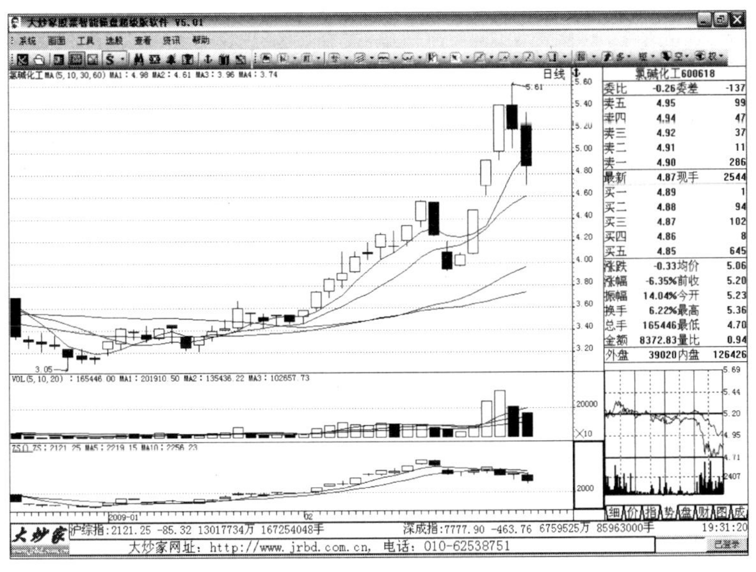

图 2-34 氯碱化工大跌

2009 年 3 月 4 日，趁大盘走势单边上扬中回调两波，点“日线大形态”(图 2-35)，到时间够形成 15 分钟线“蓄势形态”，可选买个股了。

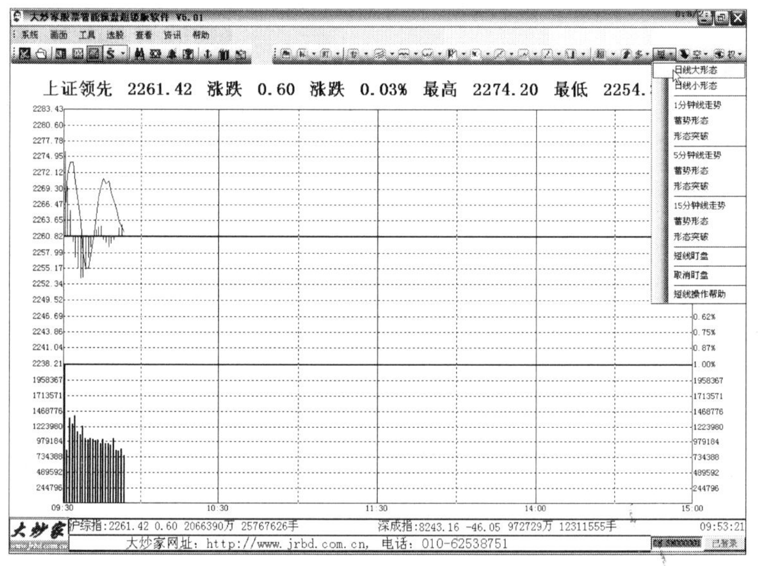

图 2-35　点“日线大形态”

选出日线大形态个股后，直接点 15 分钟线“蓄势形态”(图 2-36)，可省去点“15 分钟线”的走势。

	代码	名称	昨收	最新	涨幅	现手	最高	最低	总手	总额	均价		
1	SH600811	东方集团	6.08	6.31	3.78%	160	6.44	6.05	154594	9713.65	6.28		
2	SH600785	新华百货	13.81	14.44	4.56%	1	14.48	13.85	7255	1034.71	14.26		
3	SH600738	兰州民百	5.22	5.18	-0.77%	5	5.33	5.11	51953	2717.14	5.23		
4	SH600724	宁波富达	6.13	6.20	1.14%	34	6.25	6.08	45531	2812.84	6.18		
5	SH600711	ST雄震	8.00	8.24	3.00%	2	8.34	8.13	1506	124.73	8.28		
6	SH600664	哈药股份	12.58	12.69	0.87%	5	12.86	12.43	26923	3411.34	12.67		
7	SH600642	申能股份	7.39	7.53	1.89%	45	7.62	7.39	70609	5319.23	7.53		
8	SH600582	天地科技	17.19	17.78	3.43%	4	18.08	17.03	17269	3068.77	17.77		
9	SH600577	精达股份	5.56	5.63	1.26%	67	5.75	5.51	85817	4848.12	5.65		
10	SH600568	*ST潜药	8.26	8.32	0.73%	27	8.38	8.01	13142	1089.65	8.29		
11	SH600547	山东黄金	72.54	70.80	-2.40%	10	72.48	68.20	74793	52344.40	69.99		
12	SH600543	莫高股份	17.36	17.89	3.05%	5	18.49	17.37	28264	5142.10	18.19		
13	SH600488	天药股份	7.42	7.56	1.89%	16	7.68	7.43	61221	4611.31	7.53		
14	SH600483	福建南纺	3.60	3.66	1.67%	20	3.74	3.57	26818	981.50	3.66		
15	SH600461	洪城水业	7.63	7.96	4.33%	3	8.20	7.50	47358	3725.60	7.87		
16	SH600449	赛马实业	28.04	28.30	0.93%	51	29.20	27.96	27270	7832.55	28.72		
17	SH600433	冠豪高新	6.16	6.22	0.97%	42	6.35	6.07	23417	1454.73	6.21		
18	SH600425	青松建化	11.69	11.66	-0.26%	3	12.01	11.50	44762	5300.48	11.84	-0.03	4.36%
19	SH600378	天科股份	6.51	6.62	1.69%	3	6.79	6.55	33303	2225.08	6.68	0.11	3.69%
20	SH600321	国栋建设	8.45	8.62	2.01%	5	8.88	8.29	62616	5397.66	8.62	0.17	6.98%
21	SH600291	西水股份	10.13	10.10	-0.30%	5	10.28	9.86	93834	9406.13	10.02	-0.03	4.15%
22	SH600288	大恒科技	5.99	6.19	3.34%	10	6.36	5.98	44007	2718.54	6.18	0.20	6.34%
23	SH600268	国电南自	13.39	13.79	2.99%	10	14.05	13.35	16964	2347.99	13.84	0.40	5.23%
24	SH600212	*ST江泉	2.96	3.04	2.70%	106	3.08	2.93	193864	5833.61	3.01	0.08	5.07%
25	SH600163	福建南纸	4.18	4.20	0.48%	329	4.29	4.13	34997	1480.95	4.23	0.02	3.83%
26	SH600113	浙江东日	5.89	6.15	4.41%	20	6.24	5.75	21749	1327.73	6.10	0.26	8.32%

日线大形态
日线小形态
1分钟线走势
蓄势形态
形态突破
5分钟线走势
蓄势形态
形态突破
15分钟线走势
蓄势形态
形态突破
30分钟线走势
蓄势形态
形态突破
短线盯盘
取消盯盘
短线操作帮助

沪综指:2112.86 41.43 4347576万 58124136手　深成指:7943.14 247.52 2447466万 31486520手　10:56:56
大炒家网址：http://www.jrbd.com.cn，电话：010-62538751

图 2-36　启用 15 分钟线“蓄势形态”指标

选出 15 分钟线蓄势形态的个股(图 2-37)，注意长城开发排在其中的第 11 位。这个案例在“抓住第一起涨点”中讲过。

	代码	名称	昨收	最新	涨幅↓	现手	最高	最低	总手	总额	均价	涨跌	振幅
1	SH600113	浙江东日	5.89	6.14	4.24%	6	6.24	5.75	21757	1328.22	6.10	0.25	8.32%
2	SH600811	东方集团	6.08	6.31	3.78%	5	6.44	6.05	154601	9714.10	6.28	0.23	6.41%
3	SZ000592	ST 中 福	3.53	3.66	3.68%	110	3.71	3.53	31470	1154.44	3.67	0.13	5.10%
4	SH600067	冠城大通	5.91	6.12	3.55%	42	6.20	5.95	84162	5123.66	6.09	0.21	4.23%
5	SH600582	天地科技	17.19	17.78	3.43%	4	18.08	17.03	17269	3068.77	17.77	0.59	6.11%
6	SZ000810	华润锦华	5.57	5.76	3.41%	44	5.91	5.55	11556	665.56	5.76	0.19	6.46%
7	SH600288	大恒科技	5.99	6.19	3.34%	10	6.36	5.98	44017	2719.16	6.18	0.20	6.34%
8	SZ000008	ST宝利来	6.00	6.19	3.17%	52	6.24	6.00	4310	263.54	6.11	0.19	4.00%
9	SH600068	葛洲坝	10.11	10.42	3.07%	20	10.57	10.25	74646	7790.71	10.44	0.31	3.17%
10	SH600543	莫高股份	17.36	17.89	3.05%	5	18.49	17.37	28264	5142.10	18.19	0.53	6.45%
11	SZ000021	长城开发	6.23	6.42	3.05%	84	6.53	6.27	75925	4865.99	6.41	0.19	4.17%
12	SH600268	国电南自	13.39	13.79	2.99%	10	14.05	13.35	16964	2347.99	13.84	0.40	5.23%
13	SZ000428	华天酒店	8.98	9.24	2.90%	30	9.31	8.86	16224	1497.60	9.23	0.26	5.01%
14	SZ000963	华东医药	11.28	11.58	2.66%	44	11.90	11.28	38019	4437.92	11.67	0.30	5.50%
15	SZ002212	南洋股份	18.16	18.61	2.48%	19	19.39	18.16	23257	4403.34	18.93	0.45	6.77%
16	SZ000550	江铃汽车	10.75	11.00	2.33%	9	11.20	10.78	26237	2894.23	11.03	0.25	3.91%
17	SH600877	中国嘉陵	3.76	3.84	2.13%	100	3.93	3.73	94545	3616.54	3.83	0.08	5.32%
18	SZ000966	长源电力	4.30	4.39	2.09%	36	4.45	4.31	37670	1649.69	4.38	0.09	3.26%
19	SH600642	申能股份	7.39	7.54	2.03%	35	7.62	7.39	70652	5322.47	7.53	0.15	3.11%
20	SZ000886	海南高速	2.98	3.04	2.01%	32	3.07	2.98	43841	1326.71	3.03	0.06	3.02%
21	SZ002060	粤 水 电	9.03	9.21	1.99%	11	9.32	9.02	22478	2065.14	9.19	0.18	3.32%
22	SZ002142	宁波银行	8.38	8.54	1.91%	35	8.64	8.38	115073	9812.33	8.53	0.16	3.10%
23	SZ000526	旭飞投资	5.82	5.93	1.89%	50	6.01	5.83	8733	516.69	5.92	0.11	3.09%
24	SH600985	雷鸣科化	12.39	12.60	1.69%	10	12.77	12.31	13717	1734.19	12.64	0.21	3.71%
25	SH600378	天科股份	6.51	6.62	1.69%	1	6.79	6.55	33320	2226.21	6.68	0.11	3.69%
26	SZ000913	钱江摩托	3.90	3.96	1.54%	106	4.02	3.87	21341	845.62	3.96	0.06	3.85%

图 2-37 选出来蓄势形态的个股

查到长城开发(图 2-38)，15 分钟 K 线上看见有一阴但还属在平台上盘整，再看分时走势是由较长时间横盘涨起，现又处在横盘中，显然是为了抗大盘的两波回调，介入不怕，双横更会支持后市上行。

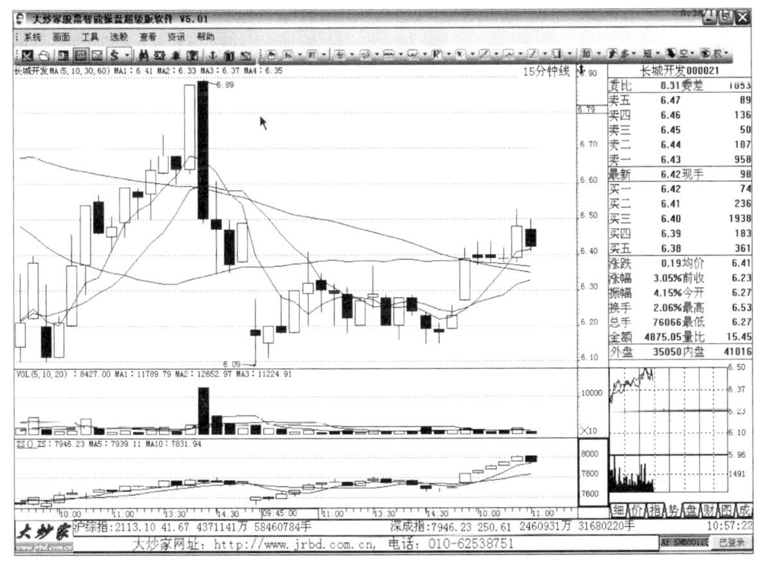

图 2-38 长城开发

稍早在“抓住第一起涨点”中曾发现该股在横盘，这次利用 15 分钟线“蓄势形态”又选将出来，现在再提“抗跌起动”、“选时”、“可不可做波段”就无须重复了。

长城开发(图 2-39)横盘了很长时间，直到尾市才冲了上去，为明日继续上攻几乎填平了受阻的空间。

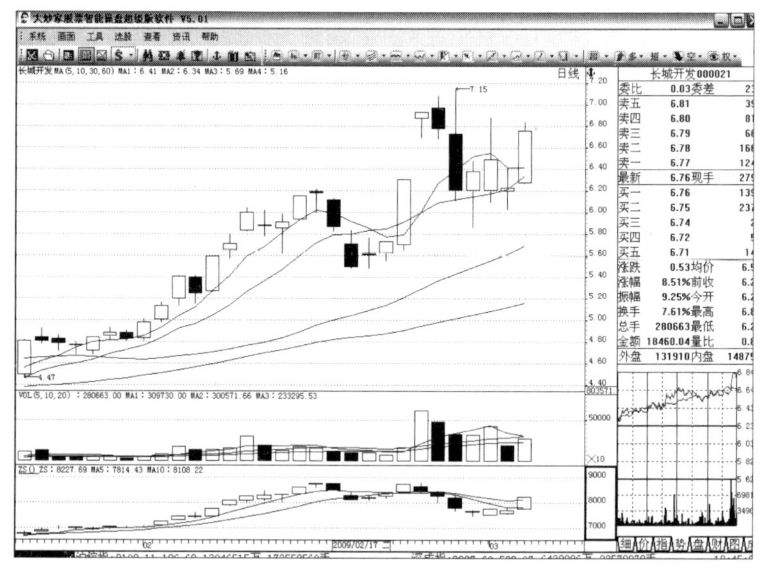

图 2-39 长城开发后市

3 月 5 日，对长城开发设上了 60 分钟线盯盘(图 2-40)，盯盘系统显示的是整天红而不白，按此可放心持股待涨，但若是没有盯盘人工看盘操作，在“午后顺势渐落”时，不被吓得卖出算有能耐。

3 月 6 日，长城开发(图 2-41)早市随大盘低开低下，但盘中比大盘走强许多，曾冲高近 5 个点，后来呈圣诞树状下落，收市后瞧那日 K 线的形体难看了。

可 60 分钟线盯盘还红着(图 2-42)。

周一(3 月 9 日)，开市就把长城开发用“波段盯盘”(图 2-43)监视了起来，刚翻白时分时走势还在下跌，等反弹就等到返到这个不过前高的时候，跟它拜拜了。

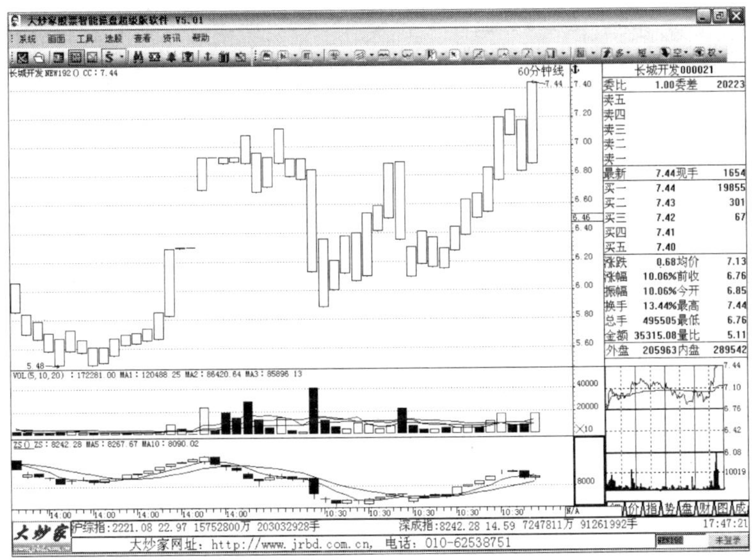

图 2-40　长城开发 60 分钟线盯盘

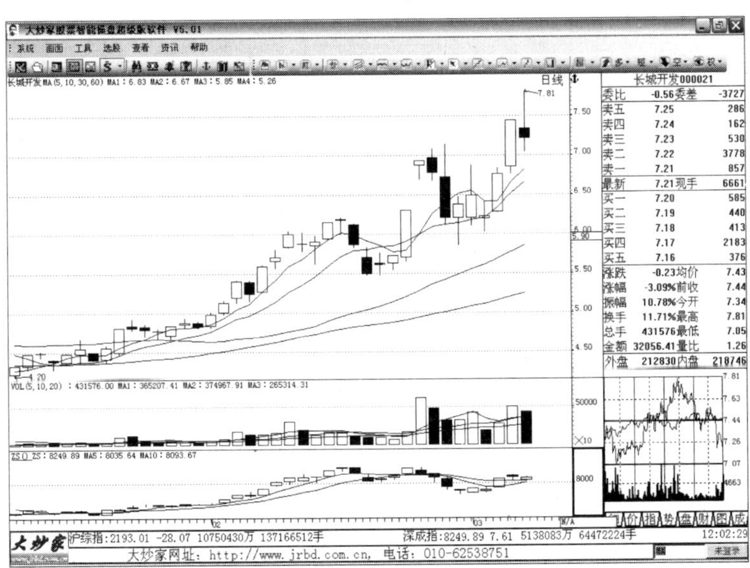

图 2-41　长城开发第三日 K 线

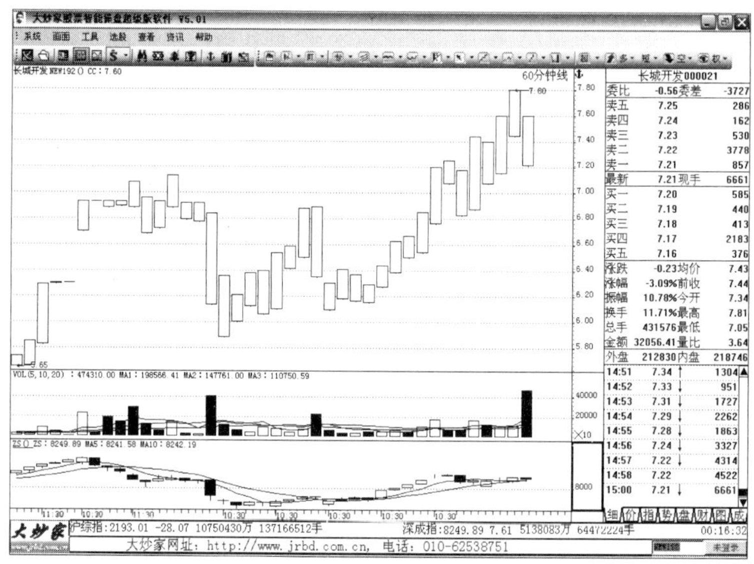

图 2-42　长城开发盯盘

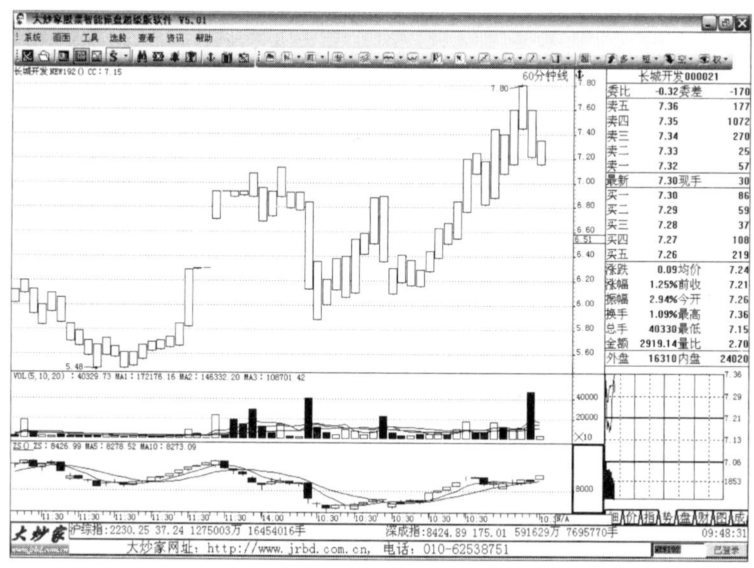

图 2-43　长城开发盯卖

长城开发(图 2-44)前市还想翻身，到后市连滚带爬出溜到 7 个多点下面去了。

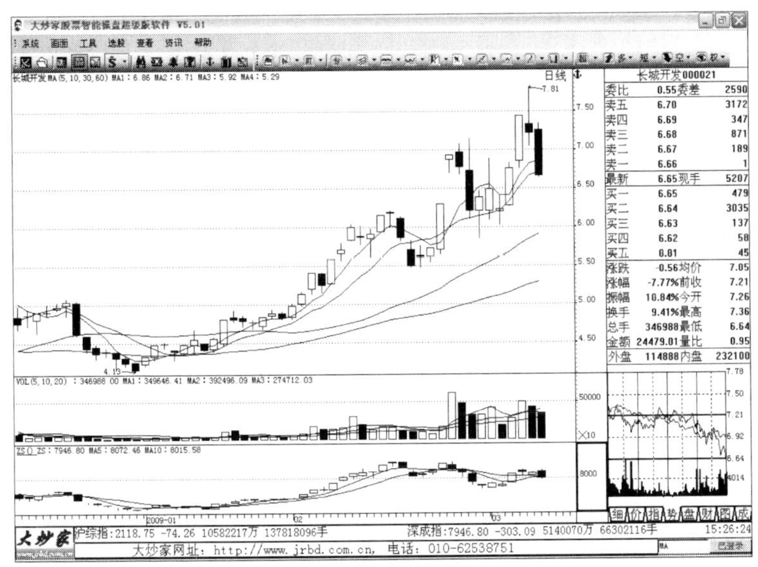

图 2-44　长城开发大跌

2009 年 3 月 17 日，在大盘上涨回调时，启用“起涨 3+1”指标选股(图 2-45)。今天大盘走势上破底部盘局，第一天起涨容易走出单边上扬势，每次回调皆是选股买入的时机。

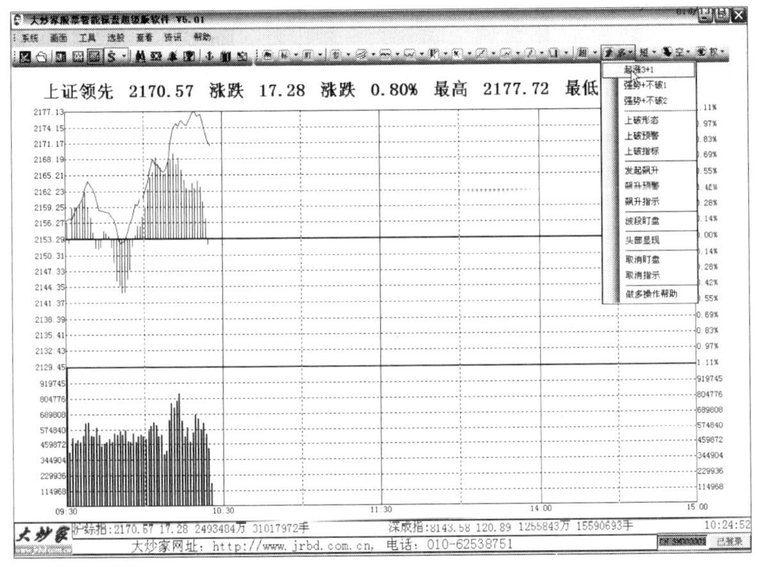

图 2-45　“起涨 3+1”指标选股

选出 21 只符合指标条件的个股(图 2-46)，房地产板块的个股占了不少。

大炒家股票智能操盘超级版软件 V5.01

	代码	名称	昨收	最新	涨幅↓	现手	最高	最低	总手	总额	均价	涨跌	振幅
1	SZ000540	中天城投	10.02	10.41	3.89%	3	10.49	10.10	31934	3297.02	10.32	0.39	3.89%
2	SZ000888	峨眉山A	7.54	7.83	3.85%	132	7.87	7.60	25837	2012.58	7.79	0.29	3.58%
3	SH600823	世茂股份	8.58	8.90	3.73%	120	8.94	8.58	10179	898.83	8.83	0.32	4.20%
4	SH600329	*ST中新	11.71	12.09	3.25%	12	12.18	11.66	12646	1514.11	11.97	0.38	4.44%
5	SZ002241	歌尔声学	28.93	29.70	2.66%	10	30.51	29.58	32078	9638.74	30.05	0.77	3.21%
6	SZ002208	合肥城建	8.73	8.94	2.41%	5	8.99	8.70	7549	672.02	8.90	0.21	3.32%
7	SH600266	北京城建	10.68	10.92	2.25%	10	10.97	10.67	15087	1632.59	10.82	0.24	2.81%
8	SH600436	片仔癀	24.30	24.84	2.22%	3	24.88	24.33	5079	1253.49	24.68	0.54	2.26%
9	SZ000063	中兴通讯	32.98	33.70	2.18%	4	33.98	33.15	14523	4878.77	33.59	0.72	2.52%
10	SH600641	万业企业	11.09	11.32	2.07%	2	11.39	11.05	11776	1324.49	11.25	0.23	3.07%
11	SH600844	丹化科技	17.15	17.50	2.04%	10	17.80	17.25	9719	1702.24	17.51	0.35	3.21%
12	SZ000951	中国重汽	19.62	20.02	2.04%	15	20.15	19.63	11043	2214.10	20.05	0.40	2.65%
13	SZ000553	沙隆达A	7.80	7.95	1.92%	5	8.05	7.86	14940	1194.46	7.99	0.15	2.44%
14	SZ000615	湖北金环	3.83	3.90	1.83%	20	3.92	3.80	10040	390.06	3.89	0.07	3.13%
15	SH600208	新湖中宝	6.18	6.29	1.78%	170	6.38	6.17	50334	3161.61	6.28	0.11	3.40%
16	SH600798	宁波海运	6.89	7.01	1.74%	14	7.05	6.84	30256	2117.55	7.00	0.12	3.05%
17	SZ002113	天润发展	7.06	7.16	1.42%	56	7.20	7.06	11027	787.30	7.14	0.10	1.98%
18	SH600719	大连热电	5.22	5.28	1.15%	30	5.38	5.20	8465	450.01	5.32	0.06	3.45%
19	SH600490	中科合臣	5.74	5.80	1.05%	124	5.90	5.75	3435	201.34	5.86	0.06	2.61%
20	SH600421	ST国药	3.95	3.99	1.01%	10	4.00	3.94	4125	164.38	3.99	0.04	1.52%
21	SH600582	天地科技	17.98	18.07	0.50%	6	18.37	17.98	3952	720.20	18.22	0.09	2.17%

大炒家 沪综指:2171.50 18.21 2499592万 31087718手 深成指:8144.54 121.85 1257353万 15615197手 10:25:01

大炒家网址：http://www.jrbd.com.cn, 电话：010-62538751

图 2-46 选出起涨个股

排在第一名的中天城投(图 2-47)，日线显示刚上涨脱离“五弯十”调整底部，联系“四个层次”意识局部又是与大盘“同态势”，此时分时走势正处在第二横盘，简直无可挑剔。

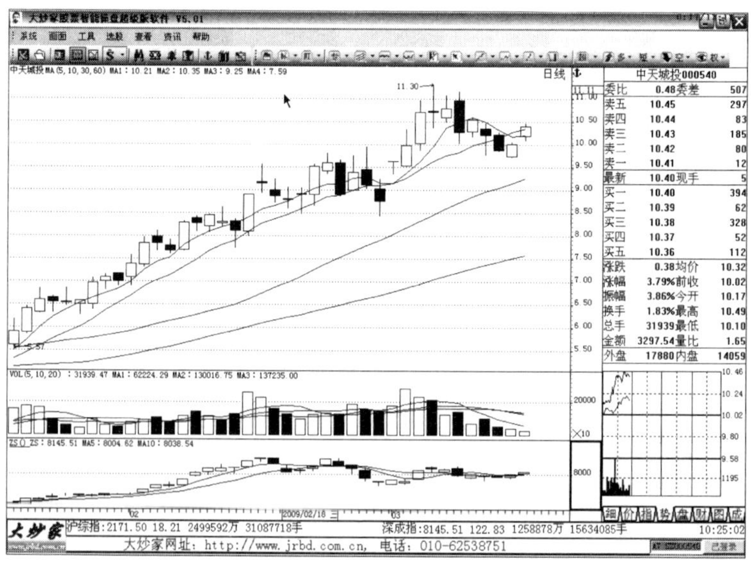

图 2-47 中天城投

同时选出的还有同板块的世茂股份(2-48)，值得一说的是该股分时走势现在不是横盘，在大盘走势打横滞涨时上涨了一些，现受大盘回调下来了一点，有人往往这样就不愿进了，但别忘看了前度曾有过一次横盘，那时一定有购买欲望，难道上了一点又有下来低买的机会，就因没选买到极致要放弃吗？大面上的好处就不考虑了，显然是过于较真了，有些人会因这个情况而错失机会，除了横盘别的不理未免太教条了。

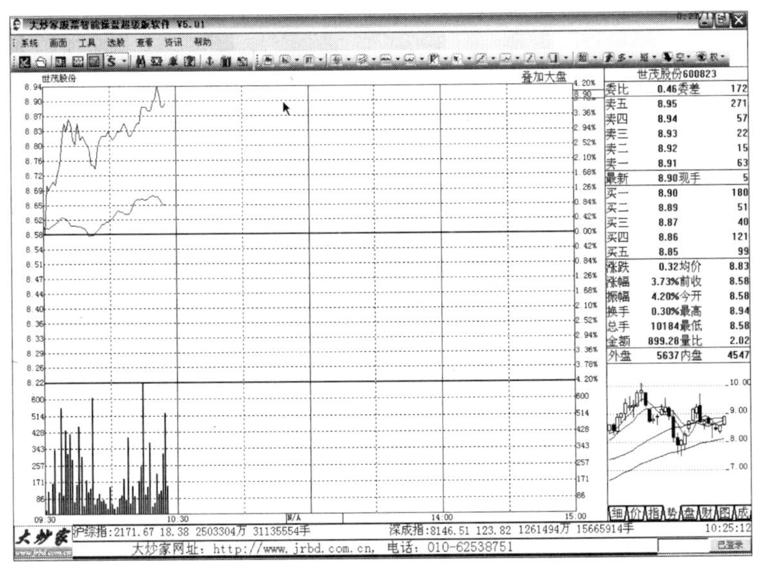

图 2-48 世茂股份

中天城投(图 2-49)自选看到横盘那时起就随大盘回升，分几波连续上升至涨停板。

世茂股份(图 2-50)没像中天城投那么即刻走强，而是上来后补了一大段长时间横盘，午后开市才不管大盘径直走上涨板。

鉴于两只股票都是自大形态起涨，又都是与大盘走势同态势，世茂股份更是，和大盘走势同属中继双底图形突破，大盘有前高压力，走出上升趋势未然，但走出一个波段行情应不成问题，故波段操作中线持有。

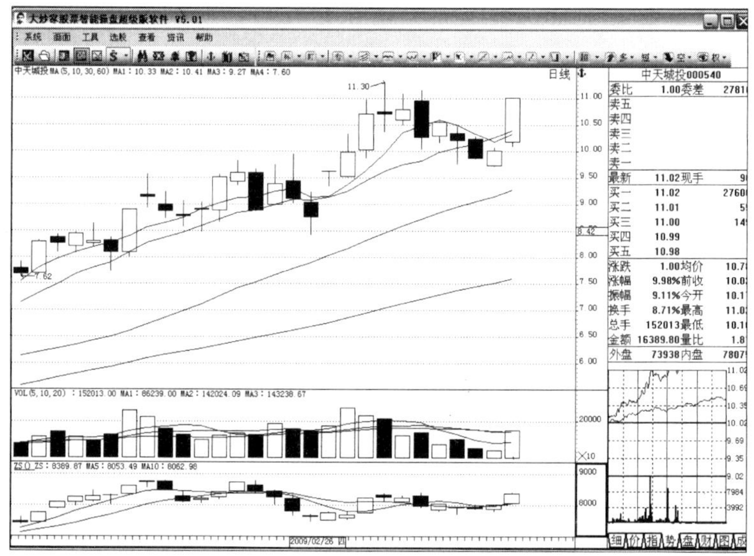

图 2-49 中天城投后市

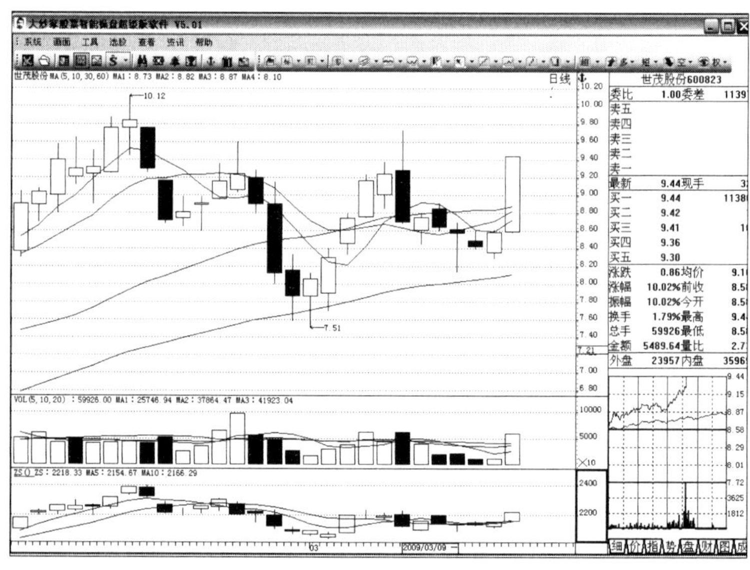

图 2-50 世茂股份后市

3 月 18 日，中天城投(图 2-51)随大盘走势振荡整理，收市报涨 4 个多点，强于大盘指数。

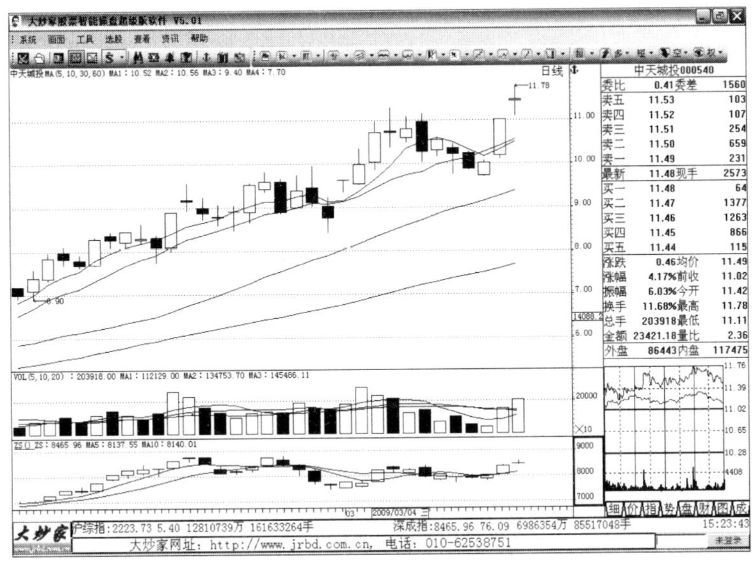

图 2-51 中天城投次日

世茂股份(图 2-52)可是独领房地产股风骚，早市一始就连着三波直上涨停。就算短线操作 5 分钟线盯盘都没给翻白。

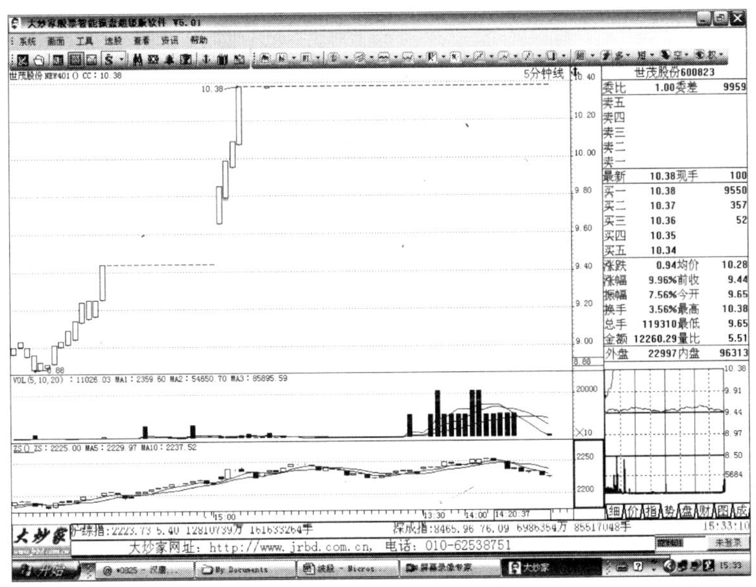

图 2-52 世茂股份次日

世茂股份自连续大涨两日后，又连续滞涨了两日，今日又进入第三天，这些天一直经常启开“波段盯盘”系统，时不时地监视着是否出现翻白。

早市高开低走下跌到 10.5 元上下的时候盯盘还未翻白，是最后一波急下把红框变为白框的(图 2-53)，依“盯盘翻白时在分时走势跌中，应待反弹不过前高再卖”的补充卖法，换到分时图，以观反弹何时不过前高。

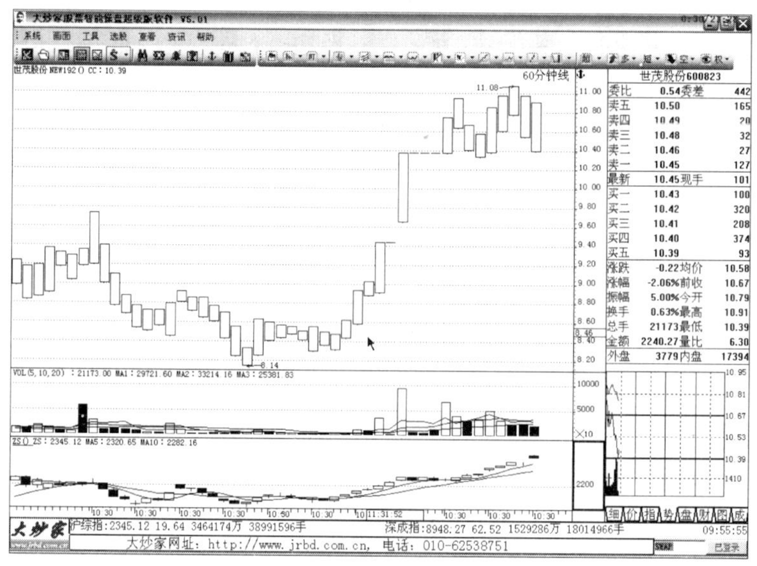

图 2-53 世茂股份盯盘

世茂股份(图 2-54)反弹一波后再上过了前高，反弹二波后再上没过前高，此时大盘走势也反弹似完要弯头向下，显然该是到出卖世茂股份的时候了。

注意右下显示的是该股 60 分钟实际走势，盯盘翻白是表现在下破 60 分钟走势的盘局下限，堆了两三天的 60 分钟 K 线，若有效压破下限，短期看应是很难再挺起来的。

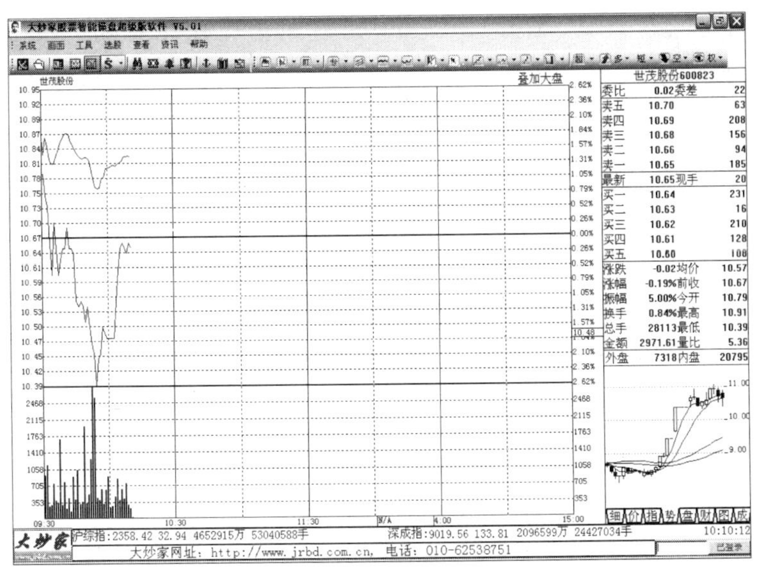

图 2-54 世茂股份卖出

世茂股份(图 2-55)后市，分时走势持续振荡盘低，日线走势高位收阴，大盘走势两三天逐步抬高，而该股滞涨不上盘而不涨，有显示波段行情已近尾声。

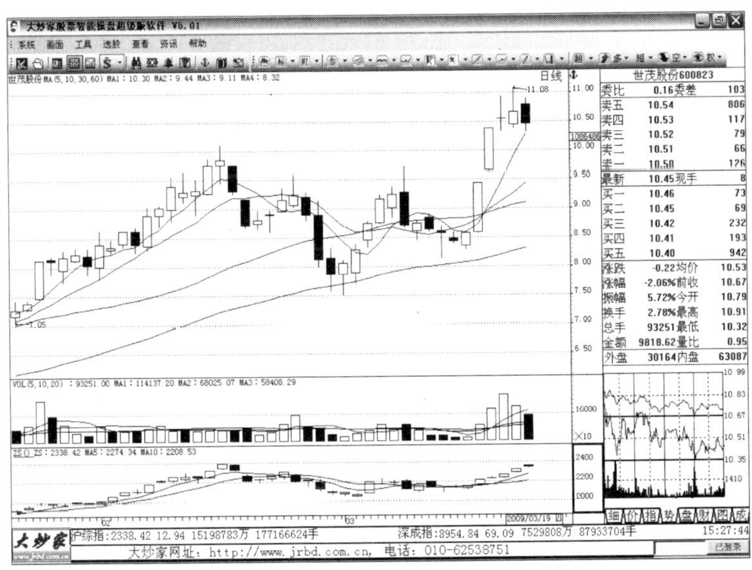

图 2-55 世茂股份收市

3 月 24 日，中天城投(图 2-56)日线走势也在相对高位收出阴线，作为房地产板块个股近几天大都显出疲软走势，该股还算中涨补了几天，虽说不比世茂股份两个涨板那样壮观，但计算起波段涨幅也没有差短，只不过少一个板后蹭了两三天也够个板了，走势总体看起来也算是大小涨了一个波段。

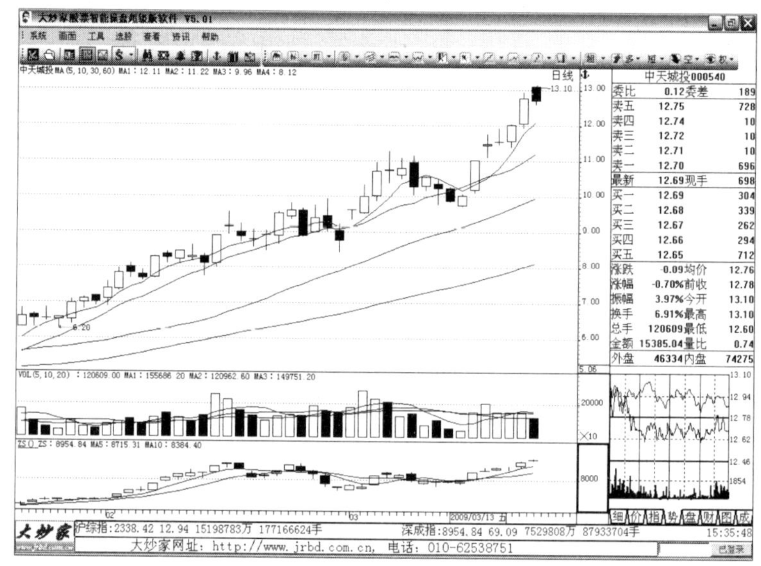

图 2-56 中天城投几日后

看来，个股有走波段行情的时候，早不走出晚也得走出，大盘走势波段仍在上升，个股走势岂能有始无终无波可伸。

在长线操作流程最后说到“大量的机会还是蕴藏在中短线个股的炒作上”。的确，通过以上个股波段的中线操作讲解和演示，虽只举的是部分走势情况的案例，但也可以看到波段操作的机遇多多，只要市场有点行情，只要有“个股行情四个层次”的意识，相吻对上“选时”，择个股走势可中线操作的随处可在，持、卖启用“波段盯盘”，持股高枕无忧、卖出小菜 碟，相信大炒家软件用户会从“实盘操作流程”中得到明确指导，将炒股赚钱如囊中探物一般，即便没用上大炒家软件的读者，也会从“波段炒作的套路”中得到明晰的启发，受益不浅操作大有长进。

大力倡导在有机会的情况下波段操作，不论是中、小资金，没有个股波段操作的可能那没有办法，不能强求退而求之短线操作，但凡有一定要持之以恒。修身养性也是养生之道，别为了赚钱急坏了身体。短线、中线盯盘切不能随意改换，坚持下去自会形成良好的习惯，以往的顽性就会成了以后的笑谈。

为了赶写书稿，急大家盼于早看之所急，我又守信用，说到恨不得马上办到，可惜举不逢时，很遗憾到了撰写“波段炒作套路及操作流程”举例时，过了大盘走势那波如火如荼的高潮期，错过了那时“四个层次”意识中主要的“率先起动”、“同态势”个股的实盘操作演示，只赶上了“轮涨”、“逆市上涨”个股的表现，虽然远不如前两意识层次个股表现的精彩、令人兴奋，但大体的意思还是涉及全了，而且利用前两意识选买个股比利用后两意识选买个股相对比较容易操作，因为主体个股与大盘走势同向，总要比不一致使人能比较看得清楚，正向思维也要比反向思维来得顺当也不别扭。

另有软件一些选股指标和功能，也未能有机会一展神效甚为憾事(用到短线操作的套路不少)，诸如这些待再遇着大行情时一定实盘捕捉后补上，或请到网站首页“软件指标应用案例”中补赏。

操作流程链条：

指标功能选股→买入起涨个股→启用波段盯盘→翻白卖出。

注解：“指标功能选股”是指依据个股行情四个层次的意识，利用“四个层次”功能，或“起涨 3+1”、或“上破形态”、或分钟线“蓄势形态”、或“分时选横盘”等指标、功能选股。

“买入起涨个股”，是指从某一指标或功能选出的个股中，择优买进符合契合 3+1 起涨条件的个股。

“启用‘波段盯盘’”，是指对买进个股的持股待涨，启用“波段盯盘”功能实施监视。

“翻白卖出”，是指走势翻出白框卖出个股，红框表示继续持有。

炒作套路三：快进快出，短线炒作

中线之后轮到短线了，中线炒作取之于上升趋势中的波段，那么短线炒作就应取之于波段中的日线，超短线就该是取之于日线中的分时。现在我市场股票不可以 T+0 交易，要不然可以在每天的分时走势上打超短，赢取一个上升线条的行情，就像西方的电子即日操盘，每天忙于在分时走势上的打打杀杀，规避过夜和盘中下跌的风险。炒权证可以做到这一点，在 5 分钟线走势上，利用大炒家软件的蓄势、突破、预警指标抓权证自五分钟线上大形态起涨，持、卖还有盯盘、头部显现功能明确指示。权证超短线操作只在此提一下，欲知详情参阅超级版“权证操作帮助”。

个股短线炒作就是为赚取波段上涨中的一、两天行情，见不妙就收，不参与波段中的整理，即原则上今买明卖，碰次日开市涨板或径直冲上涨停持有除外。既然长、中线炒作有套路中买、持、卖的规则讲究，那么短线炒作也不该缺少应有的套路内容，而且随着长、中线炒作由粗放到有限度管理，到了细致的短线炒作讲究的就增加了许多，需要说道的也就更多，买入的方法也多种多样，持、卖的策略也大有不同，遵守短线的操守一码归一码，不能与长、中线混淆。有人当天买了本来有赚，但被后来持股卖出不当拖入亏损被套。没有一个短中长炒作计划，没有长中短线买入点，买进以后持到何时、卖在何处、高处止盈底线止损的相关概念，就像炒栗子，如果不管炒多长时间、不管火候大小、不管熟没熟一顿乱炒，不给炒糊才怪。

短线炒作肯定有失波段行情的时候，但赢得了日线整理和分时振荡下跌的时间，再去寻一只短线个股来炒，如同波段炒作节省了大形态调整的时间一样，有利就有弊有弊会有补偿就好，有整理熬等的空当儿，有能力打上一只有利可图的个股为何不为？而且抓一只走势起涨的个股比涨起来整理的个股总是安全一些，尤其在市场不稳定的时期，短线炒作更显示出其必要的可行性。

短线炒作的机会几乎无处不在，这从不管市场多么糟糕的状况下两市总有泛红的股票可以看得出来，但其中可操作的机会就有大有小了，安全赢率也不得不加以考虑。个股行情四个层次的意识，无疑在进行短线操作之前给出了一个引导，并在机会大小赢利多少上给予一定程度的佐判，契合买点 3+1 在短线炒作的主要介入点上也辅以了可靠的保证，再加上见不妙就收的策略约定，这些都给纵然有大量选择但又容易造成失败的短线炒作提供出从中优选较为稳妥的个股走势来作为短打的对象，以及对短暂的相持和今买明卖定出的规章制度，以使我们有可能成为少担风险多取快赢市场当期利益的快枪手。

个股短线炒作，看起来随机而作、打一枪换个地方，有机会就炒上一把，好像不需要联系“四个层次”意识，考虑什么选不选时的问题，其实不然，乱打瞎炒走运就赚、倒运认亏那是如此，若想炒的好炒的有把握，还须打有准备之仗。

1. 首先还得从“四个层次”意识开始，接下去“选时”，再看选出的个股能否有短线的机会，着眼还主要是大形态，不用想自大形态起涨都可能做中线了还能不可炒短线。这一套层序下来，或先选到个股再往回联系，认为是应‘选时’可短线炒作的走势个股便可继续按相应方法做下去，虽然这在个股波段炒作中有过举例演示，但有必要在此就“短”的行为再区分特别强调一下。

2009 年 2 月 2 日，悦达投资(图 3-1)自大平台突破起涨，江西铜业(图 3-2)也是自大平台突破起涨，在悦达投资之前还有提前起涨的个股，在江西铜业之后也还有晚起涨的个股，就是说在“抗跌率先起动”开始至“同态势”之后的较长期间里，天天都有前后陆续起涨的个股，这说明短线操作天天都有机可为有利可图；而当日起涨次日多有整理，又在表明着短线操作的今买明卖，完全可以作为一个独立的手法来运用。

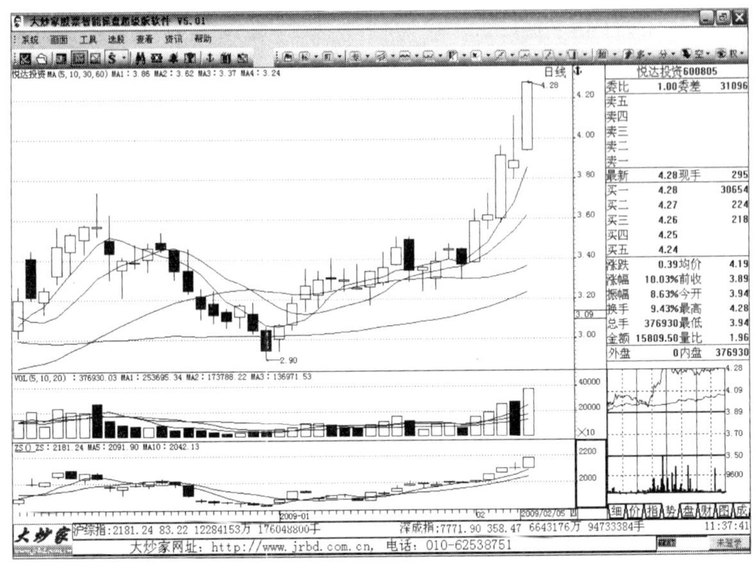

图 3-1 悦达投资

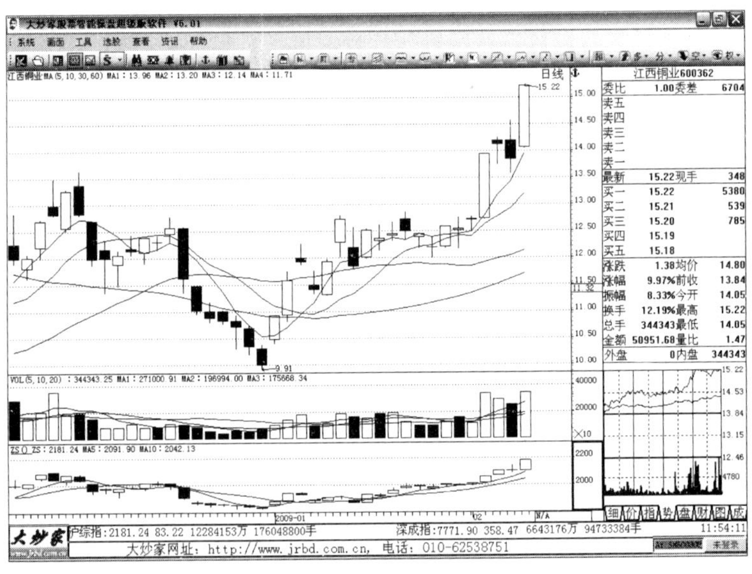

图 3-2 江西铜业

在大盘走势处于上升趋势的日子里，突破起涨的走势个股经常地涌现，前完后继做起来几乎想闲都闲不住，可以说抓突破起涨的产品资源丰富(当然太不好的市道除外)，就算在大盘振荡不稳能形成波段走势的个股稀少、长中线难做的情况下，可做的只有对起涨个股的短线操作。

凭这个宝贵资源短线操作就有的做、值得大做，不是初一来一次、十五才再来一次，那就不是可频繁操作的短线了。不瞒大家我万元收费的实培，最拿手最能保证实培生稳赚的就是抓一日突破起涨个股的短线操作，而这个不断常有个股一日起涨的现象可能谁都未必注意到的。

再从悦达投资的一日回挡、江西铜业的两日短暂整理看，以日为取的短线操作的确有着不浪费市场宝贵时机之长处，这也不是说波段操作就没有好处了，一直持有是不愿老去折腾，到头来没准比没折腾好的赚的多。因此，应该说各有所短各有所长，要明白有取有舍的道理，要两个手法都兼顾也可以，大不了中、短线都各分些资金做做，之间又不会有什么时间上的冲突，那边留意着不多操心的波段，这边刺激地耍着紧张的短线，如果两边都有把握的话。

短线操作的着眼点首推平台、五弯十调整大形态，回调形态都不作为主打，这跟波段操作的着眼点一样，除此以外还有繁多的可以关注的点位，但这里只再推介相对保险一些的第二个点位的选项，而且在首选个股有做的情况下不做第二选项，若求更保险只做个股整理形态与大盘“同态势”。第二选项关注的是个股处于上升趋上涨波段中自小形态的返涨，且要求还得是第一次自小形态返涨，二次以上成功率就难保了故放弃。

为什么不从波段半截腰插杠子？后面可能还有行情呀；为什么不去追波段的尾声涨幅？也许会赶上波段最后冲刺的一日大涨，这是因为后两者都在积聚着风险，谁能料准半截腰不是近临头部！谁能保证最后冲刺一天不会报收上影线！既然有存在的可能又何必去虎山行，有风险小、收益又大的可做，还做什么其他的，其他的可能尚有空间也可能是最后一棒留给勇于冒险的人士去炒吧。短线操作吃百家、有好的吃一顿就走，中线操作串门亲、吃几天招待饭，长线操作吃自家、不能挑还得长期吃。

还借这两只股票来说短线操作第二选项的关注时机，即自小形态返涨，从这两只个股的情况看分时走势都具有相当好的买点，所以都能如期顺利地返涨，这是因为大盘处于稳定的上升波段中，不说大盘下降就是处在振荡盘整中，自小形态的返涨也不是如此容易得逞的，第一次自小形态返涨成功率大些，二次以上虽也有返上的但风险加大。因此，短线操作介入小形态返涨要保证两点：大盘处于没见顶的上升波段中和第一次出现小形态，最好个股此时与大盘同态势，不然，还是老实地去抓相对安全性大的自大形态的起涨吧，也许那就使人能忙得不亦乐乎了，没有把握不要再炒随后出现的自第一次小形态返涨，其他的安全性差的点位就更用不着光顾了。

2. 短线操作的买点，不论自大形态起涨还是自第一次小形态返涨，都要求个股分时走势具有横盘的买点，这个要求不过分，多数个股在起涨或返涨当日都会以横盘走势蓄势抗跌，在个股波段炒作套路中有过多例示范，在此也就不专门再举例了。

虽然短线操作主要也取源于自大形态起涨，但在对分时走势介入买点上的要求就更严格一些。

下面特举一例揭示短线操作分时横盘买点，也结合中长线以区别对买点不同的标准要求。

三安光电(图 3-3A)下打 10 日线(下打 10 日线是介入小形态和大形态之间的一种特殊形态)后起涨，该股长线介入随便在盘中哪个横盘上买都可以，就算在最后一个横盘上买也不是不可以，长线要有耐心等，看图 3-3B 不但以后上升了，就拿冲刺完下调来看也未打回到买点，在二次摸顶不过卖还会卖的更高。

中线波段介入就不能在最后一个横盘上买了，次日整理回挡下过买入的价位就让人不舒服了，应该至少在午前两个横盘上买，次日回挡也没下触及买点，能让人能安心持股，波段炒作不是今买明卖，看大盘走势上升依然，应待波段中整理完毕返涨，看图 3-3B 过了四天稍长整理，第五天不是大涨了吗。

短线介入一定不能在最后一个横盘上买，也不能在第三横盘上买，看图 3-3B 次日回挡下打不是打穿了最后一次横盘，就是快下触到第三横盘，昨天短线若买在这两个点位，不亏钱吓出或恐再下跌不卖算有能耐。第三横盘在这里是又上去了，通常如果上了也可能在后市下来，在

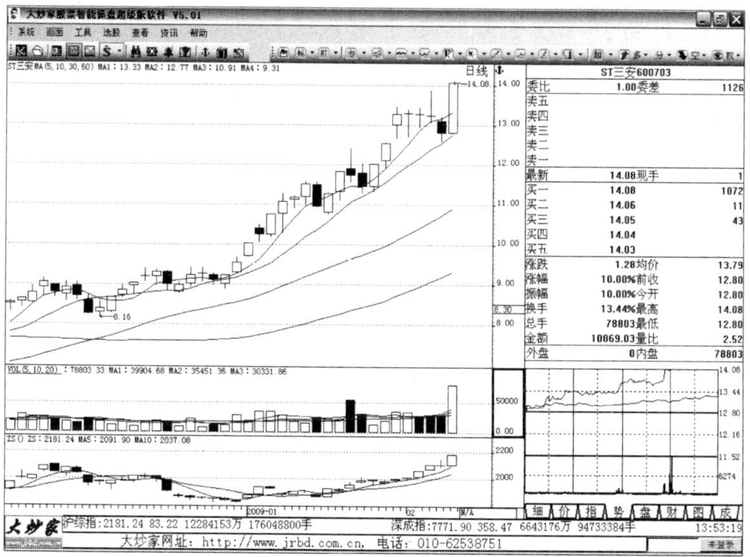

图 3–3A　ST 三安

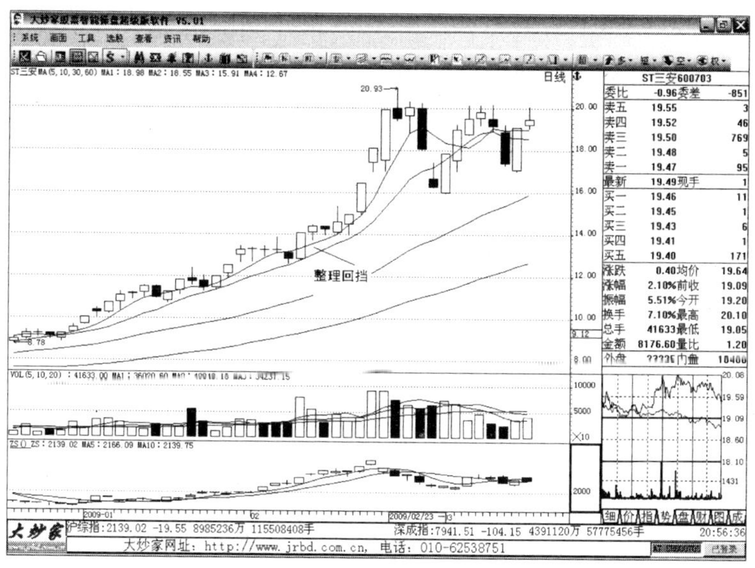

图 3–3B　ST 三安

这里第二横盘上买虽然可取，但也算是最后的买点了。最应该是在早市第一横盘上买，如果没有在第一横盘买那就把第二横盘作为买点，那可是有条腿支上来的横盘。短线嘛，以获取短期利益最大化为宗旨，同时又不能不顾及短线介入过高的风险，如果短线操作未如预想中上涨，还是买在波段的高位，没走好推给了中长线操作，那就有可能酿成大祸了，为不守规则可能付出惨重代价，当然不是指发生在该股所逢的这个时期。

为个股短线炒作也包括波段炒作抓好第一买点，也为对分时走势横盘认定有难度的人解困，下面变一种方式同样实现“抓个股分时走势的横盘买点”的愿望，而且此方法比分时横盘走势更易于辨认，介入时有更大的把握。

超级版权证 5 分钟线操作推出之后，一些从中尝到甜头的用户给予了良好的评价，也有投资者将其变通后运用到股票操作上。我当初入市不久也学着看分钟线走势，但亏钱也多是掉进在分钟线走势的陷阱里，现在看来那不应叫陷阱该叫个人无知，应该说不在日线走势辅助参考下摆弄分钟线走势等于自讨没趣，对日线和分钟线走势没有形态观念更是白扯，钻进梯形状的分钟线走势是比从乱糟糟的分时走势买进有把握，不过，后市被踢滚下楼梯更是不用商量。掌握节度踏准节拍不论对日线还是分钟线走势都显得尤为重要，至于如何对应日线走势在分钟线上操作？当天在哪个时间段用几分钟线能不易被后市砸下去？以及持股卖出等等一系列问题，都摆在比日线周期短且又不稳定的分钟线走势的短线操作上。

由于短线操作要求的介入点有低则低，如还是通过分时走势来抓早市横盘就较难完成，就算在黄金时段抓横盘，通过软件分时选横盘功能能达到选出的效用，但坦白地讲选出来的不是很精准，这是因为计算机的编程对个股分时出现的形形种种规则不规则的横盘走势，难以识辨清真正的好赖，标准定松点选出的又多又全，收市涨停板上倒是一个都跑不掉；定紧点选出的太少，可能漏掉后市上板的个股，目前的不紧不松虽漏掉的不多，但也选出不少后市不大涨的个股，所以这就使接下去的人工判别需要一定的水准，而这等水准恰恰是有些读者和用户现在所不具备的，需要较长时期的熟悉和操练。

我们在提高编程水平的同时，也在考虑另辟蹊径以求达到目的，一为选精，二为及时抓住横盘走势的起涨时刻，这一刻往往确定在大盘走势上翘之时，但个股有同起的也有先起也有后起的。

针对短线操作，我们在超级版增设1分钟线、5分钟线、15分钟、30分钟短线介入的选股指标。如果通过“分时选横盘”功能，就能选出较易认准的标准的横盘走势，但选出来后需要人工鉴定，但这种方式直接简单一些；如对不易认准的横盘走势，或尚欠人工鉴定水平的就用分钟线，试一试，看能不能解决对于有些人来说，抓分时横盘买点是老大难的问题。

盘中首先选出“日线大形态”，再根据各时段选股需要，分别点击1分钟、5分钟、15分钟、30分钟线走势，然后，便可利用“蓄势形态”或“形态突破”指标进行选股，基于调整过后的“日线大形态”又在分钟线走势出现“蓄势形态”，这就是体现在分钟线走势上的起涨3+1，这里的分钟线走势“蓄势形态”取代了分时走势上的横盘。

2009年2月19日，大盘走势大半天振荡到后市又有反复(图3-4)，趁下跌两波时启用，但在这时只能用30分钟线“蓄势形态”指标选股。

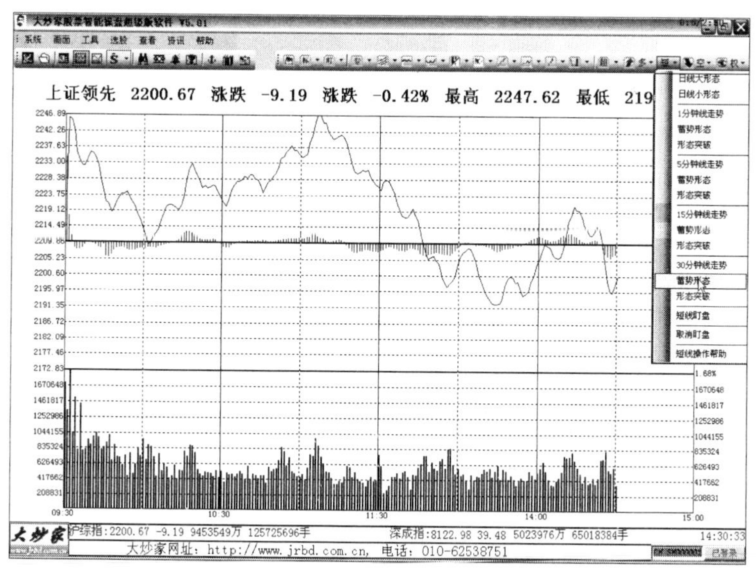

图3-4 三十分钟线“蓄势形态”

选出 30 分钟线蓄势形态个股(图 3-5)，排在上面涨幅太大的个股不要看了，从 5%以下查看，尽可能选做价位低上升空间大的个股(叫技术人员从此改到限选 5%以下)。

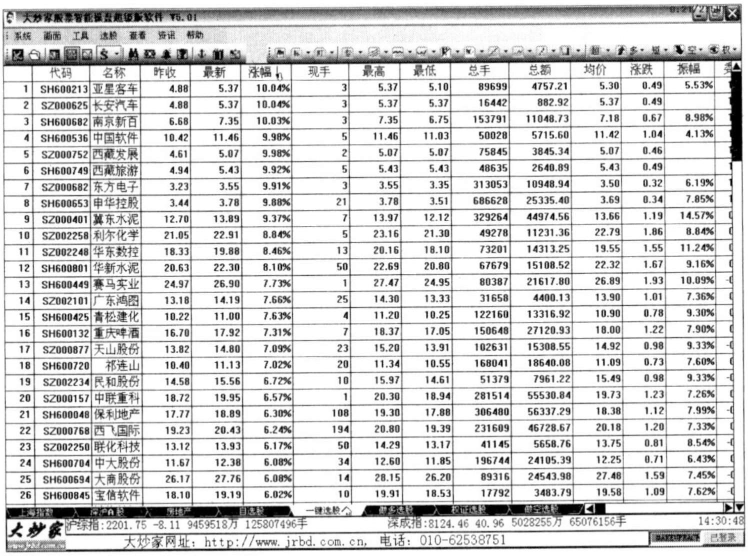

	代码	名称	昨收	最新	涨幅	现手	最高	最低	总手	总额	均价	涨跌	振幅
1	SH600213	亚星客车	4.88	5.37	10.04%	3	5.37	5.10	89699	4757.21	5.30	0.49	5.53%
2	SZ000625	长安汽车	4.88	5.37	10.04%	3	5.37	5.37	16442	882.92	5.37	0.49	
3	SH600682	南京新百	6.68	7.35	10.03%	3	7.35	6.75	153791	11048.73	7.18	0.67	8.98%
4	SH600536	中国软件	10.42	11.46	9.98%	5	11.46	11.03	50028	5715.60	11.42	1.04	4.13%
5	SZ000752	西藏发展	4.61	5.07	9.98%	2	5.07	5.07	75845	3845.34	5.07	0.46	
6	SH600749	西藏旅游	4.94	5.43	9.92%	5	5.43	5.43	48635	2640.89	5.43	0.49	
7	SZ000682	东方电子	3.23	3.55	9.91%	3	3.55	3.35	313053	10948.94	3.50	0.32	6.19%
8	SH600653	申华控股	3.44	3.78	9.88%	21	3.78	3.51	686628	25335.40	3.69	0.34	7.85%
9	SZ000401	冀东水泥	12.70	13.89	9.37%	7	13.97	12.12	329264	44974.56	13.66	1.19	14.57%
10	SZ002258	利尔化学	21.05	22.91	8.84%	5	23.16	21.30	49278	11231.36	22.79	1.86	8.84%
11	SZ002248	华东数控	18.33	19.88	8.46%	13	20.16	18.10	73201	14313.25	19.55	1.55	11.24%
12	SH600801	华新水泥	20.63	22.30	8.10%	50	22.69	20.80	67679	15108.52	22.32	1.67	9.16%
13	SH600449	赛马实业	24.97	26.90	7.73%	1	27.47	24.95	80387	21617.80	26.89	1.93	10.09%
14	SZ002101	广东鸿图	13.18	14.19	7.66%	25	14.30	13.33	31658	4400.13	13.90	1.01	7.36%
15	SH600425	青松建化	10.22	11.00	7.63%	4	11.20	10.25	122160	13316.92	10.90	0.78	9.30%
16	SH600132	重庆啤酒	16.70	17.92	7.31%	7	18.37	17.05	150648	27120.93	18.00	1.22	7.90%
17	SZ000877	天山股份	13.82	14.80	7.09%	23	15.20	13.91	102631	15308.55	14.92	0.98	9.33%
18	SH600720	祁连山	10.40	11.13	7.02%	20	11.34	10.55	168041	18640.08	11.09	0.73	7.60%
19	SZ002234	民和股份	14.58	15.56	6.72%	10	15.97	14.61	51379	7961.22	15.49	0.98	9.33%
20	SZ000157	中联重科	18.72	19.95	6.57%	1	20.30	18.94	281514	55530.84	19.73	1.23	7.26%
21	SH600048	保利地产	17.77	18.89	6.30%	108	19.30	17.88	306480	56337.29	18.38	1.12	7.99%
22	SZ000768	西飞国际	19.23	20.43	6.24%	194	20.80	19.39	231609	46728.67	20.18	1.20	7.33%
23	SZ002250	联化科技	13.12	13.93	6.17%	50	14.29	13.17	41145	5658.76	13.75	0.81	8.54%
24	SH600704	中大股份	11.67	12.38	6.08%	34	12.60	11.85	196744	24105.39	12.25	0.71	6.43%
25	SH600694	大商股份	26.17	27.76	6.08%	14	28.15	26.20	89316	24543.98	27.48	1.59	7.45%
26	SH600845	宝信软件	18.10	19.19	6.02%	10	19.91	18.53	17792	3483.79	19.58	1.09	7.62%

沪综指:2201.75 -8.11 9459518万 125807496手　深成指:8124.46 40.96 5028255万 65076156手　14:30:48

大炒家网址：http://www.jrbd.com.cn，电话：010-62538751

图 3-5　选出 30 分钟线蓄势形态个股

查看到关铝股份(图 3-6)时发现，30 分钟线蓄势形态特别带劲，加上前一两天合在一起的 30 分钟 K 线形成的大平台显得十分坚固，这种好感单从分时走势上是觉不出来的。

分时走势也看得出(右下)有些抗跌大盘，大盘下跌到前低点，而该股已在上面，既然相中了就上吧，好事不能多磨，别让激情淡漠下来。

至于大盘，都大跌两天了怎会不消停一阵，大盘全天每下至前日收盘线不破，再说提过 30 分钟线蓄势形态比较保险，那就用不着想太多了。

关铝股份(图 3-7)随后就直上云顶，30 分钟“蓄势形态”真是不涨则横一涨就牛气冲天，不拖泥带水。

这是利用大炒家软件选出的案例，在短线炒作套路中本不该使用软件来演示介入手法，那是该在“操作流程”中显示的，这里只是为了说明利用看分钟线走势来介入买点也是一种方式方法，在对分时走势难以

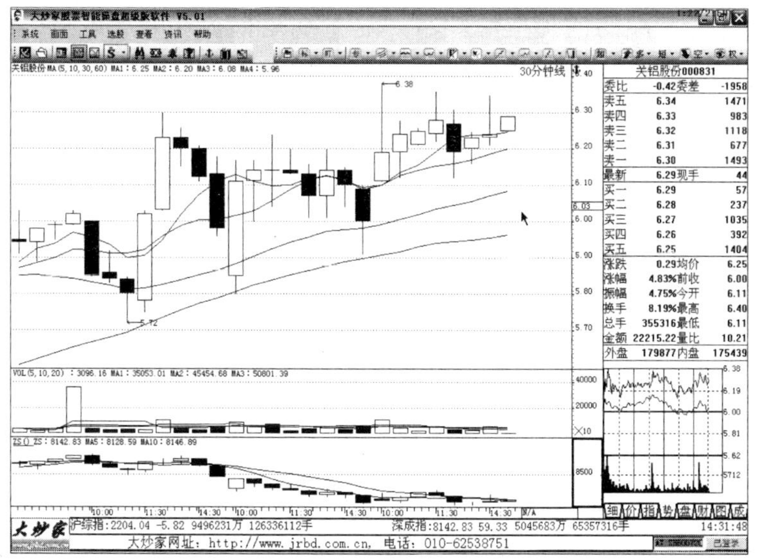

图 3–6 关铝股份

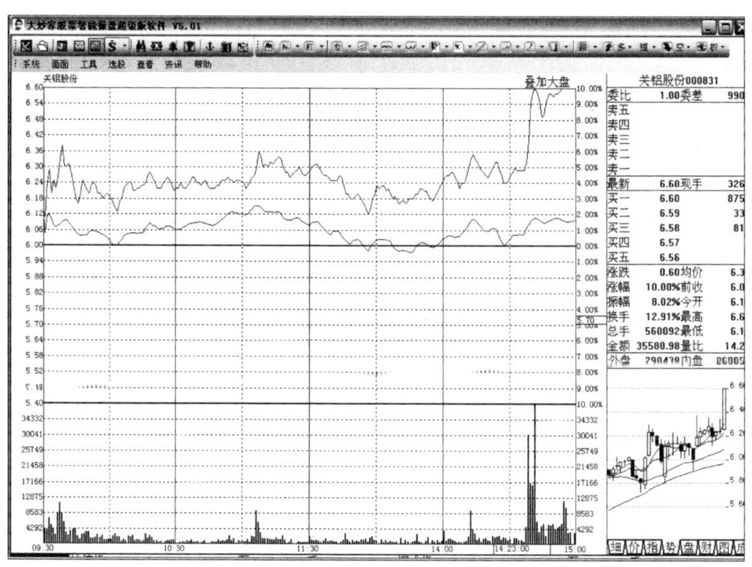

图 3–7 关铝股份后市

鉴定好坏时，借看一下分钟线走势形态的帮助。可惜的是，若靠人工操作挺难实现从搜索到介入能在几分钟之内完成，除非事先选好个股。

3. 短线操作的持股和卖出放在一起讲解就可以了，买入后的持股时间太短没什么可讲的，直接就到要卖出了，期间不存在趋势、波段操作持股待涨所经历的那些麻烦事，这无疑是很多人喜欢炒短的好处所在，也充分显示出短线操作风险小收益快而大的魅力无挡。

短线卖出应以前一天获得的收益为主考虑，那可是利用方法、凭盘中对个股走势的判断，好不容易努力赚到的，而今天不知个股会是怎样的走势，也不能等到看出怎样走了再说，那就晚了，须在今天早市露出端倪时解决问题，由于后市的不确定，所以只能掌握个基本原则，不求最高但求最妥。

论说卖点：①次日竞价卖出，这最能保全昨天的收益，开市跌了别拍手、涨了也别跺脚。此法虽然低级，但对开市后怎么都卖不好的人来说，也算是个选择。②开市若走高弯头卖出，这比竞价卖多嫌了点，此法虽然简单但可能踏空。③走高下弯再上不过前高卖出，此法虽比弯头就卖多一道或两道的麻烦，但至少可免一段时间的踏空。④开市若走低待反弹不过开盘价卖出，此法大多时候是准的。⑤早市走低反弹跃过开盘，再按不过前高卖出。以上卖出实施时一定要结合大盘分时走势决定，大盘走势仍在上涨就等等，待刚要弯下时再对也要弯头的个股卖出。

看出以上卖法都集中在早市，早市一两个回合是短线操作今买明卖的最佳时候，通常个股全天走势的强弱在一早就显出了苗头，尤其昨收大阳的个股大多半需要消化整理，保持强势的个股早市过前高持有能赚到大涨或不出现卖点即升涨停，若在见卖点时卖出，后市又见买点大可重新杀入，弄好也可能打出不小的差价，或腾出时间再去寻一只起涨的个股。如果前市不卖拖到后市，棘手的麻烦就多了起来，既耽误时间选票，又未必能保证卖到好处，少赚不赚反亏的冤事常有发生。

2009 年 3 月 10 日，东方锆业收大阳，次日(图 3-8)如竞价一出即卖是全天的最高点位，多开心。

2009 年 3 月 11 日，友好集团也是昨收大阳，次日(图 3-9、3-10)如出竞价卖出，后来就不会开心了，若用②法就合适了，冲上涨停板开封下弯卖出(其实早市曾先下跌，但反弹跃过前高直冲涨停)，后市见低或抗跌能抓回来就抓，不敢就再去选一只。

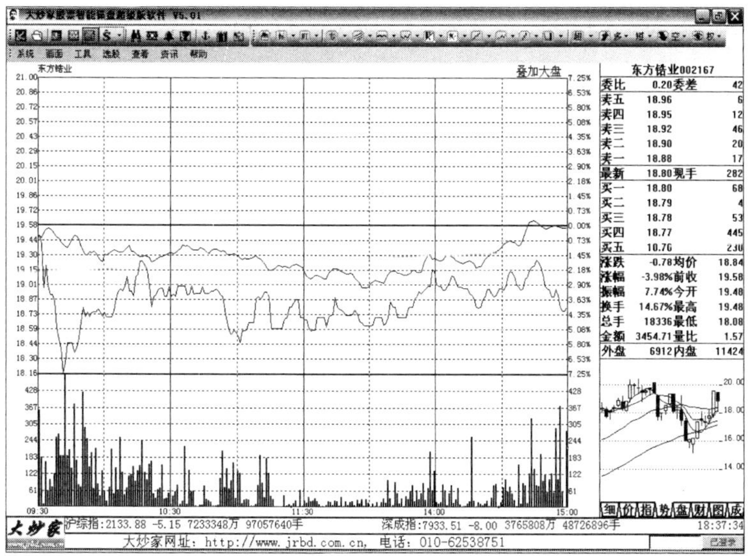

图 3-8 东方锆业

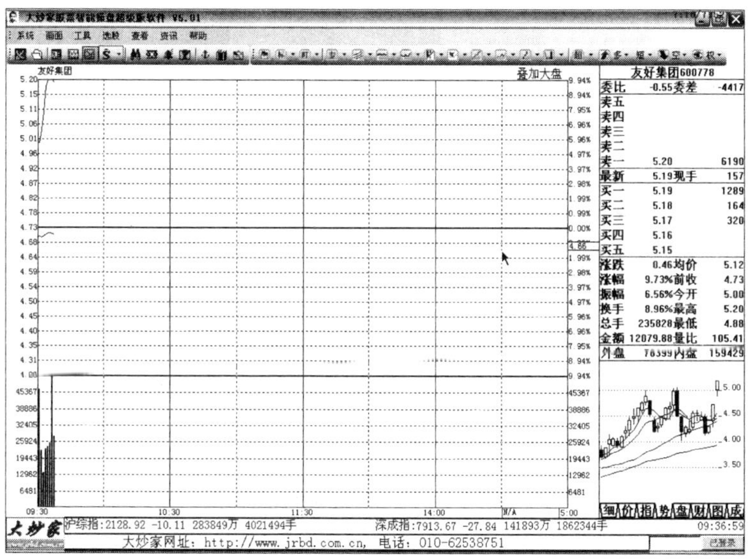

图 3-9 友好集团

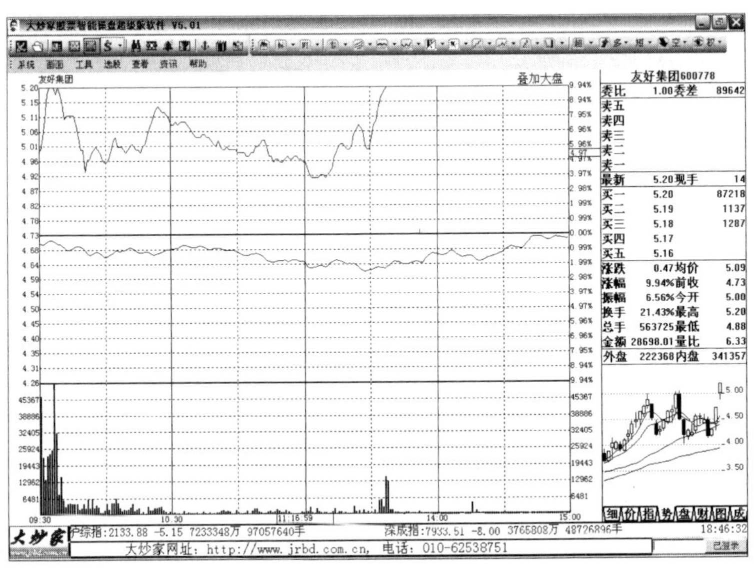

图 3-10 友好集团后市

2009 年 3 月 11 日，证通电子收大阳，次日低开(图 3-11、3-12)，开市后稍下不卖，反弹过前高不卖，等大盘反弹弯头该股不过前高卖出，后市一路下跌到午后才起反弹，说不定早没卖会在跌到 5 个点时害怕了卖。

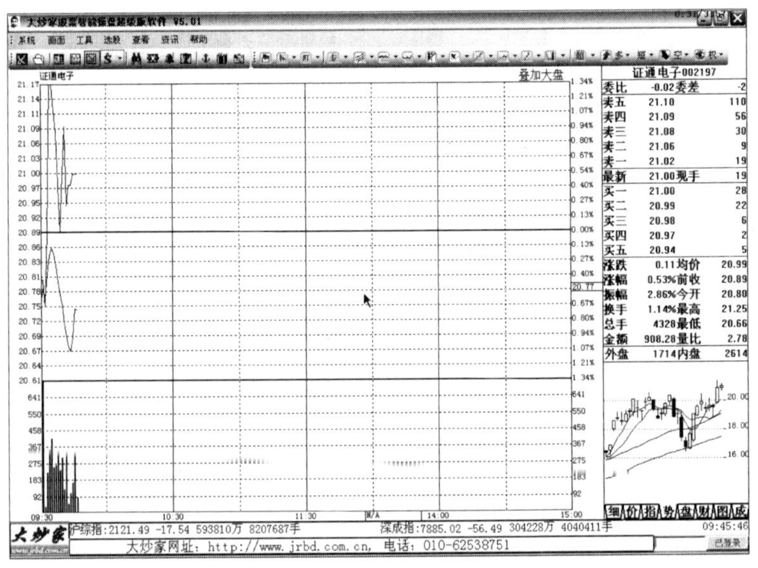

图 3-11 证通电子

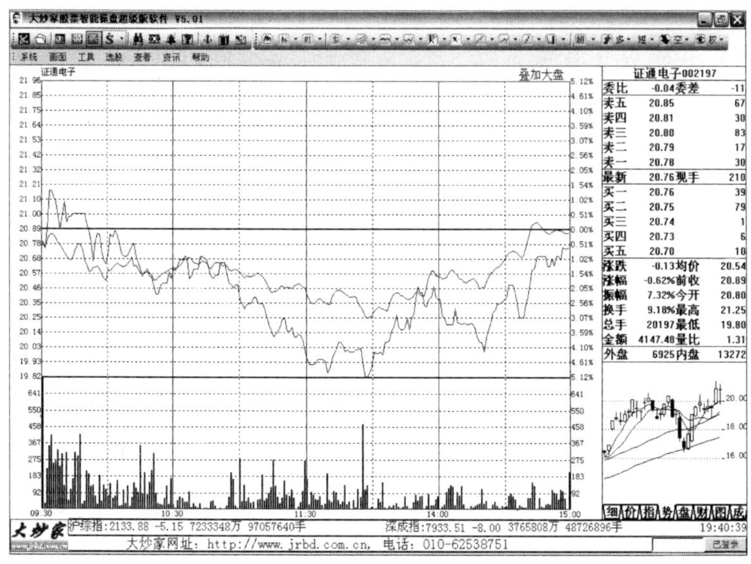

图 3-12　证通电子

2009 年 3 月 11 日，宝光股份收大阳，次日(图 3-13、3-14)平开先上，后弯头下破开盘点位，上涨下弯适②法卖出，若没卖就等反弹了，有个先上后下不破开盘价不卖、破开盘价卖的方法，但该股破开盘价时卖也来不及了。该股反弹与大盘同步弯头卖出，后市有反弹不过是再摸前点位而已，之后连续下跌到午后企稳振荡。

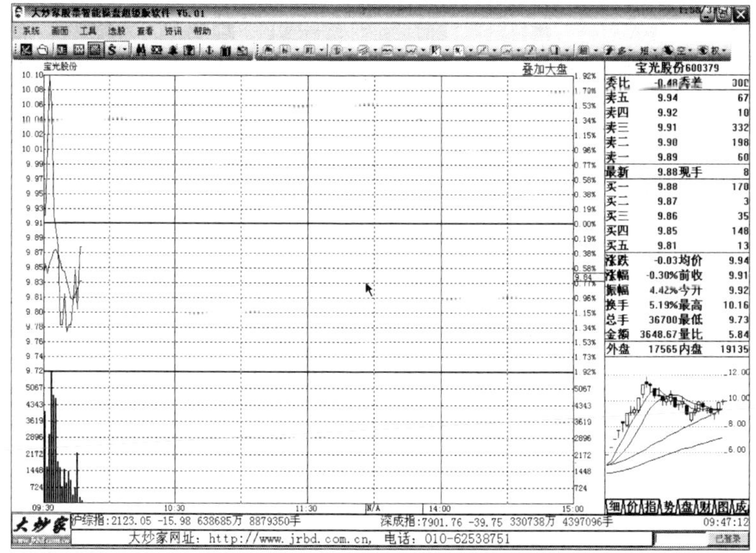

图 3-13　宝光股份

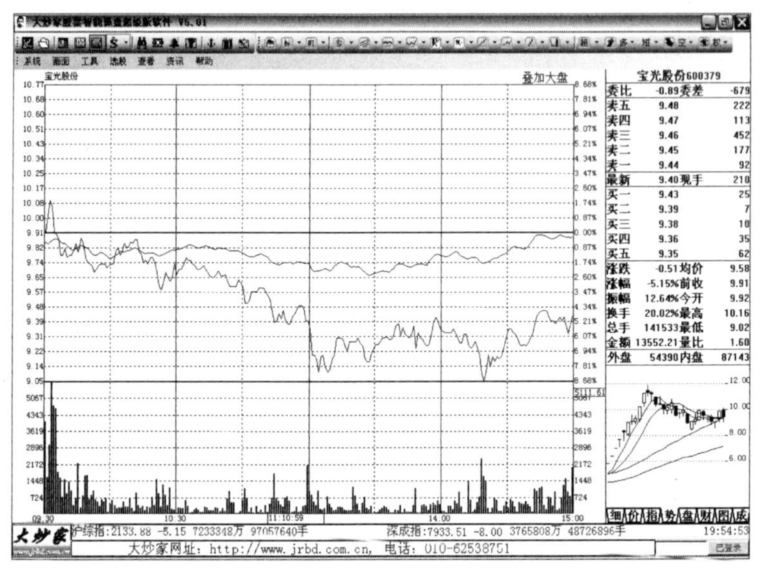

图 3-14 宝光股份

从这几个例子见到的几个卖法都有适合的股票和时机，就看用的是哪一个，除此还有其他走势不适合这些卖法的，可也差不到哪里去，不管怎样，先尽量保住昨天的收益，再考虑能赚点就赚点，即使赚不着后来涨上去的也不必后悔，按以上的卖法办总计起来是对多错少。对待短线操作的卖出，要得而不喜失而不忧，以后做短线的日子长了，一天老为得失而喜悲有些多余，鼓起劲头抓好买点赚够眼前利润足矣。

如果想使短线操作买入和卖出精益求精，这就涉及更前瞻更深入的探究，以探明个股走势的来龙去脉，之所谓知己知彼方能百战百胜。要此，那就得从选做短线品种走势个股开始，就要考虑常规买入后可能要出现的走势情况和以后卖出时可能遇到的种种境况，买入时的个股走势大致是相同的，因为自大形态起涨一段或几段横盘走势是当天必须的，卖出时个股走势大都是不相同的，因为怀有的心态各不同，有为振仓洗筹的，有为反弹出货的，还有无目的随波逐流的，保持一定的盘面活跃是其中驻扎主力的责任。

短线操作的个股“选时”，碰到一种不能走出波段行情的个股走势，只能选做短线进出；一种是能走出波段行情的个股走势，也不中线持有而做快进快出的短线，至于能不能分辨出来是哪种情况那是个人的能力，我想，在推出《波段炒作套路及操作流程》之前，不会有多少人会区分这两种情况，更别说能有多少人有这个“区分”的能力。但这是短线炒作必须面对的，以前不曾想到但现在需要解决的前提。

这里先谈对两种“选时”介入预期的准备，选到能走出波段的走势个股，用来短线操作就放心了许多，毕竟主力为中期走势做好了计划中的安排和准备了较为充裕的资金，所以选股操作起来容易把握。选到不能走出波段只能短线操作的个股走势就应多加谨慎，既然是短期行为那就别怪人家顺风使舵遇风避港了，所以操作起来的难度加大、胜算也降低一些，故须认真对待不可掉以轻心。其具体操作下面将要演示配有解说的实战案例，使大家有一个较为稳妥的技战术方法去待之。

对能走出波段和不能走出波段的走势个股，起涨后在次日卖出点位上有什么预断？按理说不同目的大阳起涨次日早市的表现是应有区别的，举个简单的例子，自上升趋势大形态起涨大阳的次日洗筹能跟自下降趋势中继底部反弹次日出逃能一样吗？能走出波段走势的个股与只是短期行为不准备走波段的个股，在起涨次日早市开始的走势就应该在不同心态的支使下表现的不一样。而这关系到今买明卖时可能遇到的不同境况，针对不同走势采用哪种卖法将会使收益获大获少，而获利大小对短炒来说，能多获总比少获令人心满意足，少获得应当获得的利润会留下遗憾，后悔不多等一阵，如果少赚了许多，几十分钟甚至几分钟就唾手可得的利益化为泡影，对应该计较收益的短炒不可谓不是个心疼的失手。

可是很遗憾的是在这方面，我至今尚没有归纳整理出全套的应对方案，还有待于今后在实盘操作中加深体会，集攒一个个早市不同走法的模式，汇少成全，能以大概率评估早市出现的个股走势苗头，以使短线操作买到最佳点位，其中也包括对早市不出买点就径直走高，后市还能大涨的个股走势之买入。

尽管现在人工操作难以将短打卖出做到极致，但依照上面几种卖法也能做个八九不离十，要想莫在犹豫中误事，利用大炒家软件的“5分钟线盯盘”能起到轻松规范的作用，翻白卖点会延伸出现至确定上涨难望开始下深之时。

通过以上对个股短线炒作买卖过程的举例描述，让我们了解到上升趋势的中继形态不但是波段炒作也是短线炒作所依赖的基础，仍然是给予主要关注的着眼处。自大形态上涨和自第一次整理小形态返涨是个股波段走势起始和较初期的点位，是频繁参与短线炒作的安全买点，在不存在一、二点位机会的情况下，炒作其他不无机会的点位不是不可以，但得加以小心。

虽然短线炒作今买明卖只是持股过夜，不存在较为漫长的持股待涨期，似乎就成了有头没央有尾的有套没路的操作了，尽管少了间中的过程，但两头也委实不轻松，日日充满着刺激和挑战，来不得半点懈怠，短差的炒作中要求讲究细节，而细节对于短线炒作无疑增加了更加规范的苛求，买入后卖出上追高不就低和稍一疏忽就可能使获利本不大的今买明卖功亏一篑或降低有限的收益，故须全神贯注如履薄冰才能炒好短线。为使短炒收益日积月累地增长，而不是今赚明亏形成拉锯战或日见账户资金减少，还是大有必要地将人工操作不十分稳定的炒作方法，改用大炒家软件来执行的规范的操作流程，以使在大概率胜算下的电脑智能机械双优势，给忙忙碌碌的短线操作带来些许轻松，给你的资金账户源远流长地带来不断的增长，快速地递增以至翻倍翻几倍。

实盘操作流程：

既然短线炒作也是把自大形态起涨作为主要的视点，自小形态第一次返涨作为次视点，那就一如既往还得首先联系“个股行情四个层次”的意识，毕竟跟着市场当时炒作重点的转移会多一份保障，尤其对“补涨”的个股不要错过，那可是连着多日会不断出现的机会。

不过，在经“选时”考察时，对可能或不可能走出波段的个股走势，就有了不是一种而是两种的关注态度，同一种是对能走出波段的走势个股理所当然地予以光顾，不同一种是对不能走出波段的走势个股，视情况若能有一两日短暂行情的走势个股，也不妨在市场没有大行情的时期，短平快捞上一把短炒的机会。

但在这类个股走势上存在一个与个股行情四个层次“意识”相符，

但“选时”不一定正是时候，或个股走势四不相，或变了形的不规则形态等等，反正是符这个不符那个没完全达到全符的要求，但作为短线碰到符合一方面可靠的情况又有可能赚上一把、当天大盘走势又不太坏个股上大下小的概率在、不捞白不捞不赚白不赚时候，也不妨试一下异类状况中身手凡不凡，当然要有一定胜算的把握。

短线操作介入同样利用软件设置的“四个层次”功能，或利用其他的选股指标与功能，如“起涨 3+1”、“上破形态”，“分时选横盘”、“分钟线蓄势形态”等，卖出启用 5 分钟线的“短线盯盘”，一样是监察红白、规范执行。

下面实盘演示一组利用超强意识“四个层次”功能，选股短线操作的案例。

2009 年 3 月 4 日，大盘高开高走大有结束底部盘整向上反弹的可能，在这种情况下“选时”当选同步与大盘反弹的同态势个股，于是启用四个层次中的“同态势”功能(图 3-15)。

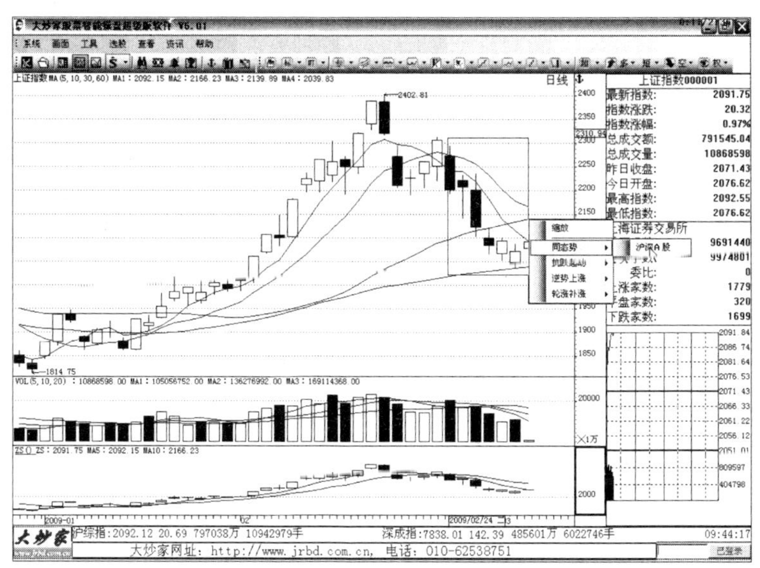

图 3–15 启用“同态势”功能

选出“同态势”个股(图 3-16)，点下涨幅将排序由大至小，以便顺次查看。

大炒家股票智能操盘超级版软件 V5.01

	代码	名称	昨收	最新	涨幅	现手	最高	最低	总手	总额	均价	涨跌	振幅
1	SH600800	SST磁卡	3.51	5.10	45.30%	844	5.60	5.10	395023	20910.82	5.29	1.59	14.25%
2	SH600886	国投电力	9.13	10.04	9.97%	63	10.04	10.04	9147	918.35	10.04	0.91	
3	SH600657	ST天桥	4.82	5.05	4.77%	100	5.06	4.85	9476	473.75	5.00	0.23	4.36%
4	SZ002073	青岛软控	15.24	15.77	3.48%	79	15.80	15.30	3095	484.06	15.64	0.53	3.28%
5	SZ000002	万 科A	7.42	7.64	2.96%	492	7.69	7.50	150637	11497.07	7.63	0.22	2.56%
6	SH600694	大商股份	24.20	24.90	2.89%	546	24.90	24.27	3681	911.26	24.76	0.70	2.60%
7	SZ000010	S ST华新	6.34	6.52	2.84%	5	6.55	6.31	2101	136.25	6.48	0.18	3.79%
8	SH601318	中国平安	30.15	31.00	2.82%	716	31.00	30.45	36075	11103.77	30.78	0.85	1.82%
9	SH600594	益佰制药	10.40	10.68	2.69%	2	10.75	10.53	4705	500.94	10.65	0.28	2.12%
10	SZ000667	名流置业	4.10	4.21	2.68%	71	4.22	4.10	16132	676.44	4.19	0.11	2.93%
11	SH600436	片仔癀	23.10	23.70	2.60%	4	23.76	23.10	1587	374.76	23.61	0.60	2.86%
12	SH600978	宜华木业	3.50	3.59	2.57%	117	3.60	3.52	9678	345.61	3.57	0.09	2.29%
13	SZ000031	中粮地产	5.93	6.08	2.53%	451	6.14	5.98	20201	1229.53	6.09	0.15	2.70%
14	SH600466	ST迪康	4.76	4.88	2.52%	83	4.94	4.77	3021	147.17	4.87	0.12	3.57%
15	SZ002179	中航光电	16.91	17.32	2.42%	3	17.35	16.70	1157	199.36	17.23	0.41	3.84%
16	SH600064	南京高科	12.87	13.17	2.33%	13	13.22	12.88	8779	1150.23	13.10	0.30	2.64%
17	SH600508	上海能源	10.84	11.09	2.31%	13	11.09	10.87	3981	438.66	11.02	0.25	2.03%
18	SZ000488	晨鸣纸业	6.41	6.55	2.18%	897	6.57	6.46	23010	1499.19	6.52	0.14	1.72%
19	SH600751	S*ST天海	3.68	3.76	2.17%	3	3.77	3.68	1307	48.90	3.74	0.08	2.45%
20	SH600182	S佳通	3.72	3.80	2.15%	7	3.81	3.73	3129	118.45	3.79	0.08	2.15%
21	SH600795	国电电力	6.13	6.26	2.12%	105	6.28	6.14	29815	1858.80	6.23	0.13	2.28%
22	SH600645	ST望春花	5.41	5.52	2.03%	37	5.55	5.38	5666	311.24	5.49	0.11	3.14%
23	SH601088	中国神华	18.45	18.82	2.01%	18	18.85	18.55	42685	7983.40	18.70	0.37	1.63%
24	SH600555	九龙山	4.00	4.08	2.00%	1	4.08	4.01	7096	287.67	4.05	0.08	1.75%
25	SZ000848	承德露露	15.54	15.85	1.99%	1	15.90	15.69	685	108.31	15.81	0.31	1.35%
26	SH600030	中信证券	21.08	21.50	1.99%	156	21.68	21.42	131880	28419.20	21.55	0.42	1.23%

沪综指:2092.14 20.71 804450万 11046221手　深成指:7840.59 144.97 493965万 6131131手　09:44:28

大炒家网址：http://www.jrbd.com.cn，电话：010-62538751

图 3-16　选出“同态势”个股

翻到第二页才看到涨幅不到两个点的大同煤业(图 3-17)，日线走势显示“同态势”相当吻合，分时走势早市未涨正在横盘打底，此时大盘小横正欲向上，介入该股正是大好时机。

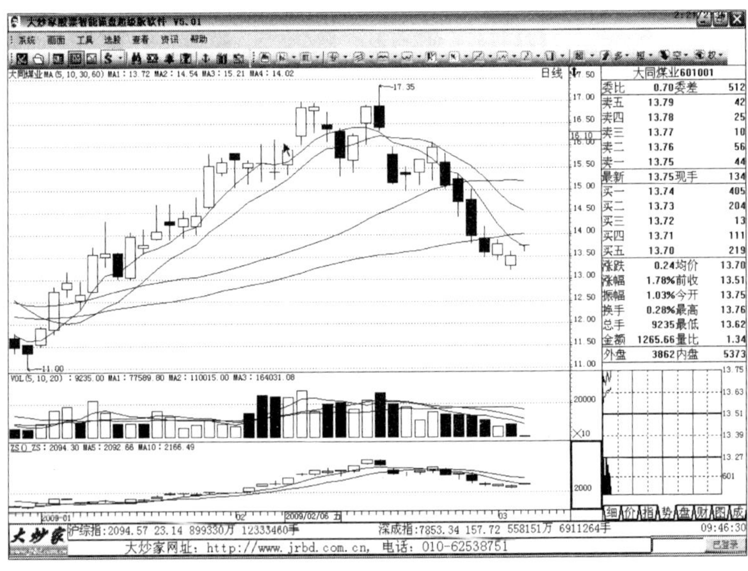

图 3-17　大同煤业

大同煤业(图 3-18)后市走势相当稳健，午前三个台阶的横盘简直叫人放一百个心。

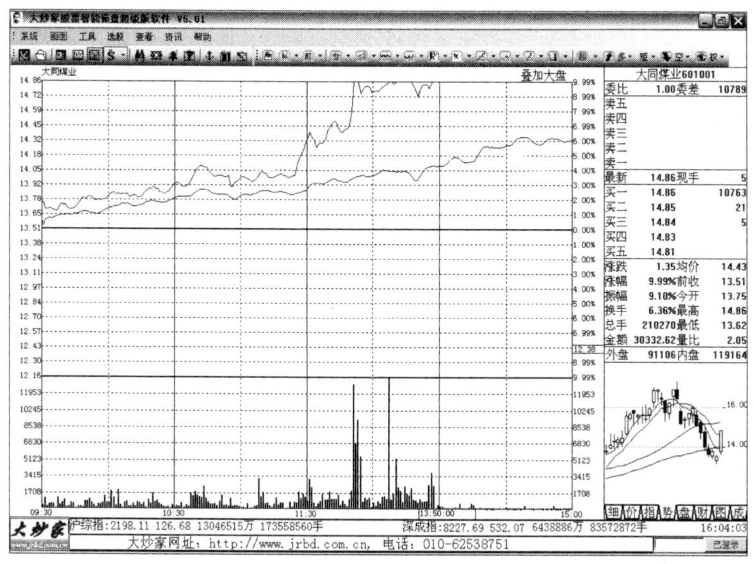

图 3–18　大同煤业后市

鉴于大同煤业属于下降中的反弹，不适做波段，适合短线操作，于是次日开市就启用了“五分钟线盯盘”，当快到十点时盯盘出来翻白(图 3-19)，不用想什么卖出便是，昨买今卖先主要把昨天的获利兑现。

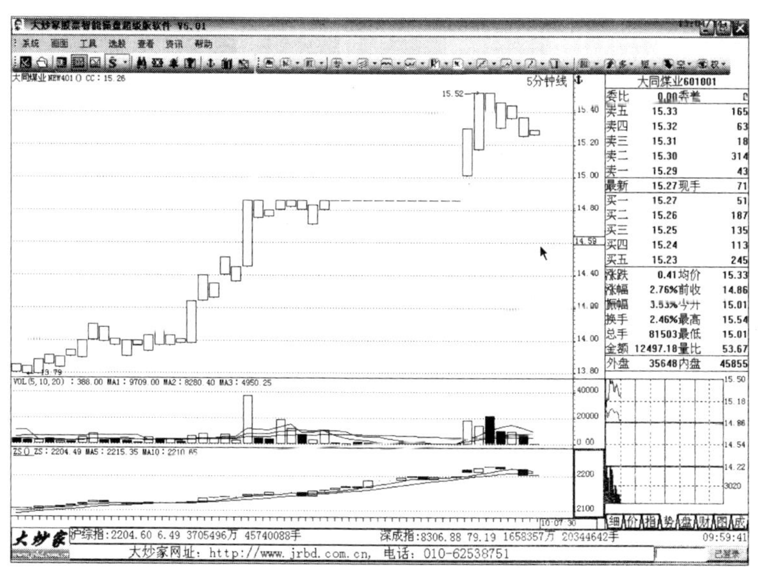

图 3–19　大同煤业盯卖

短线操作不是非得分钟线“蓄势形态”指标选买的股，才能用分钟线短线盯盘卖出。利用什么指标功能选买的都可以在短线盯盘上采用，再如短线操作分钟线“蓄势形态”指标选买的股，也可以在中线操作上利用 60 分钟线盯盘卖出。

大同煤业(图 3-20)自翻白后，分时走势与大盘振荡下行，看来短线操作如此卖是正确的，今天是反弹结束卖的很得意，若整理后明天走好再抓回何妨，不是趋势向上就得随时调换思维。

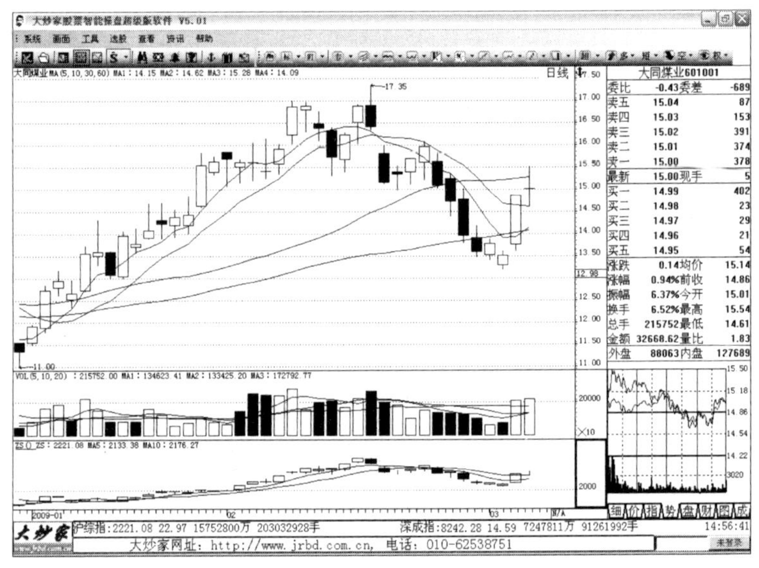

图 3-20　大同煤业收市

3 月 6 日，大同煤业(图 3-21)也没走好，随大盘走势振荡，两日整理过后能否重返涨势待关注，作为短线操作不浪费时间参与整理是对的。

短线操作大同煤业，利用软件“四层次”中的“同态势”功能，显然是符合“个股行情四个层次”的意识，“选时”也是看在大盘走势此时给予了个股的炒作机会，但不是波段中线的机会，只是短线操作的机会。能看出是短线机会今买明卖，算是识时务者为俊杰，看不出来可就想当俊杰也当不成。

3 月 4 日，同时选出的还有中国平安、中国神华、房产、券商等一

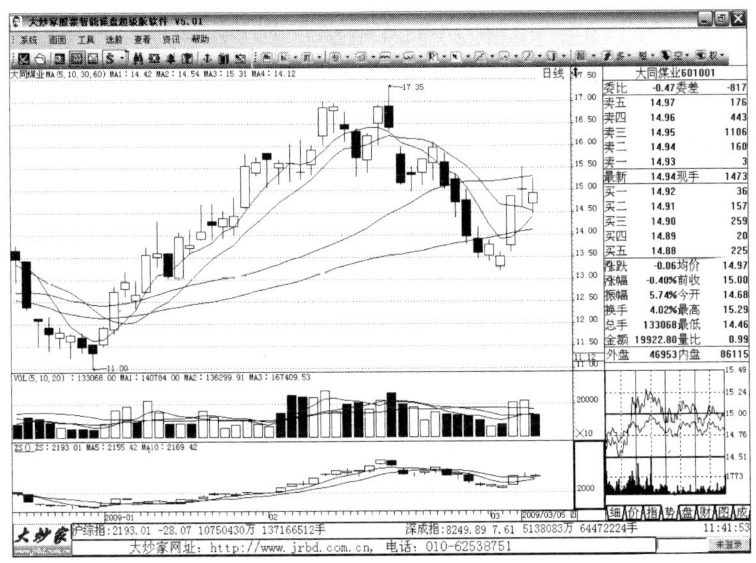

图 3-21 大同煤业次日

大群，当日后市大涨的板块个股，所以说本软件“个股行情四个层次”的选股功能，只要应时使用，有好票管保跑不了。

其中国元证券也在被选出之列。该股(图 3-22)日线同态势，分时走势早市横盘。

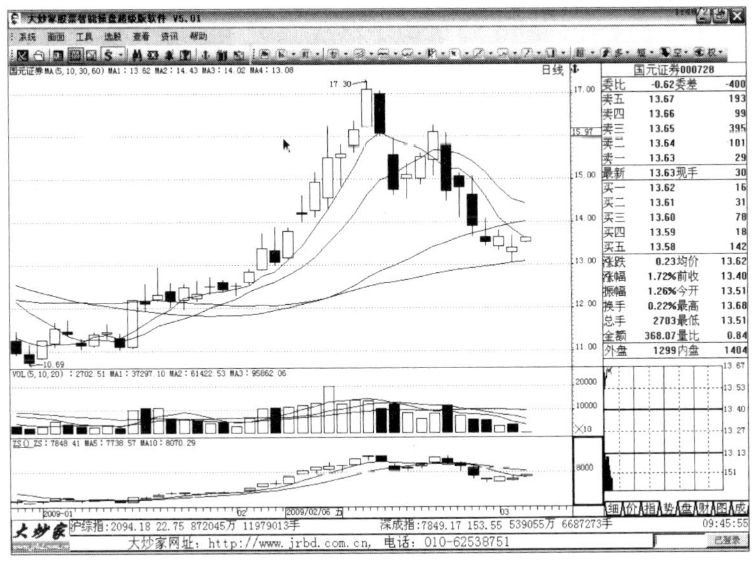

图 3-22 国光证券

国光证券(图 3-23)后市自不必说，大盘都捅到了一百多点他能不上吗。

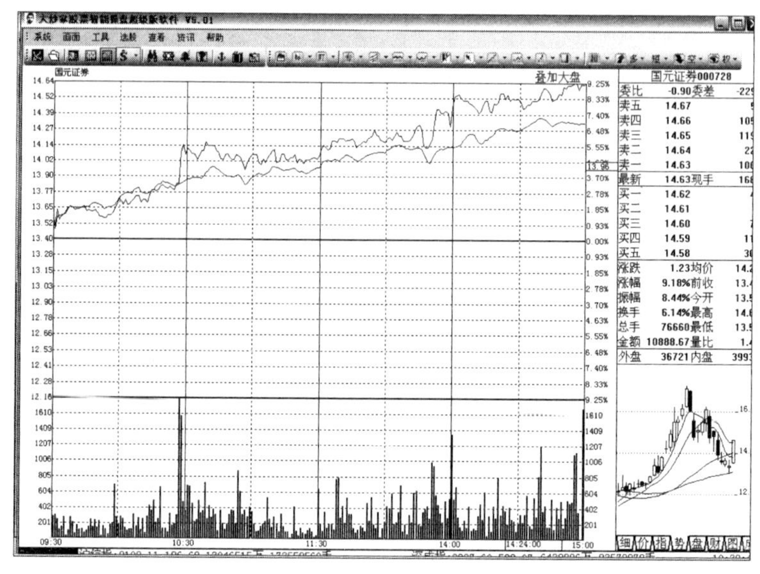

图 3-23　国光证券后市

该股的盯盘卖出就不跟踪显示了，还是用五分钟线盯盘，准能卖个好价。

3 月 9 日，大盘分时走势单边下跌大半天了，在急下一波时启用了“补涨”功能(图 3-24)，看看这时还有没有近几天没有跟大盘反弹而需要补涨的个股。

真还有不少胆大的，竟然在大盘反弹结束变盘大跌之日敢对着干(图 3-25)，不干不行呀，我还没涨呢。

被选出来的熊猫烟花(图 3-26)还真不熊，前半天一直在抗跌长时间横盘，看来是选晚了，若勤快点发现时就更低了，以后不管市道多么差，之后还跌不跌，勤用着软件指标功能没坏处。

该股有前市长横盘，肯定今天想涨个大的，今日大盘不好早料到，既然费劲花钱抬了股价就不能前功尽弃。于是，趁回调下来价低买些，试试软件“补涨”功能效果怎样？

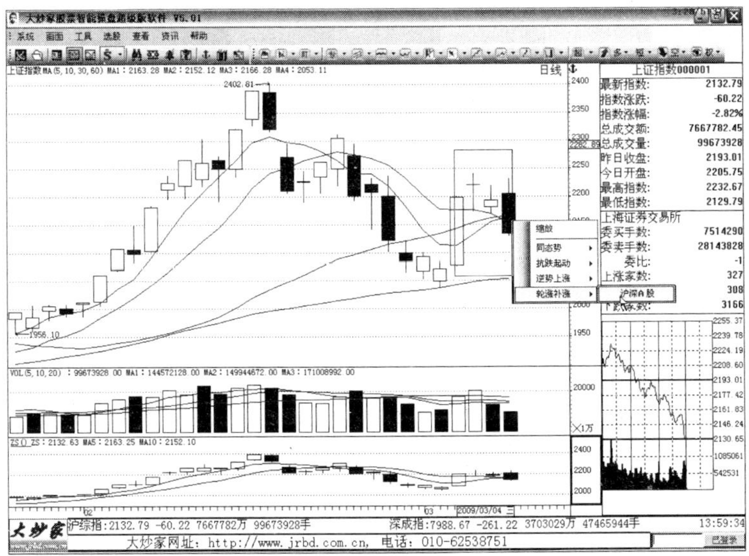

图 3–24　启用“补涨”功能

	代码	名称	昨收	最新	涨幅↓	现手	最高	最低	总手	总额	均价	涨跌	振幅
1	SZ000416	华馨实业	5.73	6.30	9.95%	210	6.30	5.81	280771	17582.29	6.26	0.57	8.55%
2	SZ002232	启明信息	22.89	24.43	6.73%	6	25.18	23.99	46283	11435.86	24.71	1.54	5.20%
3	SH600712	南宁百货	6.05	6.45	6.61%	92	6.63	6.10	94410	6078.92	6.44	0.40	8.76%
4	SZ002242	九阳股份	43.85	46.09	5.11%	2	46.85	44.13	13335	6105.75	45.79	2.24	6.20%
5	SH600155	*ST宝硕	3.43	3.60	4.96%	211	3.60	3.43	232634	8330.17	3.58	0.17	4.96%
6	SH600886	国投电力	10.36	10.86	4.83%	517	11.04	10.42	350485	37601.12	10.73	0.50	5.98%
7	SZ002144	宏达经编	7.33	7.66	4.50%	2	7.94	7.33	41839	3227.96	7.72	0.33	8.32%
8	SZ000543	皖能电力	6.68	6.99	4.64%	21	7.35	6.80	306373	22148.82	7.23	0.31	8.23%
9	SH600248	NST化建	6.98	7.28	4.30%	12	7.33	7.08	45877	3343.80	7.29	0.30	3.58%
10	SH600599	熊猫烟花	8.96	9.33	4.13%	26	9.48	8.94	47514	4382.62	9.22	0.37	6.03%
11	SZ002224	三力士	12.52	12.99	3.75%	10	13.38	12.18	39219	5050.59	12.88	0.47	9.58%
12	SH601991	大唐发电	6.59	6.83	3.64%	136	7.13	6.81	119979	8368.31	6.97	0.24	4.86%
13	SZ002072	德棉股份	6.12	6.33	3.43%	1	6.42	6.05	48775	3034.04	6.22	0.21	6.05%
14	SH600590	泰豪科技	7.75	8.01	3.35%	13	8.50	7.93	150920	12389.62	8.21	0.26	7.35%
15	SZ000888	峨眉山A	7.62	7.87	3.28%	12	8.08	7.63	81894	6457.68	7.89	0.25	5.91%
16	SH600818	中路股份	14.65	15.10	3.07%	6	15.70	14.65	32527	4998.95	15.37	0.45	7.17%
17	SH600289	亿阳信通	12.90	13.25	2.71%	8	13.54	13.01	79367	10606.58	13.36	0.35	4.11%
18	SH600029	南方航空	4.28	4.39	2.57%	141	4.55	4.30	622147	20104.04	4.49	0.11	5.84%
19	SH600743	ST幸福	8.64	8.86	2.55%	10	8.87	8.48	41276	3581.89	8.68	0.22	4.51%
20	SZ001896	豫能控股	4.30	4.39	2.09%	13	4.48	4.30	20701	907.12	4.38	0.09	4.19%
21	SZ002214	大立科技	15.37	15.69	2.08%	3	15.73	15.32	5166	802.31	15.53	0.32	2.67%
22	SH600353	旭光股份	6.90	7.04	2.03%	56	7.15	6.76	31282	2177.16	6.96	0.14	5.65%
23	SH600228	昌九生化	5.00	5.09	1.80%	14	5.15	4.92	102805	5211.35	5.07	0.09	4.60%
24	SH600742	一汽四环	13.22	13.48	1.97%	41	13.77	13.00	88777	11931.51	13.44	0.26	5.82%
25	SH601333	广深铁路	3.92	3.99	1.79%	1148	4.03	3.90	492732	19497.23	3.96	0.07	3.32%
26	SZ002248	华东数控	18.20	18.51	1.70%	18	19.07	18.22	36672	6870.48	18.74	0.31	4.67%

沪综指:2132.57 -60.44 7680767万 99846464手　深成指:7989.55 -260.34 3708934万 47549216手　13:59:51

大炒家网址：http://www.jrbd.com.cn，电话：010-62538751

图 3–25　选出补涨个股

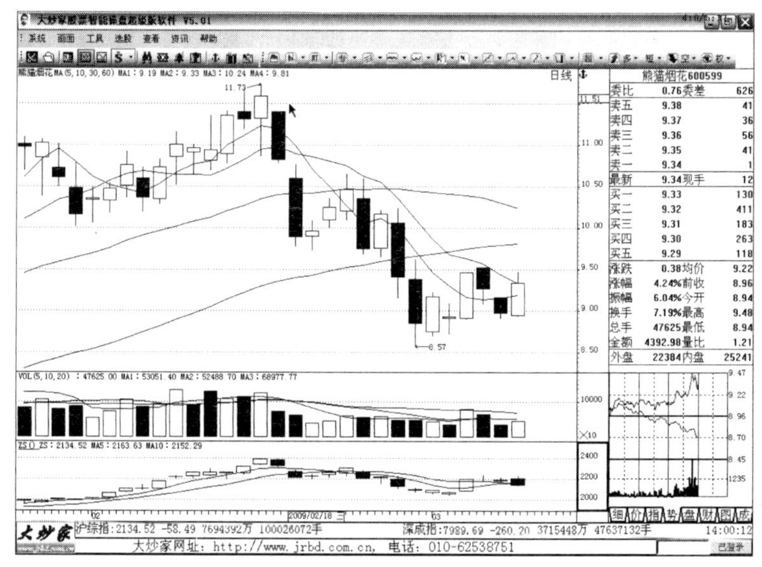

图 3-26 熊猫烟花

熊猫烟花(图 3-27)后来乘大盘做完双底反弹之机，把股价猛劲抬上了涨板，大盘尾市又下拉下来一会，可又倔强地返上了停板。

该股走势符“四层次”中的“补涨”意识，不符合个股波段操作“选时”，视反弹炒把短线而已，补涨补涨补完算完。

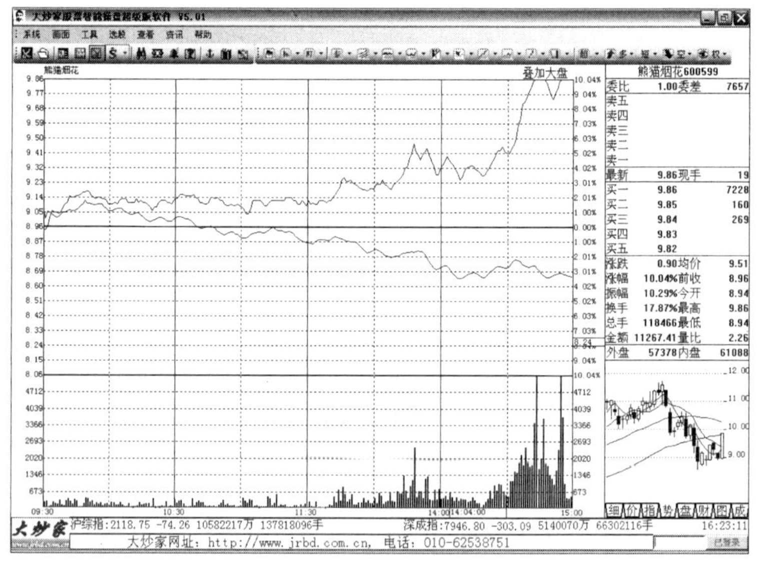

图 3-27 熊猫烟花后市

熊猫烟花(图 3-28)次日开市就被“短线盯盘”5 分钟线盯了起来，该股开市低开低走，盯盘也从开市就翻了白，这时若挂单卖会卖到下跌的低点。因此，要等反弹再卖。

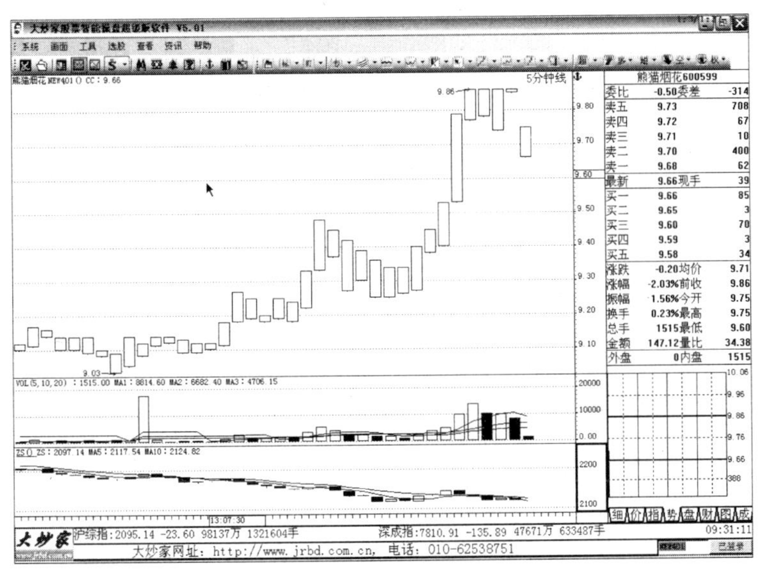

图 3-28　熊猫烟花 5 分钟线盯盘

盯盘换到分时图，熊猫烟花(图 3-29)这时反弹未过开盘价，此时大盘走势也反弹完正想向下弯，赶紧将挂好的熊猫烟花卖单摁确定。

熊猫烟花(图 3-30)午后开盘有所返上，收盘价也高过上午卖出的点位，这样看是卖的不好，但要明确的是短线操作的今买明卖，就应在第一时间的五分钟线盯盘翻白结合分时不过前高时卖，不应等到不确定的有没有再返高点可能的后市上，大盘如果不是像今天这样后市上涨，而是单边下跌呢？没有或早市反弹再下直跌停板咋办？以前有次钢铁股头天涨停第二天就这样砸到跌板上的，况且该股日线走势还只是个反弹，不是向上趋势自大形态起涨那般有度。

若早市反弹不过前高时没卖，能保证不在又下跌 4 点多不卖吗？那时还真恐怕要跌到板上呢。是有昨日大阳、次日早又下打后又返上的，但不知要等到什么时候，也许盘中也许尾市，要等就要浪费时间，可能错过当天再选个股的时机，一心不能二用，一边牵挂仓中票一边选股怎

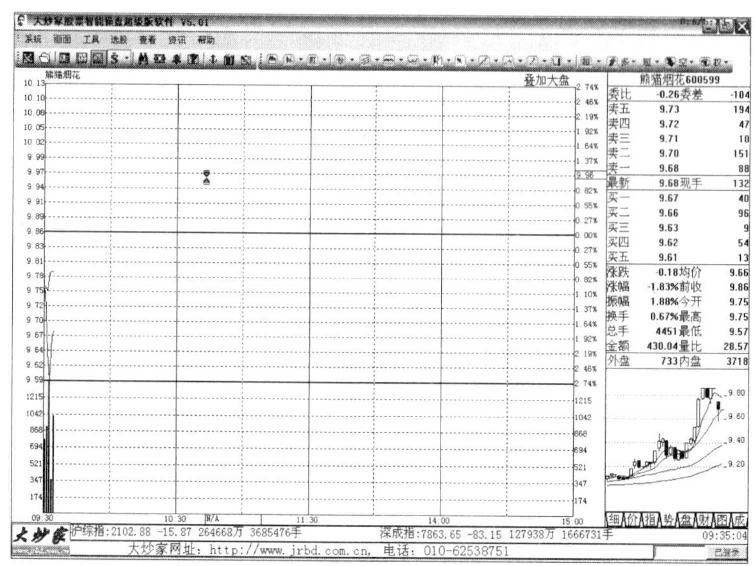

图 3-29　熊猫烟花分时

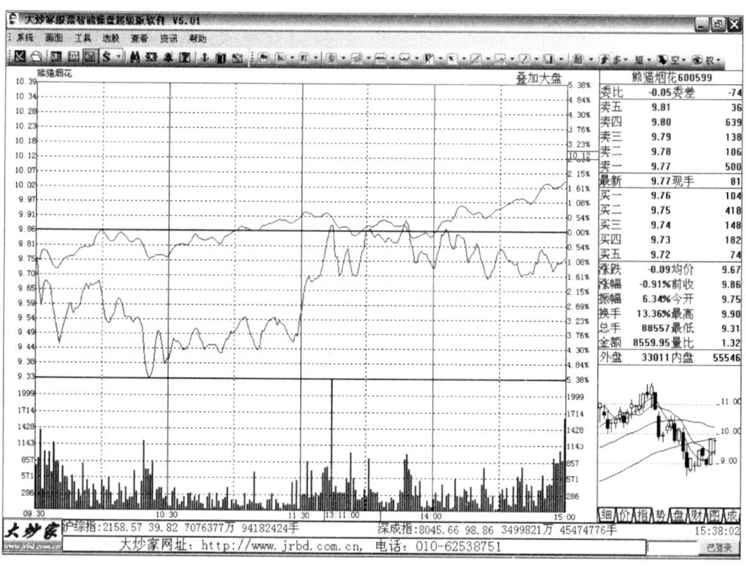

图 3-30　熊猫烟花收市

么能行，还是先把昨天凭办法赚到的线兑现出来，别拖到没办法预料的今天后期走势上，不是没有可能前功尽弃落个反遭亏损的结果的。

说这么多就是要讲一个规范，既是短线操作就必须遵守短线操作策略的规则，惟有这样才能规范操作做好短线，不然永远做不妥善短线，赢不满或赢不到短线操作的利。

买入该股利用的是软件“四个层次”之一的“补涨”功能，“选时”也选在大盘走势昨天大涨，今天会给“补涨”个股的机会，这两样是恰在此时了，但可惜的只能炒把短线，一厢情愿希望能走出波段走势，从而中线持有可就大错特错了，怎么赚的可能还得怎么给倒回去。

下面两例是利用“起涨 3+1”指标选做的个股案例。

“起涨 3+1”指标，突破性地将日线与分时合二为一，使大炒家软件又上了更高的档次，几乎接近于自动化交易，不但涉及日线和分时走势，既简化了一步一步的选股步骤，节省了用户的时间和精力，又因彼此的制约使选出的股票数量减少、精准度加强，令盘中实战操作在简捷顺畅中进行，更为容易地获取抓第一起点所带来的可观收益。

“起涨 3+1”选股指标，3 是针对个股走势大形态蓄势，即 K 线、乖离、成交量都调整到位，1 是针对个股的分时走势横盘。由于个股自大形态突破起涨不需洗筹，分时走势因而多以横盘形式表现，抗大盘下跌而横盘以对是起涨个股明显的特征，也是最易于发现和捕捉起动上涨个股的妙处所在。“不破前低”现象在起涨个股的分时走势上相对出现较少，哪怕出现也会有一段较长时间的横盘，也能被“起涨 3+1”所包含，故此在“起涨 3+1”指标中就不独立另设“不破前低”的单项了，纯粹的“横盘”和“不破前低”中的较长横盘也足够选出可以操作的股票了，而且减少一些只是不破前低而无横盘、走势较弱的个股的关注。

2009 年 2 月 12 日，在大盘凶狠地连续下调多波时，点击“起涨 3+1”选股指标(图 3-31)。

强调利用“做多”中所有指标进行选股时，应择在大盘分时走势下跌中，越下越选、跌几波选几波；在大盘分时走势上升中，不要选在上涨的线条中，要等到线条回调时，盘中出现振荡回调几波更是佳机。

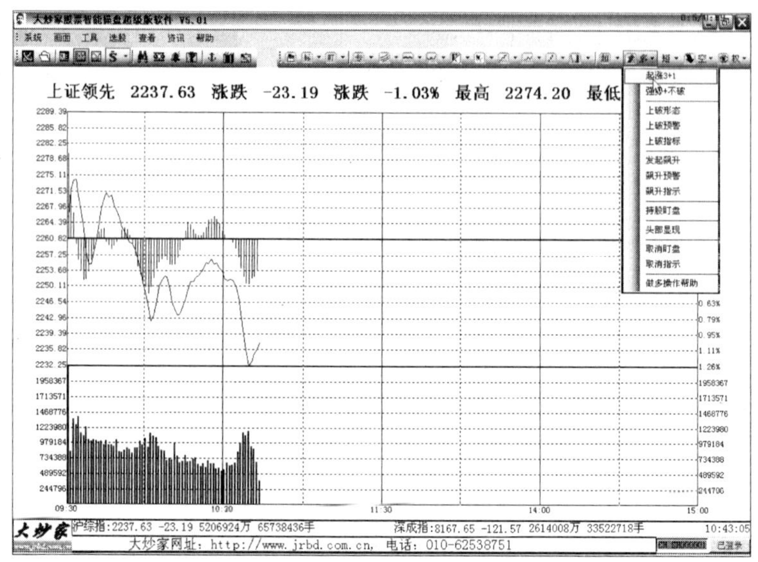

图 3-31 点击“起涨 3+1”

在随之出现的框中，确定振幅和时间，需按当时大盘下跌的幅度和时间长短而定。目前，系统的默认值分别是 2.0、30，觉得适合当即确定(图 3-32)。

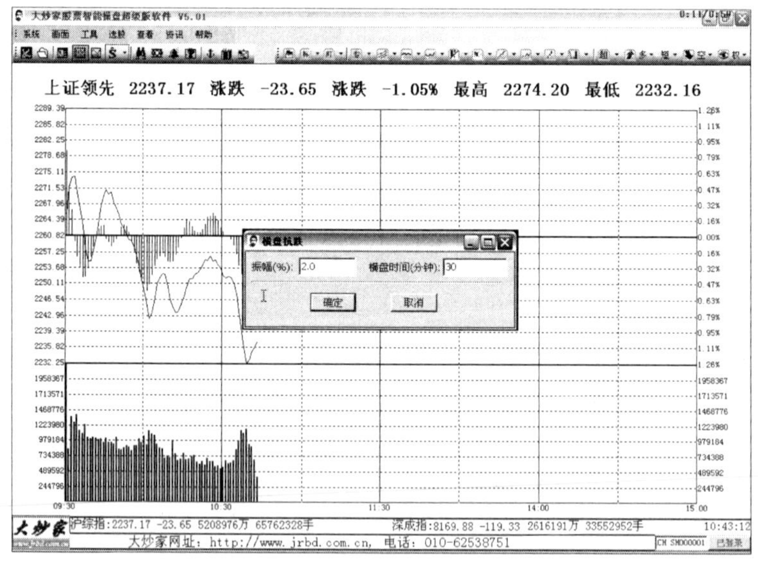

图 3-32 确定振幅、时间

只选出来6只个股(图3-33)，在大盘日线做头、分时大跌之时仍有个股盘得住，看看是什么样的个股走势符合了起涨“3+1”的条件要求。

	代码	名称	昨收	最新	涨幅↓	现手	最高	最低	总手	总额	均价	涨跌	振幅
1	SZ002204	华锐铸钢	18.55	19.06	2.75%	1	19.49	18.75	12416	2382.49	19.19	0.51	3.99%
2	SZ000045	深纺织A	5.80	5.88	1.38%	4	5.98	5.83	8670	512.23	5.91	0.08	2.59%
3	SH600403	欣网视讯	6.51	6.63	1.84%	20	6.71	6.49	16944	1117.41	6.59	0.12	3.38%
4	SH600506	香梨股份	8.06	8.12	0.74%	5	8.18	8.02	29112	2361.37	8.11	0.06	1.99%
5	SZ000999	S三九	15.87	16.03	1.01%	2	16.29	15.85	18360	2958.75	16.12	0.16	2.77%
6	SH600648	外高桥	13.35	13.75	3.00%	3	13.98	13.46	46009	6333.20	13.77	0.40	3.90%

图3-33　选出6只个股

华锐铸钢的日线走势显示的是个漂亮而典型的五弯十大形态(图3-34)，看那个样子就给人以不错的感觉。

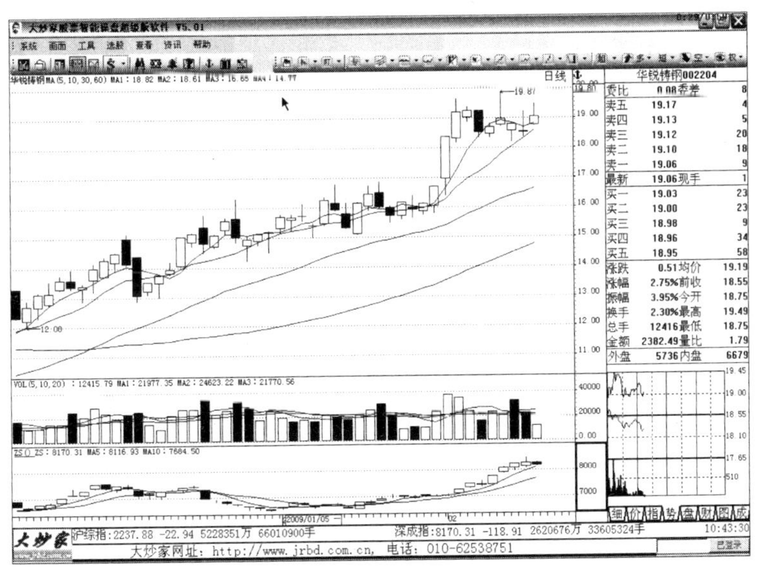

图3-34　华锐铸钢日线

华锐铸钢的分时显示是抗跌不破前低的走势(图 3-35)，早市曾有两波上涨，不破前低之前也算是个横盘的箱体，是标准的早市冲高回落不破前低横盘走势的买点。

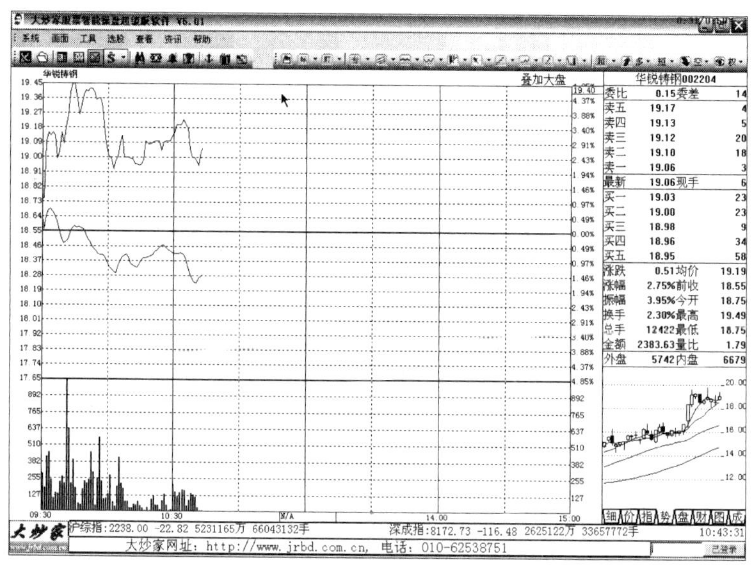

图 3-35 华锐铸钢分时

华锐铸钢(图 3-36)后市虽遭遇大盘又下几波的影响微下，但在一次长时间的窄幅横盘后，终随大盘回暖升至涨停。

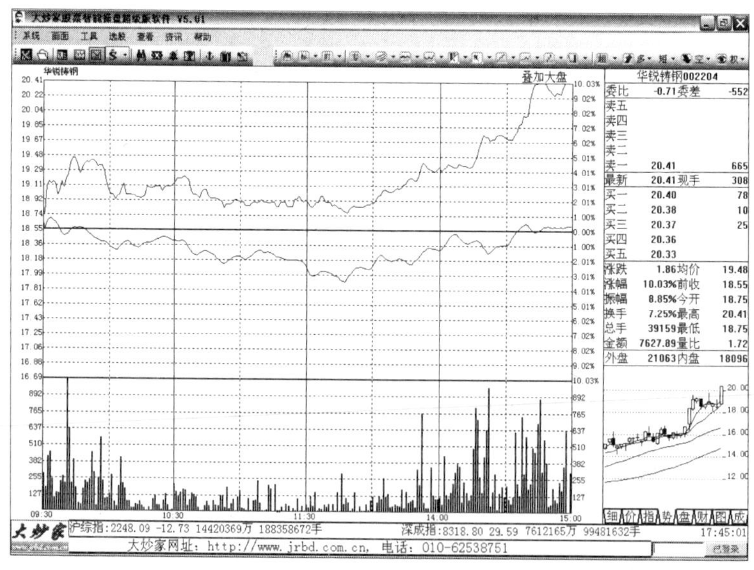

图 3-36 华锐铸钢后市

这是在大盘走势处于盘头阶段，担心大盘随时有破位开跌之时刻，实盘举例演示“起涨 3+1”指标的应用，能收到如此好的效果，而且选出的少而精，想必在平稳或向上的市道中更能凸显出其天助般的功效。

2009 年 2 月 16 日，大盘走势午前振荡下跌，这怎么说也比选华锐铸钢时的大盘走势要好些，能运行在前日收盘线以上，当大盘下跌三波后启用“起涨 3+1 指标”(图 3-37)，展示大盘在振荡向上的走势中其指标的威力。

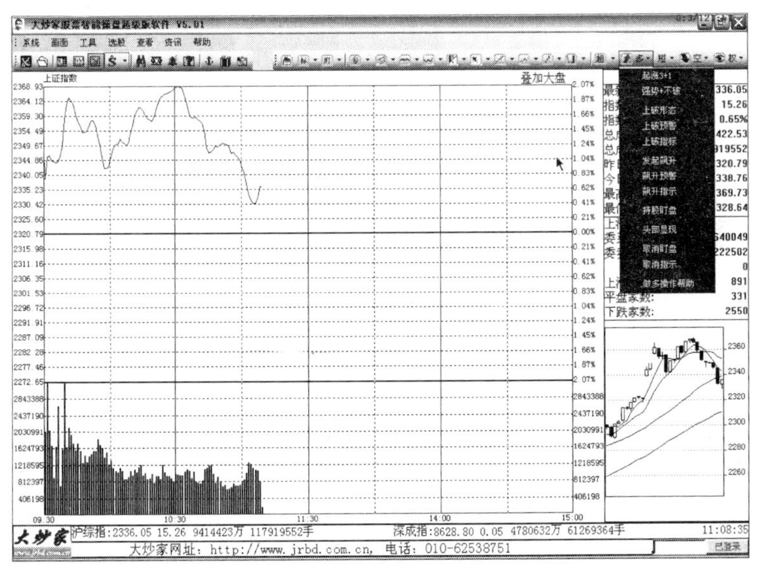

图 3-37 起涨 3+1 指标

省略显示“振幅和时间”，选出符合起涨 3+1 条件的个股(图 3-38)，留意武钢股份在第 24 位。

武钢股份(图 3-39)日线是标准的五弯十形态，分时走势(右下)也显示抗跌大盘前两波，第三波虽然跟着下来点，但整体看是个窄幅波动的走势，抗跌性比较强，不然怎么能被 3+1 的 1 选中。

武钢股份(图 3-40)后市随大盘走势波动，或者说大盘随他们占权重大的钢铁板块波动，虽有下探也未破选他时的低点，又是在钢铁板块的带动下，大盘后来强劲上扬，武钢股份上扬自然更加凌厉冲上涨板。

此次增设“起涨 3+1”指标，我部技术人员下了很大功夫，不仅在

大炒家股票智能操盘超级版软件 V5.01

	代码	名称	昨收	最新	涨幅↓	现手	最高	最低	总手	总额	均价	涨跌	振幅
1	SH600496	精工钢构	7.02	7.18	2.23%	116	7.23	6.95	60813	4316.75	7.10	0.16	3.99%
2	SH600731	湖南海利	4.46	4.56	2.24%	18	4.60	4.44	65228	2952.53	4.53	0.10	3.59%
3	SH600785	新华百货	14.00	14.10	0.71%	8	14.50	13.91	17323	2461.91	14.21	0.10	4.21%
4	SZ000515	攀渝钛业	13.55	13.80	1.85%	22	13.90	13.45	41645	5720.78	13.74	0.25	3.32%
5	SZ000569	长城股份	6.26	6.35	1.44%	12	6.40	6.21	85757	5427.48	6.33	0.09	3.04%
6	SZ002272	川润股份	21.70	22.10	1.84%	3	22.35	21.60	19278	4242.04	22.00	0.40	3.46%
7	SH600858	银座股份	17.70	18.00	1.69%	4	18.30	17.74	24400	4380.03	17.95	0.30	3.16%
8	SZ000860	顺鑫农业	13.38	13.58	1.49%	50	13.84	13.50	71185	9712.49	13.64	0.20	2.54%
9	SH600016	民生银行	5.02	5.13	2.19%	10	5.19	5.06	1842346	94519.41	5.13	0.11	2.59%
10	SH600036	招商银行	14.81	15.30	3.31%	37	15.57	14.96	1391652	213107.92	15.31	0.49	4.12%
11	SH600000	浦发银行	17.40	17.90	2.87%	253	18.17	17.46	591037	105725.73	17.89	0.50	4.08%
12	SH601328	交通银行	6.00	6.12	2.00%	351	6.22	6.03	655439	40191.44	6.13	0.12	3.17%
13	SH601939	建设银行	4.41	4.47	1.36%	2766	4.53	4.43	1356970	60933.67	4.49	0.06	2.27%
14	SZ000778	新兴铸管	7.23	7.34	1.52%	40	7.50	7.21	124949	9197.87	7.36	0.11	4.01%
15	SH600597	光明乳业	5.64	5.82	3.19%	24	5.98	5.78	121475	7115.02	5.86	0.18	3.55%
16	SZ002220	天宝股份	18.35	18.67	1.74%	3	19.18	18.60	17638	3330.04	18.88	0.32	3.16%
17	SZ002227	奥特迅	16.30	16.58	1.72%	10	16.93	16.48	21936	3660.82	16.69	0.28	2.76%
18	SZ000932	华菱钢铁	5.97	6.07	1.68%	72	6.21	6.02	324091	19792.30	6.11	0.10	3.18%
19	SH600019	宝钢股份	5.84	6.00	2.74%	193	6.09	5.91	1687819	101379.40	6.01	0.16	3.08%
20	SZ002014	永新股份	9.40	9.54	1.49%	9	9.74	9.41	28013	2684.57	9.58	0.14	3.51%
21	SH601166	兴业银行	19.51	20.30	4.05%	21	20.59	19.68	398046	80274.91	20.17	0.79	4.66%
22	SZ002223	鱼跃医疗	25.80	26.10	1.16%	10	26.80	25.81	10268	2710.33	26.40	0.30	3.84%
23	SH601398	工商银行	3.97	4.00	0.76%	225	4.07	3.98	2128800	85830.49	4.03	0.03	2.27%
24	SH600005	武钢股份	6.66	6.85	2.85%	138	6.97	6.70	1520845	104076.16	6.84	0.19	4.05%
25	SH601088	中国神华	21.96	22.24	1.28%	36	22.71	22.16	291483	65437.93	22.45	0.28	2.50%
26	SZ000723	美锦能源	13.93	14.16	1.65%	13	14.49	14.10	40504	5791.14	14.30	0.23	2.80%

沪综指:2336.40 15.61 9425098万 118065416手　深成指:8634.02 5.26 4787488万 61345572手　11:08:49

大炒家网址：http://www.jrbd.com.cn，电话：010-62538751

图 3-38　选出个股

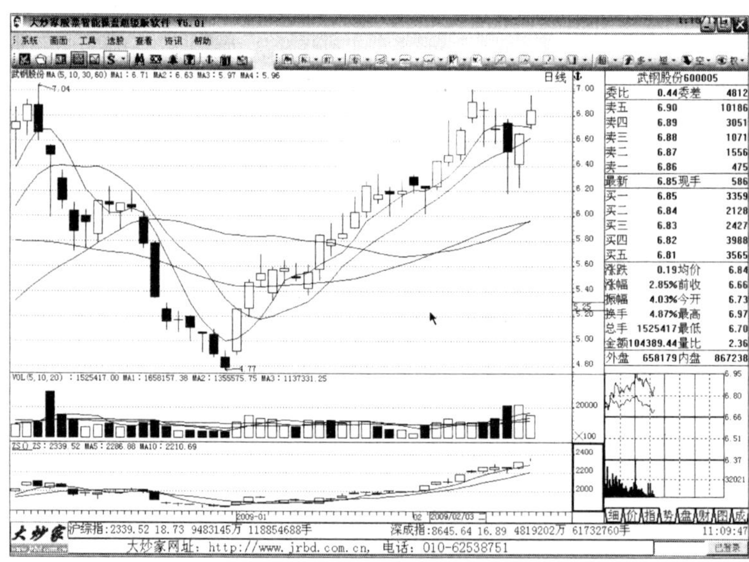

图 3-39　武钢股份

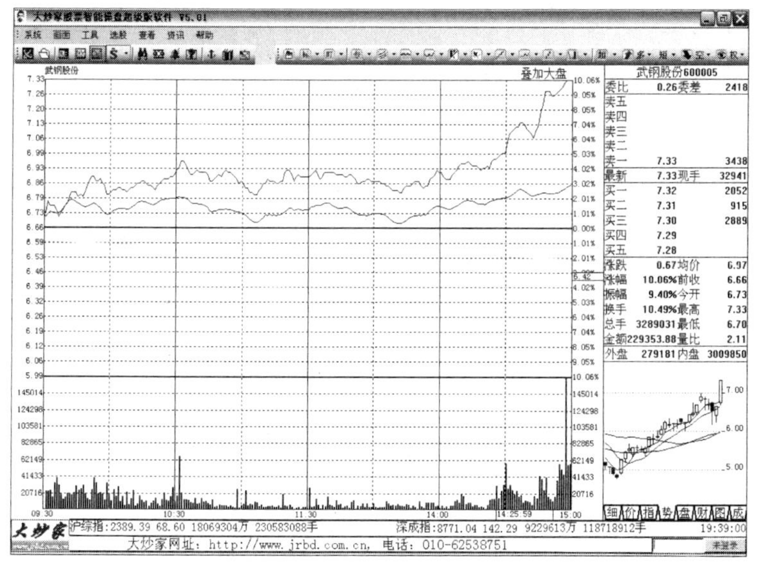

图 3-40　武钢股份后市

日线和分时的无缝衔接上，还有对原“蓄势形态”进行了大的修改和优化，创新添加了新的底层函数才得以把“起涨 3+1”中 3 的新“蓄势形态”编程的准确到位，达到 95%的成功率，也使所依据“蓄势形态”为基准的起涨 3+1”指标的精确度大为提高。如果把原“蓄势形态”比作是网捞鱼、大鱼小鱼鱼仔都捞上来的话，那么现在新“蓄势形态”是只捞大鱼不捞小鱼，相信用户用过升级版本后会有强烈的同感。少而精的视觉、大概率成功的选股让人好不享受。

以上两只个股走势时逢大盘走势处于盘头时期，若联系“四个层次”其中哪一项意识都些牵强，“选时”又不是个好时候，但就是“五弯十”的形态太完美了，分时走势不错还抗跌，又是自大形态第一天起涨，后市被打下来的概率很小，实在可以至少炒一把今买明卖的短线。由于操作此两例当时只是为验证“起涨 3+1”选股指标，所以未做跟踪盯盘。而在撰写“短线炒作套路及操作流程”赶上大盘和个股走势都调深了，无“起涨 3+1”个股可选，故借来演示。

在此再借用以前在网站首页“软件指标功能应用案例”中，展示利用“上破预警”功能选做的一只个股。“上破预警”相比“上破形态”

指标的好处是，只要开启“自动报出刚突破大形态”的个股，设上自动提醒的声音、发出令人振奋激昂的进军小号声，就是不看盘也无所谓，只要哒、哒小军号响出，赶紧前来查看就可以。真是：小军号哒哒响，钞票黄金等人抢，用户朋友快点来，误了时辰别埋怨。

2008 年 12 月 1 日，大盘早市低开走高后较大幅度回落，此时将早已开启的“上破预警”功能打开(图 3-41)，从被选入的个股中查看是否有抗跌又突破形态的股票。

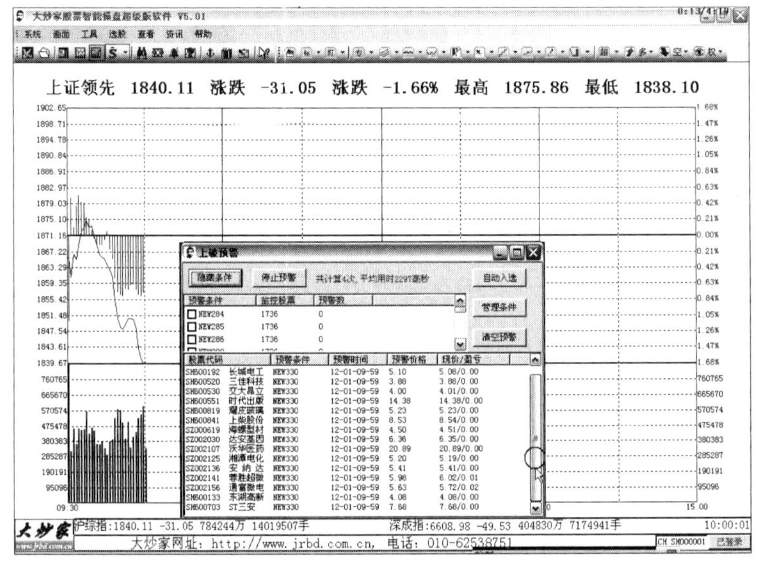

图 3-41 上破预警

近来大市稍暖，会有比较多的个股突破大形态起涨，被“上破形态”指标和“上破预警”功能选报出来，买进的时机仍当在大盘回调时为宜，即使早发现突破也要等回调时价低的好时候。

当点到框中的交大昂立时(图 3-42)，发现该股日线正当突破时，右下角的分时走势也像是在横盘，但为看究竟还是再展开一下分时。

交大昂立的分时走势果然在横盘(图 3-43)，展开分时看还可以和大盘走势相比较，这样更能出感觉。大盘在往下，交大昂立却在抗跌横盘，日线又是第一天上破起涨，所需条件都齐了，不买还考虑什么。

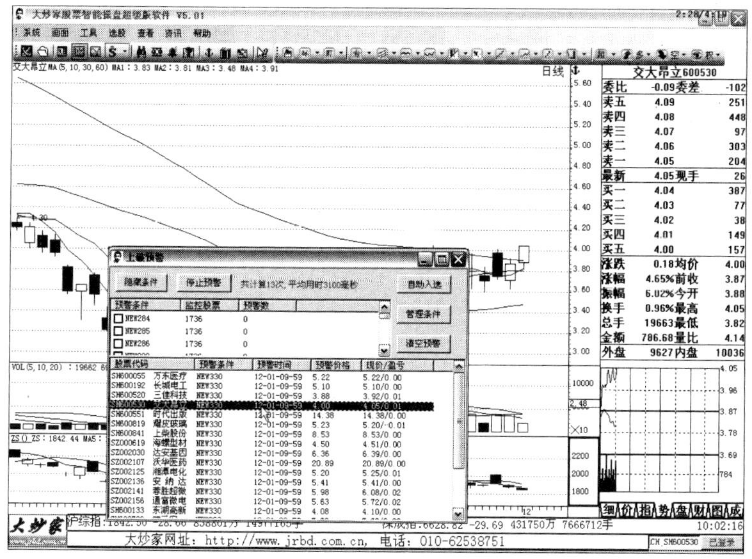

图 3–42　交大昂立

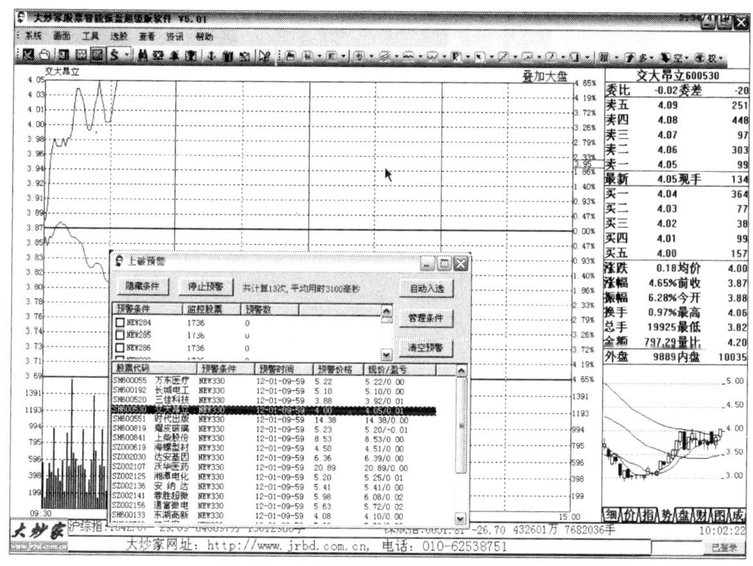

图 3–43　交大昂立分时

交大昂立后市顽强向上（图 3-44），不努力上涨行吗！第一天上涨用了那么多银子，又抗跌又拉升，难道后市再砸进去套自己不成。

今天“上破预警”功能，报出的有一大批个股都升至涨停，如东湖高新、东方创业、金证股份、霞客环保等等，真是小喇叭一响，黄金万两。

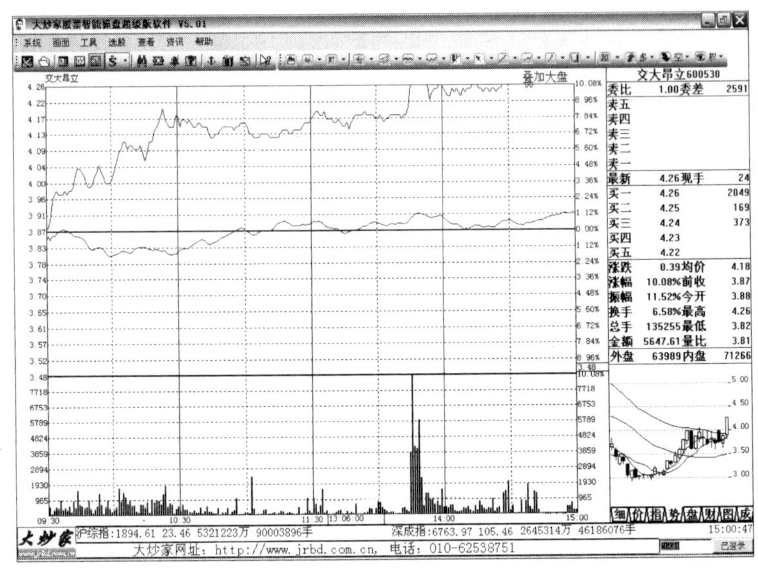

图 3-44　交大昂立后市

下面一例是最近利用“分时选横盘”功能选做短线操作个股的案例。

2009 年 3 月 4 日，大盘分时走势单边上扬、涨势如虹(图 3-45)，往往在这种情况下，有人因没买上票就慌神了，不知该怎么办了？还有人在等大盘回调下来时好选抗跌横盘的，殊不知就是干等不下来。其实这时不必再等，遇着这样单边上升势，盘中什么时候都可以选横盘股，因为有早涨也有晚涨的，大盘单边上扬也不是由一个板块从头带到尾，是板块轮动一波一波地带动。

选出无数只抗涨横盘的个股(图 3-46)，排到 4 点几涨幅的个股一大批。

查看到排第六位的中国平安(图 3-47)，发现其就在横盘小上，涨幅不是很大，4 个多点，早一点选就好了，那时正在横盘，不过现在也来得及，仍有不小上升空间，该股今天是“同态势”，大盘第一天反弹，他也是第一天涨，大盘很难下来，他也能不下而上。

抗涨横盘针对的是第一天上涨，切不要用在第二天抗涨横盘的走势上，前天的获利盘要随时闹事的，那可要等大盘回调看能不能抗跌再说。

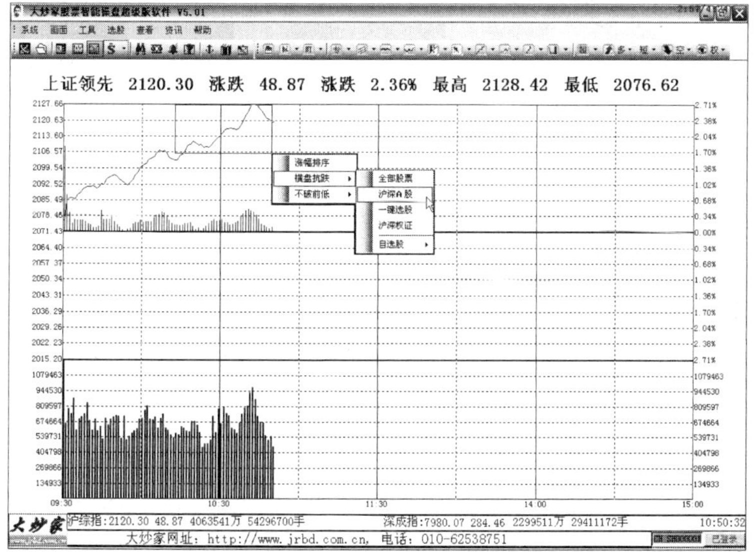

图 3-45 分时选横盘功能

	代码	名称	昨收	最新	涨幅↓	现手	最高	最低	总手	总额	均价	涨跌	振幅
1	SH600573	惠泉啤酒	6.33	6.66	5.21%	35	6.66	6.26	12628	820.48	6.50	0.33	6.32%
2	SH600381	ST贤成	4.22	4.43	4.98%	10	4.43	4.31	27363	1207.19	4.41	0.21	2.84%
3	SZ002217	联合化工	13.52	14.18	4.88%	7	14.25	13.65	14276	2003.68	14.04	0.66	4.44%
4	SZ000570	苏常柴A	4.45	4.66	4.72%	1	4.67	4.46	9562	438.82	4.59	0.21	4.72%
5	SH600215	长春经开	4.68	4.90	4.70%	10	4.95	4.70	140420	6820.58	4.86	0.22	5.34%
6	SH601318	中国平安	30.15	31.56	4.68%	330	31.84	30.45	179399	56073.79	31.26	1.41	4.61%
7	SZ000151	中成股份	4.54	4.75	4.63%	10	4.79	4.58	13135	620.19	4.72	0.21	4.63%
8	SZ002226	江南化工	19.80	20.71	4.60%	3	21.00	20.10	4720	975.71	20.67	0.91	4.55%
9	SZ002048	宁波华翔	5.28	5.52	4.55%	5	5.57	5.34	81363	4466.44	5.49	0.24	4.36%
10	SZ000407	胜利股份	7.67	8.01	4.43%	29	8.08	7.72	95920	7578.32	7.90	0.34	4.69%
11	SZ002161	远望谷	17.61	18.39	4.43%	5	18.55	17.69	6149	1121.96	18.25	0.78	4.88%
12	SZ002244	滨江集团	10.85	11.33	4.42%	4	11.50	11.00	18169	2059.86	11.34	0.48	4.61%
13	SH600586	金晶科技	11.99	12.52	4.42%	4	12.60	12.00	94737	11739.17	12.39	0.53	5.00%
14	SZ000861	海印股份	7.26	7.58	4.41%	90	7.58	7.19	12741	946.15	7.43	0.32	5.37%
15	SZ000014	沙河股份	7.72	8.06	4.40%	51	8.19	7.85	18772	1509.45	8.04	0.34	4.40%
16	SH600255	鑫科材料	4.09	4.27	4.40%	50	4.33	4.14	36184	1530.47	4.23	0.18	4.65%
17	SZ000969	安泰科技	15.23	15.90	4.40%	4	15.94	15.25	45050	7077.76	15.71	0.67	4.53%
18	SZ000058	ST赛格	2.73	2.85	4.40%	50	2.86	2.73	46417	1309.45	2.82	0.12	4.76%
19	SZ002243	通产丽星	7.76	8.10	4.38%	5	8.14	7.81	7479	598.70	8.00	0.34	4.25%
20	SH600275	*ST昌鱼	2.29	2.39	4.37%	3	2.40	2.30	48684	1152.76	2.37	0.10	4.37%
21	SZ000716	ST南方	3.23	3.37	4.33%	10	3.39	3.26	18073	606.36	3.36	0.14	4.02%
22	SH600376	首开股份	10.40	10.85	4.33%	15	10.96	10.52	48211	5215.59	10.82	0.45	4.23%
23	SZ000838	国兴地产	5.78	6.03	4.33%	11	6.08	5.85	17404	1038.26	5.97	0.25	3.98%
24	SH600755	厦门国贸	11.61	12.11	4.31%	86	12.18	11.70	50944	6098.05	11.97	0.50	4.13%
25	SH600203	福日电子	5.11	5.33	4.31%	53	5.36	5.15	35011	1846.40	5.27	0.22	4.11%
26	SZ002137	实益达	6.52	6.80	4.29%	52	6.87	6.65	8832	599.51	6.79	0.28	3.37%

上海指数 深圳指数 建材 自选股 分时选股 做多选股 权证选股 做空选股

沪综指:2119.40 47.97 4070188万 54377836手 深成指:7980.21 284.59 2302876万 29451786手 10:50:52

大炒家网址：http://www.jrbd.com.cn，电话：010-62538751

图 3-46 选出横盘个股

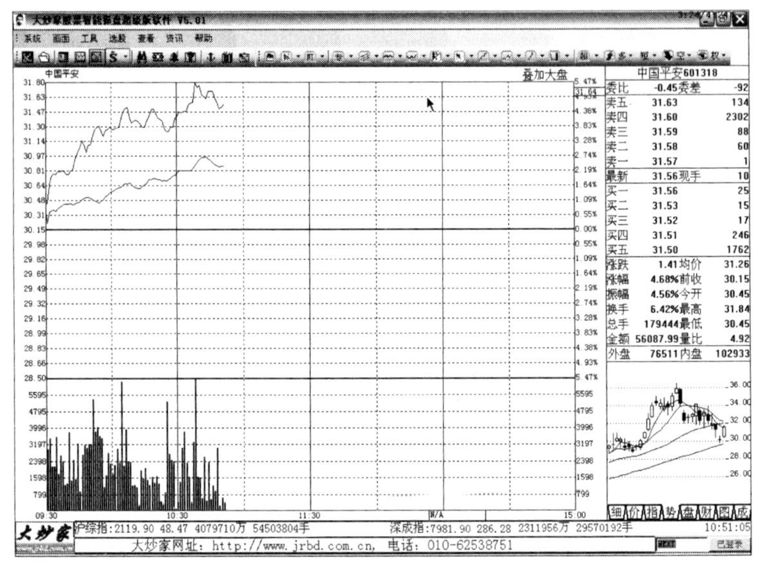

图 3-47 中国平安

可能是还没轮到中国平安(图 3-48)大涨，被赶回去了老实呆了一会。后市该股还是表现不俗，亦步亦趋步步台阶地升上了涨停。

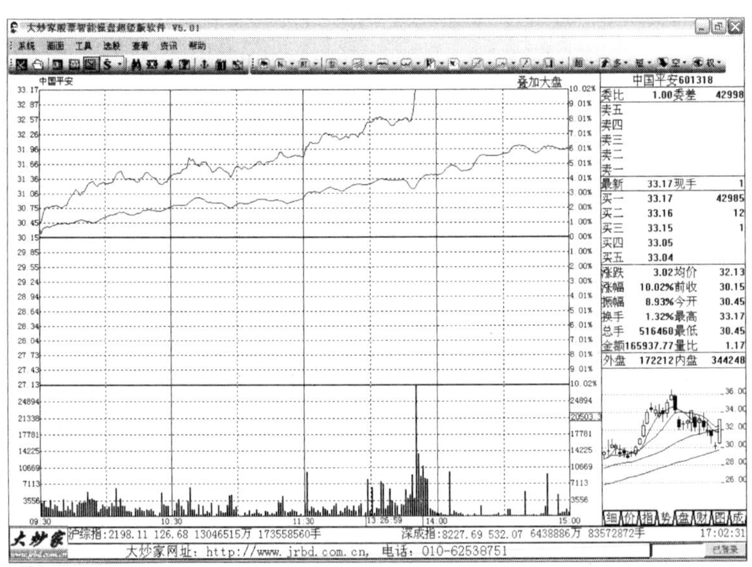

图 3-48 中国平安后市

别看今天大盘好、群股上，可就是有人在踏空，不涨不敢买、涨也不敢买，大盘不好埋怨、大盘好又恐高。为解决这些不知所措的矛盾，唯有用上大炒家软件来规范。规范不是只用来持股卖出，选股买入也能起到很大的提醒和督促的作用，不提强大而准确的功效，另有时间段上、选时大盘走势、时刻可用的分时选横盘等等人工操作不能为的方式方法。总之，随机利用上某个指标或功能，几乎都能撒网就有鱼上来。

考虑到中国平安下降两波，此次上涨先应视为反弹，因而以短线操作为宜，于是次日启用“5 分钟线盯盘”监控。当前市发现盯盘系统出现白框时(图 3-49)，不用犹豫地服从卖出，盯盘就是这点妙，不需人工操作伤脑筋的思前想后，还能卖出个大体高位。

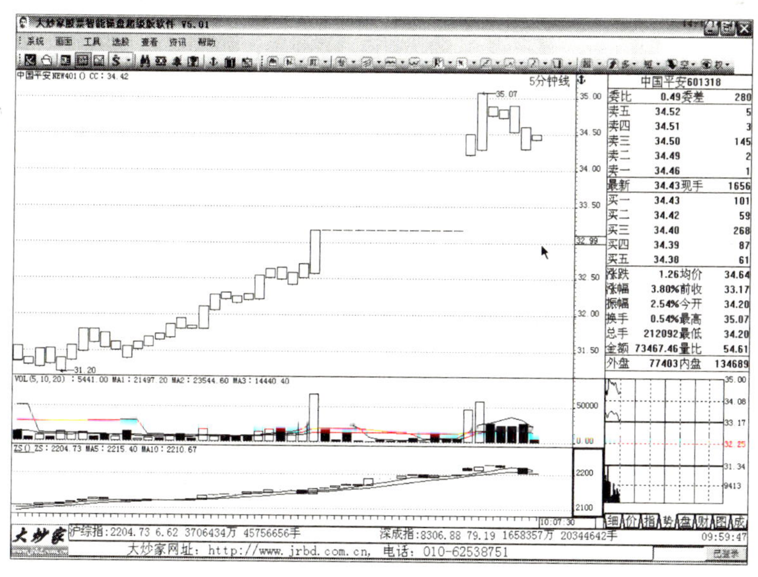

图 3-49　中国平安盯卖

有点要提示，当盯盘出现翻白时，分时走势在下跌中，刚跌即卖，若跌大等一下反弹，就像中国平安这时卖出，因盯盘赶上重新起涨 K 线，也许碰上寸劲在下跌的低位就显白，60 分钟线盯盘更是常遇这种事，做波段可不计较，但做短线要寸价必争，能多嫌一点是一点。

中国平安(图 3-50)后来又有走高，显然是翻白时卖低了，但短线操作不应这样患得患失，假如下次该卖不卖等走高再卖，可能就没有走

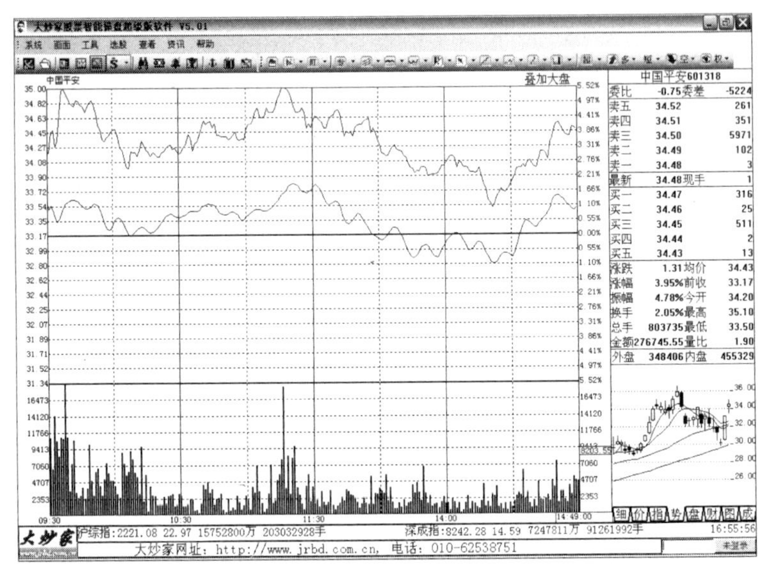

图 3-50 中国平安收市

高了，还可能打下去的更低，当天就有很多不走高接着下去的个股，上面举的大同煤业就没走高嘛。

该争的是刚才提到的翻白等反弹卖，虽然争取到的利小，但应等该争，后市不一定有的，虽然利大但不应等不该争，若嫌 5 分钟线盯盘赚少可改换 15 分钟线盯盘，不过要有得失的准备，有可能你碰上的个股，15 分钟线盯盘给你来个跌大的，再说不能老换盯盘时钟，要的就是统一规范，不要规范那就人工来吧，看能不能比软件更厉害。

第三天，中国平安(图 3-51)低开，反复振荡整理了一天，跟大盘的走势一样，明天大盘能否再上一步。

操作该股与“四个层次”意识、“选时”等策略都相吻合，要说是个什么走势什么形态呢？回调不是回调，跌破上升趋势下轨也下调过深，回升也暂不能定为回升，反弹不能完全说成是反弹，若后市创新高呢，但就是眼前值得炒一把，那就炒吧，炒完短线再说。

下面一组多例是利用“分钟线”指标选做短线操作的案例。

在一分钟线走势上利用“蓄势形态”指标选股，要求安排在早市的时间段里进行，大约在 9:40 时～10 时之间，具体依大盘当时分时走势为准。

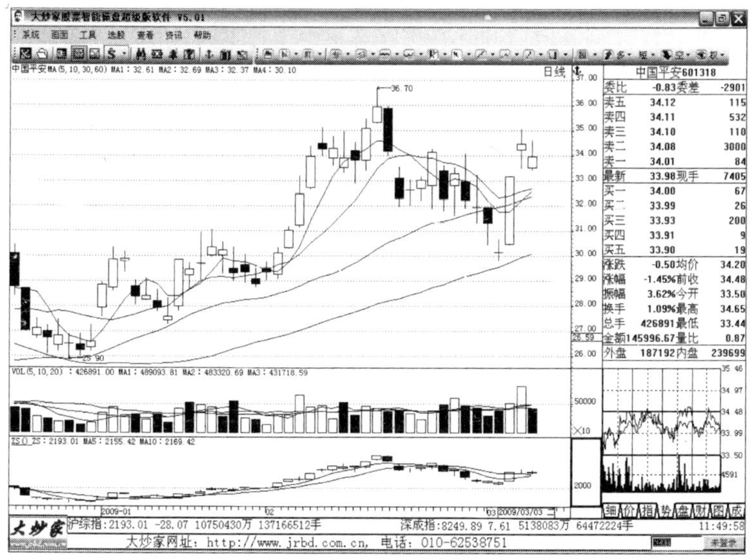

图 3-51　中国平安次日

2009 年 2 月 19 日，9 点 35 分钟，在大盘走势下调一波时，点击“短线操作”中的“日线大形态”(图 3-52)选股指标。

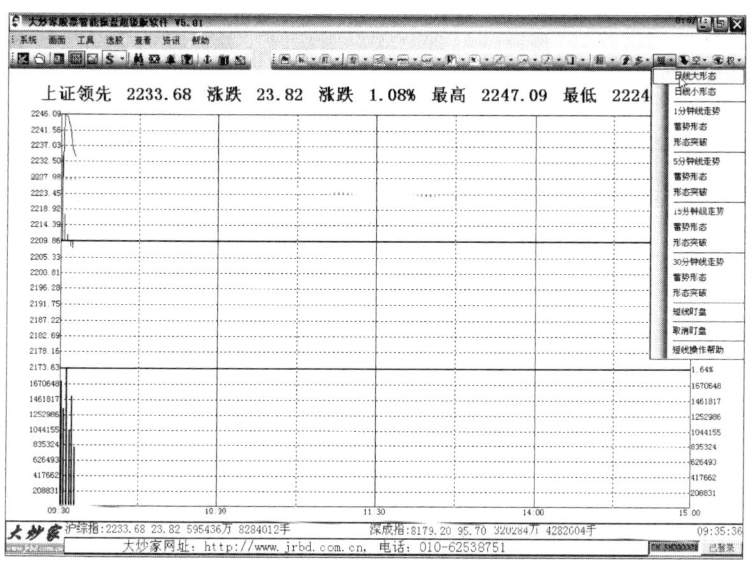

图 3-52　点击“日线大形态”

选出“日线大形态”即蓄势形态后，点击“1分钟线走势”(图3-53)，改日线为1分钟线走势。

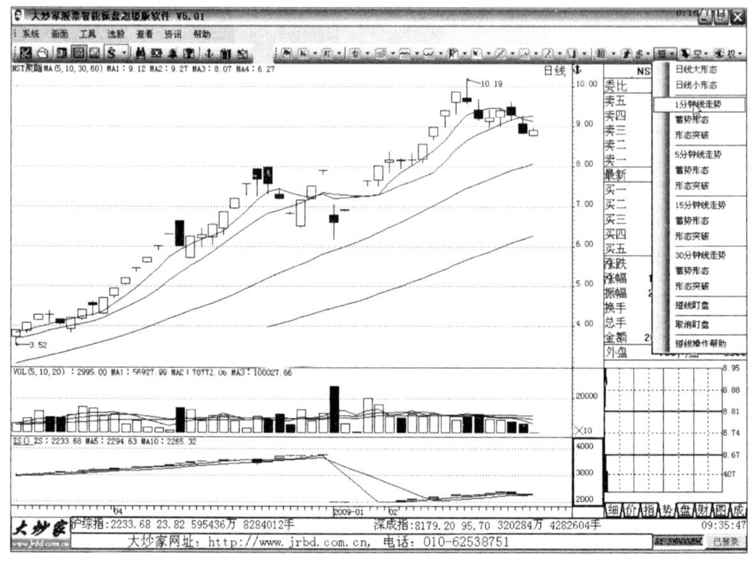

图3-53 点“1分钟走势”

在某个股1分钟线上，点“蓄势形态”指标(图3-54)，以选出1分钟线符合蓄势形态的个股。

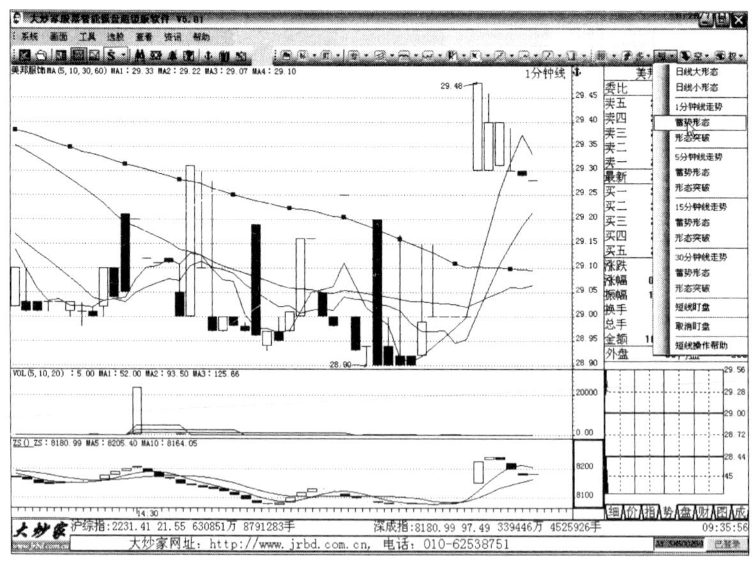

图3-54 启用“蓄势形态”指标

选出不少 1 分钟线蓄势形态的个股(图 3-55)，时间紧任务重赶快从中查看。

	代码	名称	昨收	最新	涨幅↓	现手	最高	最低	总手	总额	均价	涨跌	振幅
1	SH600211	西藏药业	7.26	7.67	5.65%	223	7.95	7.60	5717	441.80	7.73	0.41	4.82%
2	SH600588	用友软件	23.14	24.38	5.36%	82	24.66	24.13	3936	961.97	24.44	1.24	2.29%
3	SZ000823	超声电子	7.00	7.36	5.14%	669	7.50	7.27	38978	2863.49	7.35	0.36	3.29%
4	SZ002052	同洲电子	9.40	9.88	5.11%	349	9.93	9.80	10221	1010.17	9.88	0.48	1.38%
5	SH600845	宝信软件	18.10	19.00	4.97%	186	19.00	18.53	1292	243.65	18.86	0.90	2.60%
6	SZ002049	晶源电子	6.15	6.44	4.72%	622	6.54	6.41	8102	523.99	6.47	0.29	2.11%
7	SZ000748	长城信息	6.42	6.72	4.67%	383	6.79	6.69	17234	1159.07	6.73	0.30	1.56%
8	SZ000682	东方电子	3.23	3.38	4.64%	1484	3.47	3.35	30016	1023.05	3.41	0.15	3.72%
9	SZ002138	顺络电子	12.80	13.39	4.61%	27	13.70	13.25	2730	366.78	13.44	0.59	3.52%
10	SH600990	四创电子	15.10	15.74	4.24%	128	15.78	15.49	1342	210.64	15.70	0.64	1.92%
11	SZ002129	中环股份	8.10	8.44	4.20%	108	8.53	8.38	7532	635.98	8.44	0.34	1.85%
12	SZ002195	海隆软件	12.59	13.11	4.13%	260	13.23	13.08	2826	371.29	13.14	0.52	1.19%
13	SH600522	中天科技	11.45	11.92	4.10%	188	12.00	11.85	4253	507.74	11.94	0.47	1.31%
14	SZ000851	高鸿股份	5.62	5.85	4.09%	336	6.10	5.81	12226	723.01	5.91	0.23	5.16%
15	SH600742	一汽四环	10.03	10.43	3.99%	491	10.50	10.20	4878	506.20	10.38	0.40	2.99%
16	SH600100	同方股份	13.95	14.50	3.94%	3470	14.68	14.50	56909	8295.40	14.58	0.55	1.29%
17	SZ002017	东信和平	7.88	8.19	3.93%	230	8.25	8.01	2579	209.88	8.14	0.31	3.05%
18	SH600360	华微电子	5.04	5.23	3.77%	1518	5.34	5.20	25422	1338.15	5.26	0.19	2.78%
19	SH600355	精伦电子	3.73	3.87	3.75%	1259	3.90	3.85	6692	259.25	3.87	0.14	1.34%
20	SH600764	中电广通	4.58	4.75	3.71%	206	4.85	4.69	3606	172.27	4.78	0.17	3.49%
21	SH600584	长电科技	4.34	4.50	3.69%	3606	4.62	4.50	94048	4287.08	4.56	0.16	2.76%
22	SZ002008	大族激光	7.73	8.01	3.62%	1463	8.15	8.01	37251	3009.60	8.08	0.28	1.81%
23	SZ002232	启明信息	16.40	16.98	3.54%	211	17.30	16.90	2409	412.59	17.13	0.58	2.44%
24	SH600756	浪潮软件	5.74	5.94	3.48%	552	6.03	5.91	11355	678.49	5.98	0.20	2.09%
25	SH600487	亨通光电	13.00	13.45	3.46%	200	13.59	13.39	4568	617.20	13.51	0.45	1.54%
26	SH600777	新潮实业	3.50	3.62	3.43%	352	3.65	3.52	10127	366.66	3.62	0.12	3.71%

图 3-55　选出“蓄势形态”个股

查看到同达创业(图 3-56)发现，该股 1 分钟线蓄势形态在盘整，股价走势强于大盘，图下方显示的是大盘 1 分钟线走势，还在下跌中，同达创业似乎有上攻迹象。

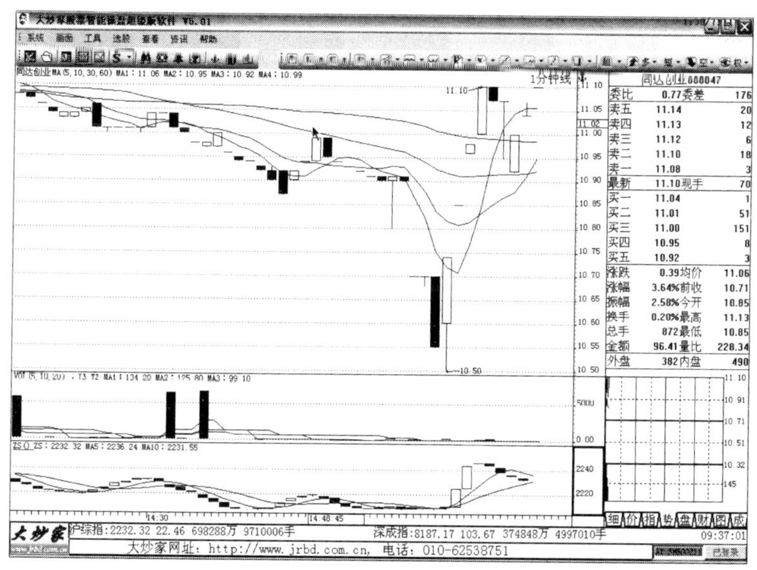

图 3-56　同达创业

可大盘只返上一点又连跌两波，好在同达创业能稳住横盘(图 57)，并在后市继续一定的抗跌，才有了尾市的直线强攻。

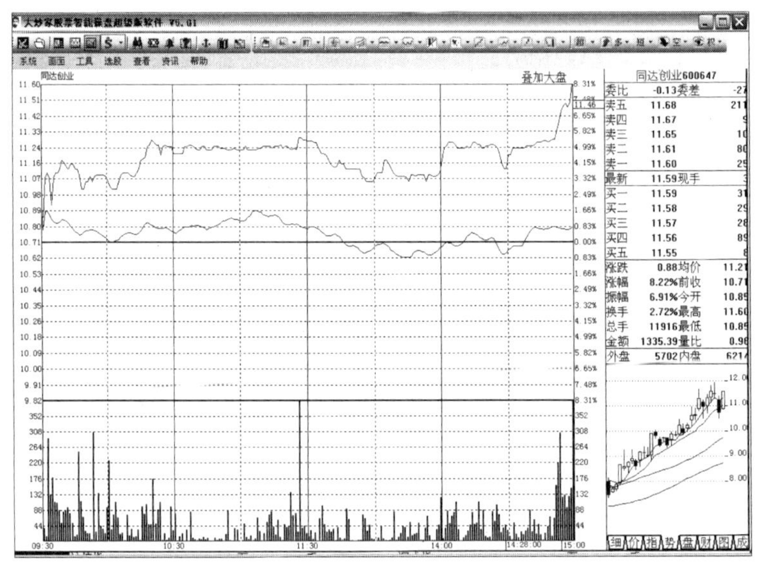

图 3-57　同达创业后市

次日，同达创业(图 3-58)开市后，就将短线持股盯盘设为 5 分钟线，翻白于 9 点 51 时出现可卖出，开市虽有高点但得按规则办。

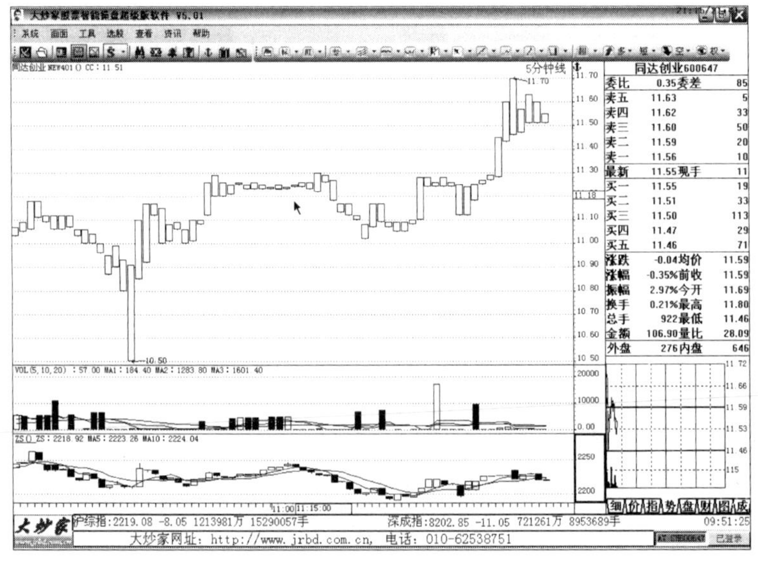

图 3-58　同达创业盯卖

短线操作今买明卖，持股盯盘设在5分钟线为宜，下面有更多的案例验证。

同达创业(图3-59)一天走势小幅振荡，盘中虽出现高一点价位，但浪费时间不干别的盯着实属不值。

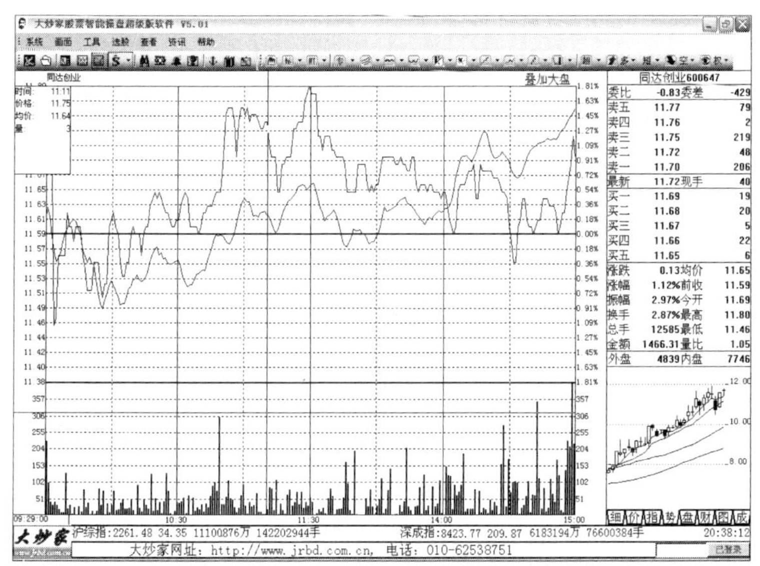

图3–59 同达创业收市

早市抗跌横完盘就能上涨，上涨了就表示出起涨的意愿，冒了头再缩回的可能性不大，但仅早市短时的“蓄势形态”，也不足以决定后市大涨，不过起码这个涨点后市不会轻易下穿。因此，可以说，这是个股走势有时有、有时没有的价位较低的第一买点，虽后市也有上升至涨停板的，但与前市、中市、后市的“蓄势形态”相比，显得基础态势单薄，后市的不确定因素也在很长的时间里考验着。也正基于此，在以后的时间段里不再设启一分钟线“蓄势形态”，以免走高后架子小擎不住股价。

早市“蓄势形态”如同分时早市横盘，若盘中又出现“蓄势形态”如同分时再次横盘，双蓄或双横就更应增加信心买进。

除以上叙述外，这种早市买入与次日卖出，在时间上也有冲突，总的来说，早市一分钟线蓄势形态买进，不作为全天操作主要依赖的手法，在日线同态势或个股形态非常完美情况下可用外，还是多靠五分钟线以上蓄势形态买进个股，那相对更稳定的态势对大涨个股的预期把握也大一些。

在5分钟线走势上利用“蓄势形态”指标选股，要求安排在前市的时间段里进行，2009年2月16日，大约在10时～11时之间，具体依大盘当时分时走势为准。

当大盘前市下跌两波时(图3-60)，准备启用“短线操作”中5分钟线“蓄势形态”指标，于是，先点“日线大形态”。

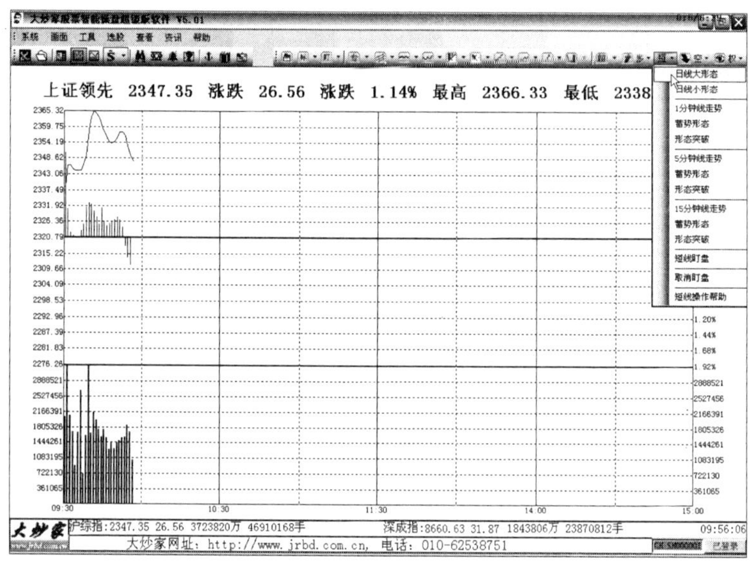

图3-60 日线大形态

点“5分钟线走势”(图3-61)，不用说也是为了把“日线大形态”选出的个股的日线走势变为5分钟线走势。

点出个股5分钟线走势，再点“蓄势形态”(图3-62)就把基础是日线蓄势形态，但此时不是5分钟线走势的蓄势形态的个股被剔出去了。

	代码	名称	昨收	最新	涨幅↓	现手	最高	最低	总手	总额	均价	涨	
1	SZ000625	长安汽车	3.67	4.04	10.08%	5	4.04	4.04	635	25.66	4.04		
2	SH601808	中海油服	13.91	14.69	5.61%	201	14.85	14.60	55827	8201.37	14.69		
3	SZ002258	利尔化学	18.77	19.57	4.26%	5	19.76	18.79	5215	1008.69	19.34		
4	SH600231	凌钢股份	6.18	6.43	4.05%	72	6.51	6.22	70548	4485.65	6.36		
5	SH600282	南钢股份	4.13	4.29	3.87%	12	4.32	4.16	82545	3513.36	4.26		
6	SZ000898	鞍钢股份	8.80	9.11	3.52%	578	9.19	8.81	190384	17175.60	9.02		
7	SZ002268	卫士通	23.09	23.80	3.07%	5	24.15	23.00	3954	930.02	23.52		
8	SZ001696	宗申动力	9.18	9.46	3.05%	87	9.50	9.27	23353	2198.78	9.42		
9	SH600001	邯郸钢铁	4.40	4.54	3.18%	399	4.55	4.42	209681	9391.08	4.48		
10	SH600036	招商银行	14.81	15.27	3.11%	533	15.40	14.96	581535	88378.78	15.20		
11	SH600691	*ST东碳	4.65	4.79	3.01%	10	4.88	4.66	10683	515.79	4.83		
12	SH600005	武钢股份	6.66	6.85	2.85%	102	6.90	6.70	614172	41788.77	6.80		
13	SZ000001	深发展A	13.61	14.02	3.01%	1330	14.14	13.68	117506	16439.72	13.99		
14	SH600019	宝钢股份	5.84	6.00	2.74%	490	6.04	5.91	677080	40514.03	5.98		
15	SH600015	华夏银行	9.57	9.82	2.61%	80	9.97	9.68	193050	19033.17	9.86	0.25	3.03%
16	SH600597	光明乳业	5.64	5.78	2.48%	211	5.98	5.78	59389	3483.51	5.87	0.14	3.55%
17	SH600888	新疆众和	11.73	12.03	2.56%	35	12.06	11.73	11823	1399.12	11.83	0.30	2.81%
18	SH600188	兖州煤业	11.37	11.66	2.55%	15	11.73	11.54	62738	7308.07	11.65	0.29	1.67%
19	SH600971	恒源煤电	17.69	18.13	2.49%	27	18.40	17.95	12085	2198.38	18.19	0.44	2.54%
20	SH600000	浦发银行	17.40	17.82	2.41%	52	17.96	17.46	199734	35373.45	17.71	0.42	2.87%
21	SH600456	宝钛股份	18.68	19.14	2.46%	109	19.36	18.88	26181	5013.56	19.15	0.46	2.57%
22	SZ002220	天宝股份	18.35	18.80	2.45%	36	19.18	18.60	9065	1717.91	18.95	0.45	3.16%
23	SH600268	国电南自	13.52	13.85	2.44%	29	13.98	13.61	9790	1354.76	13.84	0.33	2.74%
24	SH600582	天地科技	16.00	16.40	2.50%	21	16.56	16.10	13963	2278.71	16.32	0.40	2.87%
25	SZ002245	澳洋顺昌	17.59	18.01	2.39%	8	18.24	17.62	6326	1130.33	17.87	0.42	3.52%
26	SZ000061	农产品	15.93	16.30	2.32%	73	16.70	15.82	32295	5296.91	16.40	0.37	5.52%

图 3-61　点 5 分钟线走势

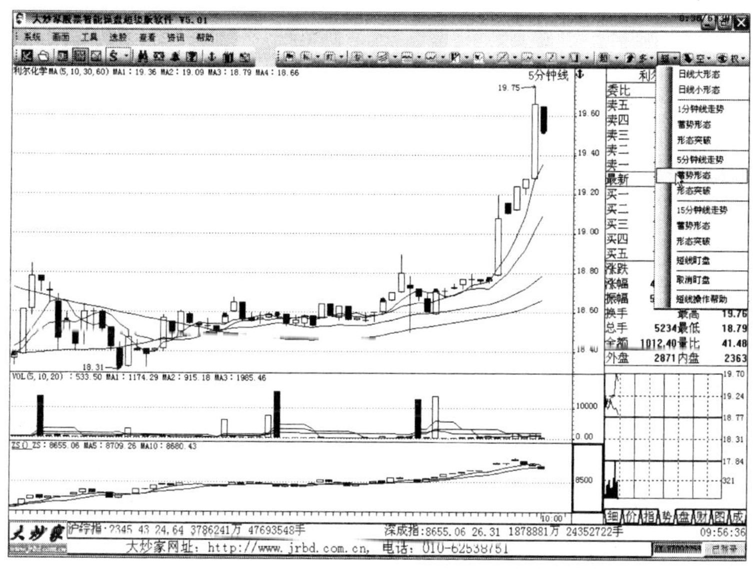

图 3-62　点“蓄势形态”

选出 5 分钟线符合“蓄势形态”条件的个股(图 3-63)。

排在第一个的中海油服(图 3-64)，5 分钟 K 线齐整地像一面墙，悬在跳空大缺口之上，在大盘下跌两波后竟能立而不倒，大盘回升在即，买入时机不可待。

前市抗跌横完盘应能上涨，一上涨就又红高了一截，不是过调整前

大炒家股票智能操盘超级版软件 V5.01

	代码	名称	昨收	最新	涨幅↓	现手	最高	最低	总手	总额	均价	涨跌	振幅
1	SH601808	中海油服	13.91	14.70	5.68%	680	14.85	14.60	57256	8411.36	14.69	0.79	1.80%
2	SZ002258	利尔化学	18.77	19.51	3.94%	9	19.76	18.79	5253	1016.11	19.34	0.74	5.17%
3	SH600231	凌钢股份	6.18	6.40	3.56%	1904	6.51	6.22	72703	4623.72	6.36	0.22	4.69%
4	SZ002268	卫士通	23.09	23.88	3.42%	20	24.15	23.00	3984	937.18	23.53	0.79	4.98%
5	SZ000898	鞍钢股份	8.80	9.11	3.52%	3776	9.19	8.81	195640	17654.18	9.02	0.31	4.32%
6	SH600282	南钢股份	4.13	4.27	3.39%	100	4.32	4.16	84305	3588.66	4.26	0.14	3.87%
7	SH600001	邯郸钢铁	4.40	4.54	3.18%	378	4.55	4.42	214384	9604.75	4.48	0.14	2.95%
8	SZ001696	宗申动力	9.18	9.46	3.05%	188	9.50	9.27	23764	2237.67	9.42	0.28	2.51%
9	SH600691	*ST东碳	4.65	4.79	3.01%	3	4.88	4.66	10717	517.42	4.83	0.14	4.73%
10	SH600036	招商银行	14.81	15.26	3.04%	520	15.40	14.96	586601	89151.55	15.20	0.45	2.97%
11	SZ000001	深发展A	13.61	14.00	2.87%	39	14.14	13.68	120377	16841.88	13.99	0.39	3.38%
12	SH600005	武钢股份	6.66	6.84	2.70%	150	6.90	6.70	628917	42798.89	6.81	0.18	3.00%
13	SH600019	宝钢股份	5.84	6.00	2.74%	239	6.04	5.91	685730	41033.10	5.98	0.16	2.23%
14	SH600597	光明乳业	5.64	5.79	2.66%	5	5.98	5.78	59832	3509.19	5.87	0.15	3.55%
15	SH600015	华夏银行	9.57	9.81	2.51%	358	9.97	9.68	197005	19421.33	9.86	0.24	3.03%
16	SH600100	同方股份	15.56	15.92	2.31%	84	16.49	15.89	150882	24538.17	16.26	0.36	3.86%
17	SZ002245	澳洋顺昌	17.59	18.01	2.39%	49	18.24	17.62	6498	1161.29	17.87	0.42	3.52%
18	SH600582	天地科技	16.00	16.38	2.37%	8	16.56	16.10	14035	2290.51	16.32	0.38	2.87%
19	SH600188	兖州煤业	11.37	11.64	2.37%	11	11.73	11.54	64305	7490.63	11.65	0.27	1.67%
20	SH600268	国电南自	13.52	13.84	2.37%	6	13.98	13.61	9838	1361.41	13.84	0.32	2.74%
21	SH600000	浦发银行	17.40	17.82	2.41%	1988	17.96	17.46	204565	36233.93	17.71	0.42	2.87%
22	SH600971	恒源煤电	17.69	18.10	2.32%	10	18.40	17.95	12899	2345.77	18.19	0.41	2.54%
23	SH600456	宝钛股份	18.68	19.11	2.30%	100	19.36	18.88	26490	5072.63	19.15	0.43	2.57%
24	SH600888	新疆众和	11.73	12.00	2.30%	100	12.06	11.73	12443	1473.63	11.84	0.27	2.81%
25	SH601166	兴业银行	19.51	19.95	2.26%	62	20.13	19.68	131748	26278.73	19.95	0.44	2.31%
26	SZ002220	天宝股份	18.35	10.75	2.18%	24	19.18	18.60	9116	1727.48	18.95	0.40	3.16%

上海指数 深沪A股 电力 自选股 一键选股 做多选股 权证选股 做空选股

沪综指:2345.35 24.56 3792717万 47770548手 深成指:8651.14 22.38 1889765万 24485748手 09:56:41

大炒家网址：http://www.jrbd.com.cn，电话：010-62538751

图 3-63 选出“蓄势形态”个股

图 3-64 中海油服

高，就是填满了调整的空间，充分显出上攻的势头，挺起腰板再哈下腰的可能性不大了，继续做伸展运动乃至上至涨停也不为鲜见。但以此预断后市大涨不下也不见得，毕竟后市风云难测，还有挺长时间要熬，不过起码这个涨点后市不会轻易下穿，哪怕下穿了也不会损失多少，利大于风险颇值得一搏。因此可以说，这是个股走势价位不高的买点，比早市“蓄势形态”有把握，但比中、后市的“蓄势形态”大上难下相比，尚有不确定因素需接受考验，因而其安全性稍逊一筹。基于考虑后面再出现蓄势形态就不是第一个台阶了，上第二、三个台阶无疑风险加大，所以在 11 点以后的时间段里不再设启五分钟线“蓄势形态”指标。

选出没多会儿，中海油服(图 3-65)就直冲涨停板，若资金都打上了可以走人了，后市再没事可以钓鱼去了。

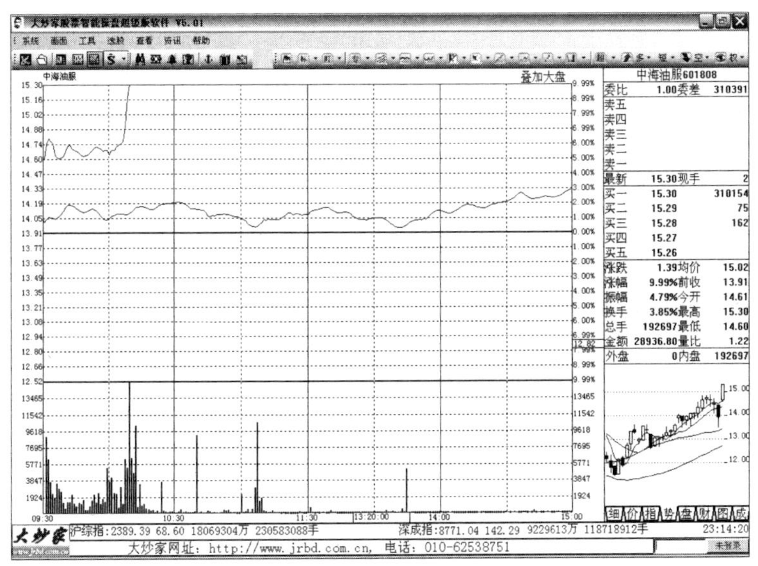

图 3-65　中海油服后市

次日，将中海油服(图 3-66)设为五分钟盯盘，该股早市上涨两波盯盘显红，后受大盘回落影响急下，盯盘显出翻白卖出。

中海油服(图 3-67)盘中有反复，也曾高过早卖点，但也没走高多少，收市以低于早盯盘翻白点位盘结。

在 15 分钟线走势上利用“蓄势形态”指标选股，要求安排在中市的时间段里进行，大约在 11 时～13:30 时之间，具体依大盘当时分时走势为准。

因为中市形成的“蓄势形态”比前市时间长些，形成的“蓄势形态”较大而较稳固，如同分时走势选横盘在中、后市要求选较长时间以上的横盘一样，中、后市出现 1、5 分钟线走势的蓄势形态，很容易被

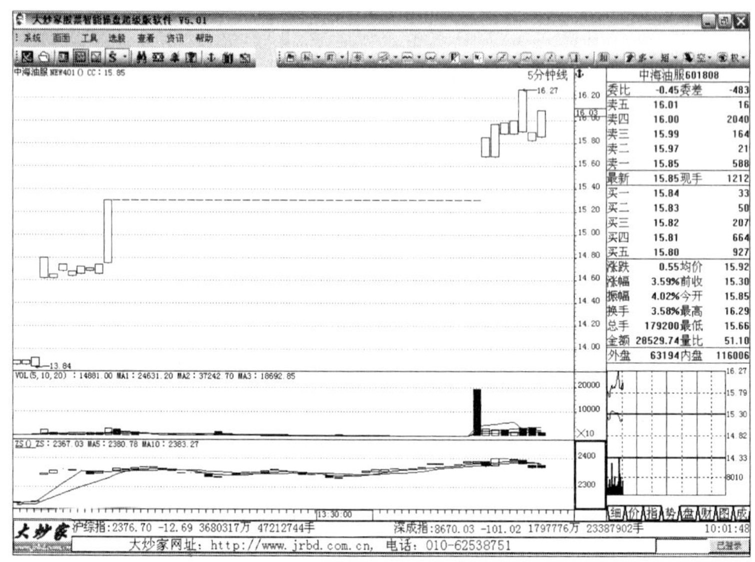

图 3-66 中海油服盯卖

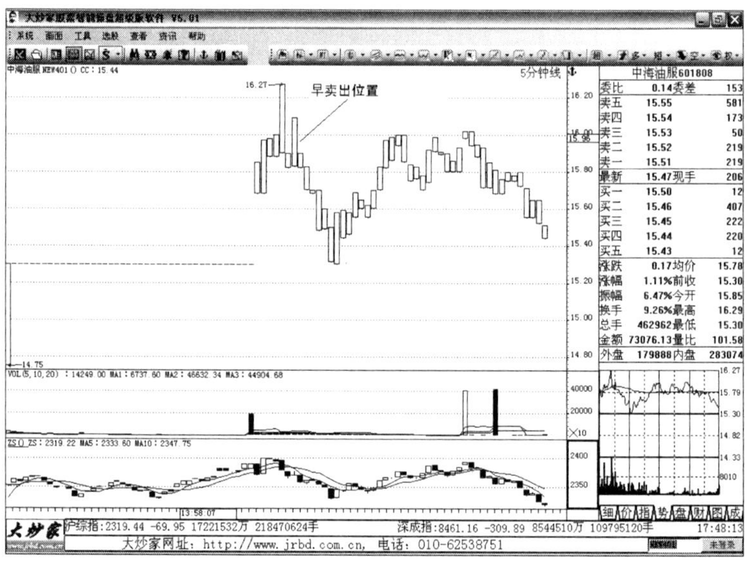

图 3-67 中海油服收市

大盘走弱砸下来，特别是那时已涨高了的走势。再说早、前市尚未形成15分钟线蓄势形态，那时不是在上涨中就是在下跌中或在形成整理形态，而整理小形态没有调整蓄势形态有支撑力度，故不作为分钟线走势选股依据。

2009年2月13日，下午开市不久，在大盘走势三小波下调时，点击“短线操作”中的“日线大形态”（图 3-68）选股指标。

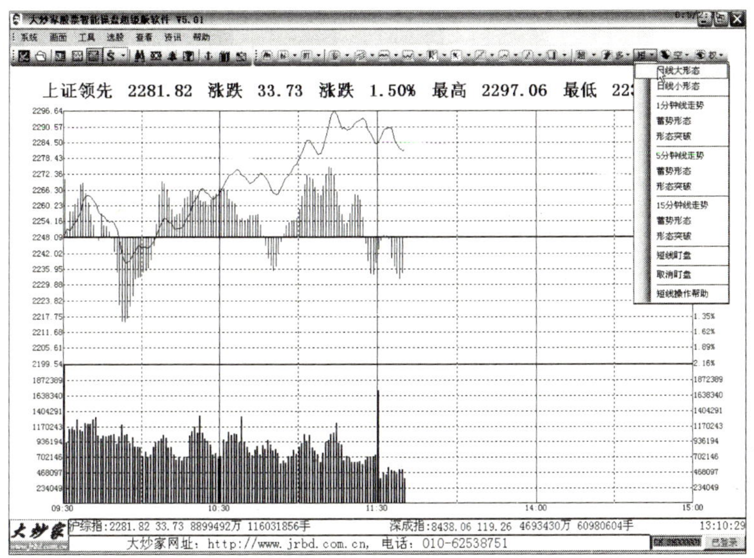

图 3-68 点击“日线大形态”

选出来日线走势符合“日线大形态”条件要求的个股（图 3-69），其中莱宝高科排在第 10 位。

大炒家股票智能操盘超级版软件 V5.01

	代码	名称	昨收	最新	涨幅↓	现手	最高	最低	总手	总额	均价	涨跌	振幅
1	SZ002205	国统股份	16.33	17.06	4.47%	3	17.46	16.80	20908	3589.68	17.17	0.73	4.04%
2	SZ000488	晨鸣纸业	7.30	7.60	4.11%	20	7.70	7.29	360113	27107.86	7.53	0.30	5.62%
3	SH600975	新五丰	7.60	7.90	3.95%	5	7.95	7.61	73732	5794.88	7.86	0.30	4.47%
4	SZ000570	苏常柴A	4.57	4.75	3.94%	210	4.79	4.49	43928	2040.65	4.65	0.18	6.35%
5	SZ002152	广电运通	29.98	31.16	3.94%	17	31.49	30.10	17270	5375.36	31.13	1.18	[illegible]
6	SH600068	葛洲坝	9.95	10.32	3.72%	6	10.44	9.95	143998	14783.18	10.27	0.37	4.92%
7	SZ000014	沙河股份	8.58	8.89	3.61%	20	9.10	8.60	48380	4322.63	8.93	0.31	5.83%
8	SH600486	扬农化工	31.10	32.20	3.54%	5	32.50	30.68	4905	1566.83	31.94	1.10	5.85%
9	SH600820	隧道股份	11.86	12.24	3.20%	4	12.30	11.85	109412	13212.10	12.08	0.38	3.79%
10	SH600780	通宝能源	4.40	4.54	3.18%	57	4.65	4.38	104301	4734.67	4.54	0.14	6.14%
11	SZ002106	莱宝高科	10.76	11.08	2.97%	110	11.24	10.61	73671	8148.59	11.06	0.32	5.86%
12	SZ000530	大冷股份	6.58	6.77	2.89%	50	6.85	6.56	51588	3474.76	6.74	0.19	4.41%
13	SH601318	中国平安	33.79	34.75	2.84%	2	35.51	33.40	308478	106053.05	34.38	0.96	6.24%
14	SH600603	ST兴 业	5.54	5.69	2.71%	386	5.77	5.50	24676	1397.98	5.67	0.15	4.87%
15	SZ000516	开元控股	8.13	8.35	2.71%	22	8.46	8.21	28526	2386.15	8.36	0.22	3.08%
16	SH600727	鲁北化工	5.77	5.92	2.60%	20	6.01	5.76	88025	5214.59	5.92	0.15	4.33%
17	SH600965	福成五丰	6.02	6.17	2.49%	11	6.20	6.00	69952	4304.11	6.15	0.15	3.32%
18	SZ002268	卫士通	22.41	22.96	2.45%	10	23.36	22.32	6857	1573.04	22.94	0.55	4.64%
19	SH600028	中国石化	8.59	8.80	2.44%	106	8.86	8.50	587100	50864.55	8.66	0.21	4.19%
20	SH600467	好当家	7.00	7.17	2.43%	212	7.35	6.98	146360	10522.64	7.19	0.17	5.29%
21	SH600257	洞庭水殖	4.13	4.23	2.42%	5	4.28	4.13	202020	8534.35	4.22	0.10	3.63%
22	SZ002103	广博股份	6.20	6.35	2.42%	13	6.40	6.15	23037	1450.10	6.29	0.15	4.03%
23	SH600075	新疆天业	7.98	8.17	2.38%	100	8.30	7.81	160753	13002.75	8.09	0.19	6.14%
24	SH601601	中国太保	15.29	15.65	2.35%	1	15.88	15.10	189571	29482.69	15.55	0.36	5.10%
25	SH600335	鼎盛天工	6.13	6.27	2.28%	6	6.32	6.09	87404	5437.97	6.22	0.14	3.75%
26	SZ000860	顺鑫农业	12.95	13.24	2.24%	6	13.37	12.82	70210	9209.01	13.12	0.29	4.25%

沪综指:2284.55 36.46 8906075万 116115120手　深成指:8441.45 122.64 4699184万 61050072手　13:10:36

大炒家网址：http://www.jrbd.com.cn，电话：010-62538751

图 3-69 选出“日线大形态”个股

点到某只个股，再点“15 分钟走势”就会将该股日线走势变为 15 分钟线走势(图 3-70)。

图 3–70 点 15 分钟走势

选出的个股走势变成十五分钟走势之后，既可以进行人工搜选“蓄势形态”个股，也可以利用“蓄势形态”指标直接快速选出来，有指标选当然省事，不过，若先选出日线大形态的个股不多，人工查很快就能完成，蓄势形态又不难认定，也就没大必要去麻烦用指标了。

这次日线大形态选出的个股多，就得用上“蓄势形态”指标选了，点击“蓄势形态”(图 3-71)。

这次又经过遍筛，具备 15 分钟线蓄势形态条件的个股少了一些(图 3-72)，莱宝高科仍在其中。

在逐查个股中，看到莱宝高科(图 3-73)正在盘整，可以作为重点关注。

当时，大盘处于一个关键时刻，日线走势本来已趋盘整，按常理不是没有盘头的可能，但在盘中前市分时走势上涨显强，在中市分时走势盘而不下，这些反常现象几乎预示着有顶压力而上的可能，正是基于此预期的考虑，于中市启用 15 分钟线“蓄势形态”指标选股，别在这个

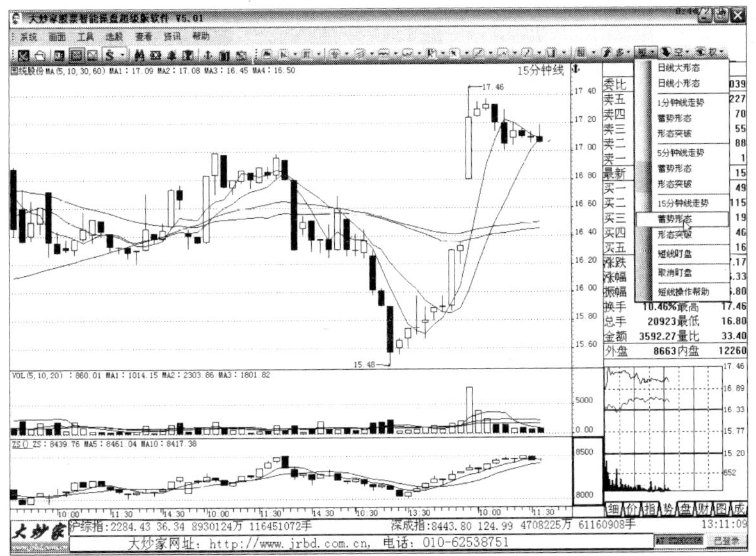

图 3–71　“蓄势形态”指标

	代码	名称	昨收	最新	涨幅↓	现手	最高	最低	总手	总额	均价	涨跌	振幅
1	SZ002205	国统股份	16.33	17.06	4.47%	15	17.46	16.80	20923	3592.27	17.17	0.73	4.04%
2	SZ000488	晨鸣纸业	7.30	7.60	4.11%	249	7.70	7.29	361074	27180.89	7.53	0.30	5.62%
3	SH600975	新五丰	7.60	7.90	3.95%	7	7.95	7.61	73906	5808.63	7.86	0.30	4.47%
4	SZ002152	广电运通	29.98	31.16	3.94%	6	31.49	30.10	17353	5401.23	31.13	1.18	4.64%
5	SH600068	葛洲坝	9.95	10.34	3.92%	25	10.44	9.95	144606	14846.00	10.27	0.39	4.92%
6	SZ000014	沙河股份	8.58	8.89	3.61%	10	9.10	8.60	48395	4323.97	8.93	0.31	5.83%
7	SH600486	扬农化工	31.10	32.15	3.38%	3	32.50	30.68	4908	1567.79	31.94	1.05	5.85%
8	SH600820	隧道股份	11.86	12.24	3.20%	40	12.30	11.85	109695	13246.74	12.08	0.38	3.79%
9	SZ002106	莱宝高科	10.76	11.08	2.97%	15	11.24	10.61	73692	8150.87	11.06	0.32	5.86%
10	SH600780	通宝能源	4.40	4.53	2.95%	10	4.65	4.38	104606	4748.49	4.54	0.13	6.14%
11	SH601318	中国平安	33.79	34.75	2.84%	35	35.51	33.40	309615	106448.11	34.38	0.96	6.24%
12	SH600603	ST兴 业	5.54	5.69	2.71%	386	5.77	5.50	24676	1397.98	5.67	0.15	4.87%
13	SH601601	中国太保	15.29	15.70	2.68%	63	15.88	15.10	190335	29602.43	15.55	0.41	5.10%
14	SH600727	鲁北化工	5.77	5.92	2.60%	13	6.01	5.76	88662	5252.31	5.92	0.15	4.33%
15	SZ000530	大冷股份	6.58	6.75	2.58%	174	6.85	6.56	51762	3486.50	6.74	0.17	4.41%
16	[illegible]	卫士通	[illegible]	22.97	2.50%	4	23.36	22.32	6872	1576.48	22.94	0.56	4.64%
17	SH600965	福成五丰	6.02	6.17	2.49%	10	[illegible]	[illegible]	69984	4306.09	6.15	0.15	3.32%
18	SZ000516	开元控股	8.13	8.33	2.46%	15	8.46	8.21	28547	2387.91	8.36	0.20	[illegible]
19	SH601988	中国银行	3.27	3.35	2.45%	199	3.38	3.24	1056243	34948.77	3.31	0.08	4.28%
20	SH600467	好当家	7.00	7.17	2.43%	11	7.35	6.98	146422	10527.08	7.19	0.17	5.29%
21	SZ002103	广博股份	6.20	6.35	2.42%	31	6.40	6.15	23068	1452.07	6.29	0.15	4.03%
22	SH600028	中国石化	8.59	8.79	2.33%	19	8.86	8.50	588419	50980.60	8.66	0.20	4.19%
23	SZ000860	顺鑫农业	12.95	13.25	2.32%	5	13.37	12.82	70385	9232.20	13.12	0.30	4.25%
24	SH600075	新疆天业	7.98	8.16	2.26%	4	8.30	7.81	160844	13010.18	8.09	0.18	6.14%
25	SZ002158	汉钟精机	11.45	11.70	2.18%	15	11.78	11.38	16134	1870.94	11.60	0.25	3.49%
26	SH600093	禾嘉股份	6.57	6.71	2.13%	42	6.87	6.58	163685	11072.83	6.76	0.14	4.41%

图 3–72　选出 15 分钟线“蓄势形态”个股

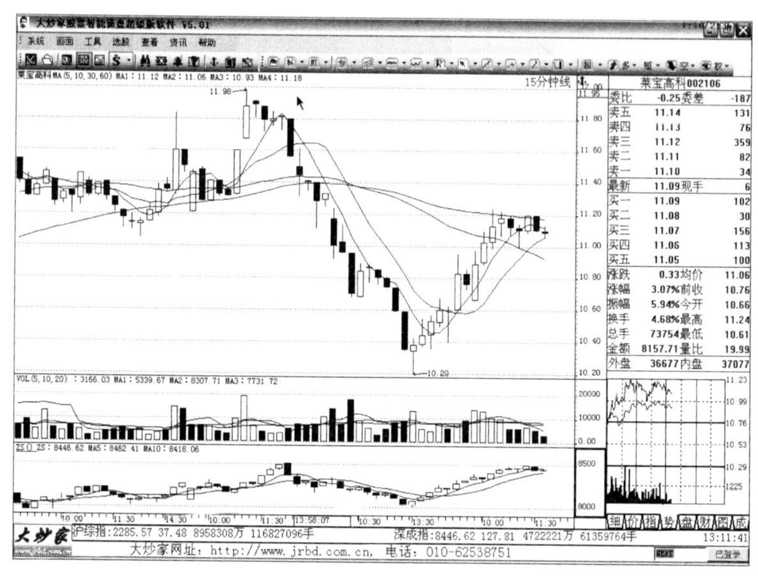

图 3-73　莱宝高科

时候踏空行情。

选出 15 分钟蓄势个股，要觉得某只好、特别是抗跌可当即买进，如需等等看放入自选股留察，接下去的任务是看住了别让其溜掉。

中市抗跌横完盘通常都要上涨的，冲上涨停乃常有之事，好不容易耗时筑起的 15 分钟线的“蓄势形态”，一旦身板都挺直了再折下来的可能性不大，前市不够时形成、于中市抗跌已久而形成，岂能前功尽弃不为之继续努力。但也不是绝对性地都能上升至涨板，涨多涨少取决于当时市道的强弱，可放心的是这个涨点后市难以下破。因此可以说，这时个股走势安全性胜于早、前市的买点，比前市“蓄势形态”稳定也更有盼头，但所处价位往往比前市买点高些。

莱宝高科(图 3-74)虽然后市也随大盘下了点，但也能再随并强于大盘上涨，尾市以涨停报收。大盘走势也由盘转上，由此开始不知能再上多高的行情。

次日开市，将莱宝高科(图 3-75)设为五分钟线盯盘，当 9:44 时 5 分钟线出白，这之前还一直翻红，如果有细心看分时(右下)，会觉察到大盘分时过前高而该股未过，大盘这时下弯该股也差不多会弯下去，这些人工观察有心则察，综合使用对盯盘卖出有帮助。

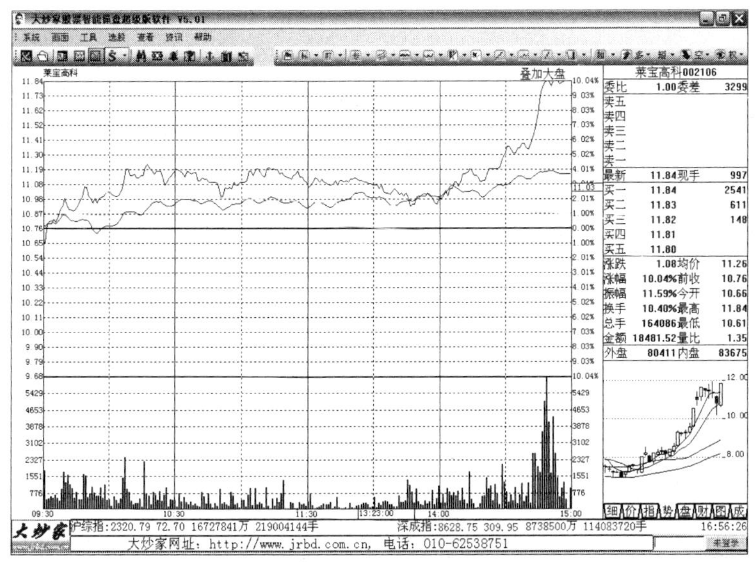

图 3–74　莱宝高科后市

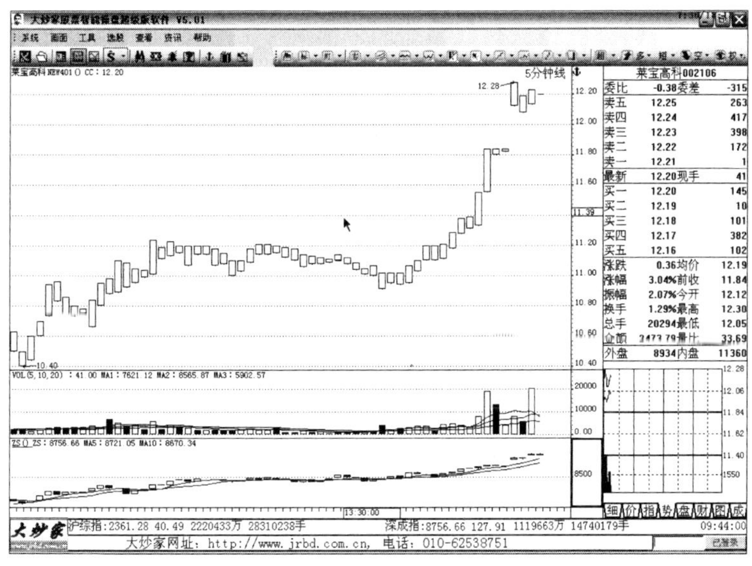

图 3–75　莱宝高科盯卖

莱宝高科(图 3-76)自五分钟线盯盘卖出的点位，其后随大盘跌下去不少，后来盘中虽有次冲高，没涨多大不说，但那是不可预知的，作为短线操作今买明卖策略已定，见不妙赶早卖是应该坚持的原则，省下时间去再选当天不整理走强大涨的个股。这天钢铁股大涨，卖了莱宝买

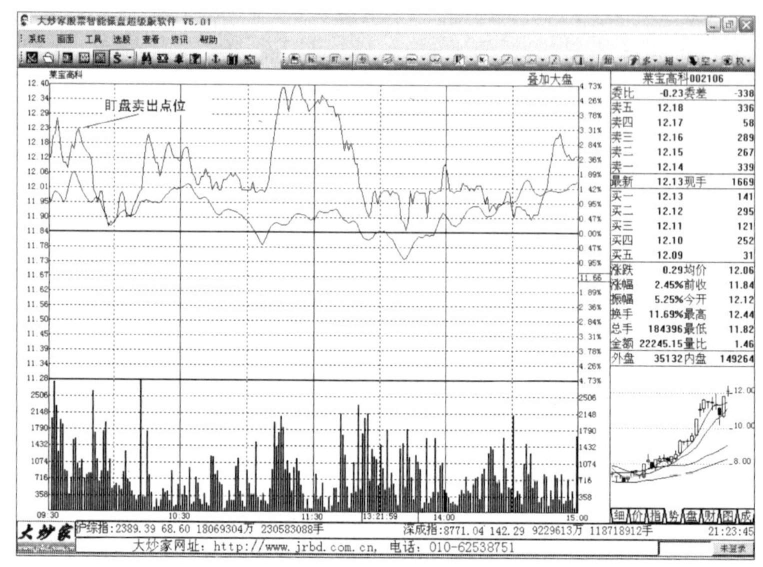

图 3-76 莱宝高科收市

了武钢，若不然仍捂着个宝不涨才窝火呢。

今买明卖“短线盯盘”设五分钟线为宜，设 1 分钟线太过敏感，像莱宝高科早市上涨下弯就翻白了，容易踏空返上或错失再能返过前高的赚头了，设 15 分钟线以上就晚了，又耽误时间。

2 月 19 日，盘中，大盘走势连着跌五、六波(图 3-77)，这时应启用十五分钟线“蓄势形态”指标选股，于是开头先点“日线大形态”。

选出个股后，直接点“蓄势形态”指标(图 3-78)，选出个股后查看。

江苏通润(图 3-79)15 分钟线蓄势形态显示是个平台盘整，这个平台无论跟下面的大盘 15 分钟线比，还是跟右下的个股与大盘分时走势相比，一比就比出了该股是多么抗跌，这个抗跌的平台能坍塌吗？大盘都下了这么多波没坍，难道再下一波就能坍吗？大盘还能下的没完没了吗？得出不能坍的结论就买上吧。

如拿不准再看看分时(图 3-80)，江苏通润的分时走势也受看的很，但不会看的也照样瞧不出个名堂，就是这个再简单不过的抗跌横盘，抗多波横盘，却让多少人不感冒而望而却步。

考察个股分钟线走势，同时结合再看一下分时走势，或倒过来考察个股分时走势，同时结合再看一下分钟线走势，这样固然好，能多相互

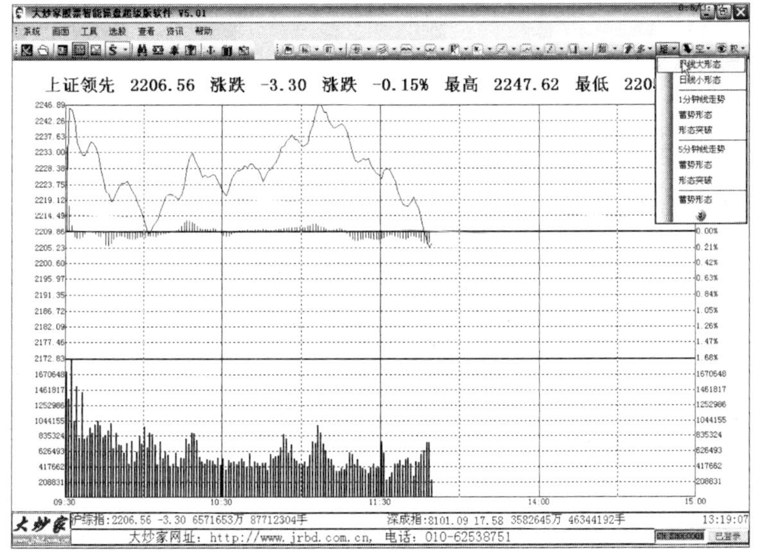

图 3-77 大盘连跌几波

	代码	名称	昨收	最新	涨幅	现手	最高	最低	总手	总额	均价	涨跌	
1	SH600259	NST聚酯	8.81	8.81		10	9.00	8.71	27840	2467.63	8.86		
2	SZ002267	陕天然气	13.60	13.64	0.29%	6	13.90	13.52	30362	4165.38	13.72	0	
3	SZ002264	新华都	19.70	19.76	0.30%	10	20.38	19.15	16089	3192.65	19.84	0	
4	SH600849	上海医药	8.45	8.44	-0.12%	7	8.62	8.39	24370	2075.32	8.52	-0	
5	SH600848	自仪股份	7.54	7.55	0.13%	7	7.87	7.51	19375	1487.57	7.68	0	
6	SH600846	同济科技	7.52	7.48	-0.53%	10	7.86	7.47	95113	7260.04	7.63	-0	
7	SH600845	宝信软件	18.10	19.05	5.25%	23	19.91	18.53	15988	3138.04	19.63	0	
8	SH600844	丹化科技	15.30	15.28	-0.13%	18	15.89	15.14	14729	2290.36	15.55	-0	
9	SH600841	上柴股份	11.09	11.14	0.45%	4	11.49	11.05	9798	1097.98	11.21	0	
10	SH600840	新湖创业	9.28	9.36	0.86%	5	9.61	9.24	42680	4027.30	9.44	0	
11	SH600838	上海九百	4.78	4.73	-1.05%	15	4.87	4.72	49510	2369.54	4.79	-0	
12	SH600835	上海机电	11.65	11.45	-1.72%	13	11.95	11.45	45321	5326.92	11.75	-0	
13	SH600834	申通地铁	7.69	7.69		10	7.82	7.65	19893	1540.70	7.74		
14	SH600833	第一医药	6.71	6.69	-0.30%	10	6.83	6.66	16243	1096.60	6.75	-0	
15	SH600832	东方明珠	8.74	8.70	-0.46%	107	8.97	8.69	153793	13558.89	8.82	-0	
16	SH600831	广电网络	9.67	9.61	-0.62%	171	10.04	9.60	40489	3993.57	9.86	-0	
17	SH600830	香溢融通	6.14	6.13	-0.16%	35	6.33	6.12	90900	5666.61	6.23	-0	
18	SH600827	友谊股份	10.96	10.98	0.18%	81	11.20	10.93	21771	2406.26	11.05	0.02	2.46%
19	SH600826	兰生股份	10.23	10.19	-0.39%	51	10.48	10.04	29716	3052.80	10.27	-0.04	4.30%
20	SH600825	新华传媒	15.39	15.50	0.71%	50	15.65	15.38	14697	2279.64	15.51	0.11	1.75%
21	SH600824	益民商业	5.74	5.74		19	5.90	5.74	27225	1582.42	5.81		2.79%
22	SH600823	世茂股份	8.71	8.72	0.11%	3	8.99	8.69	16331	1435.60	8.79	0.01	3.44%
23	SH600821	津劝业	3.55	3.55		5	3.65	3.54	36726	1322.56	3.60		3.10%
24	SH600815	厦工股份	6.63	6.73	1.51%	200	6.96	6.68	128088	8752.44	6.83	0.10	4.22%
25	SH600814	杭州解百	5.59	5.66	1.25%	10	5.75	5.60	27286	1548.63	5.68	0.07	2.68%
26	SH600811	东方集团	5.86	5.85	-0.17%	72	6.04	5.84	145547	8662.75	5.95	-0.01	3.41%

图 3-78 点“蓄势形态”指标

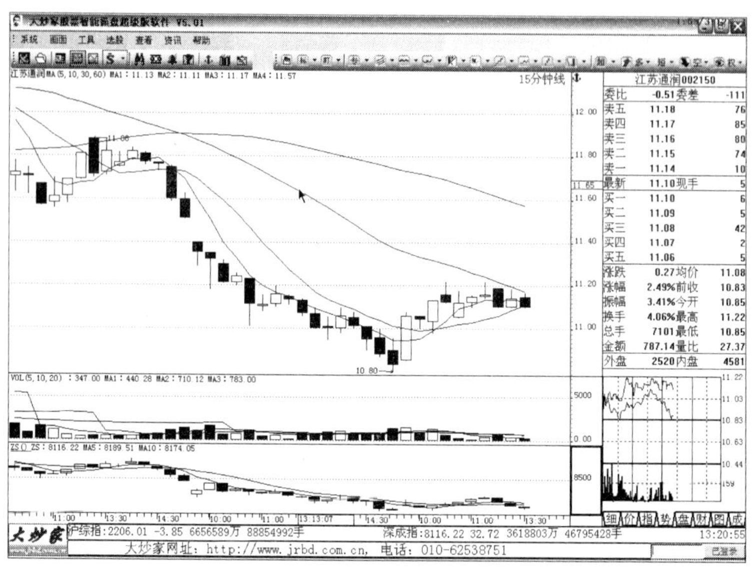

图 3–79　江苏通润

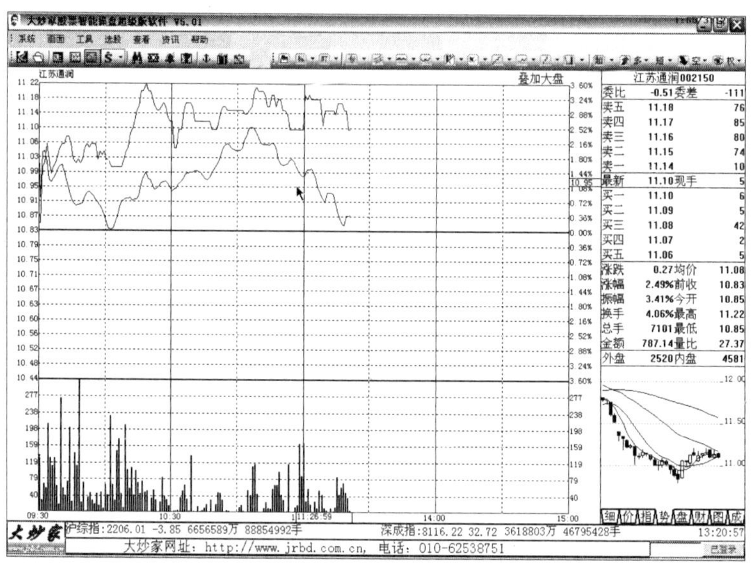

图 3–80　江苏通润分时

印证，也多出一些感觉。但若能靠看分钟线再稍带扫一眼同图右下的小框分时，一举就能够定夺下来又何必多此二举，盘中瞬间即逝的个股机会要求操作人：看盘精道手法干练，能看一眼不多看两眼，能用一个方法不多用两个方法，越看越麻烦越用越糊涂。在实盘操作中能简捷就简捷，什么辅助功能的技术指标、什么外内盘、换手率，能免则免、别让次要的冲撞主要的，别让无用的替代了有用的。不过，对于认定分时走势好坏有难度的人，借助一下分钟线蓄势形态的情况还是有益处的，经过一段时间熟练后，也许对分时走势的横盘认识会有长进，以后可能就用“起涨 3+1”或“分时选横盘”功能就可以搞定了，不需要看分钟线走势了，达到了两样看一样就够的水平，我这提的是对实盘操作真有用的。

江苏通润(图 3-81)后期走势自不必说，上至涨停是必然之结果。

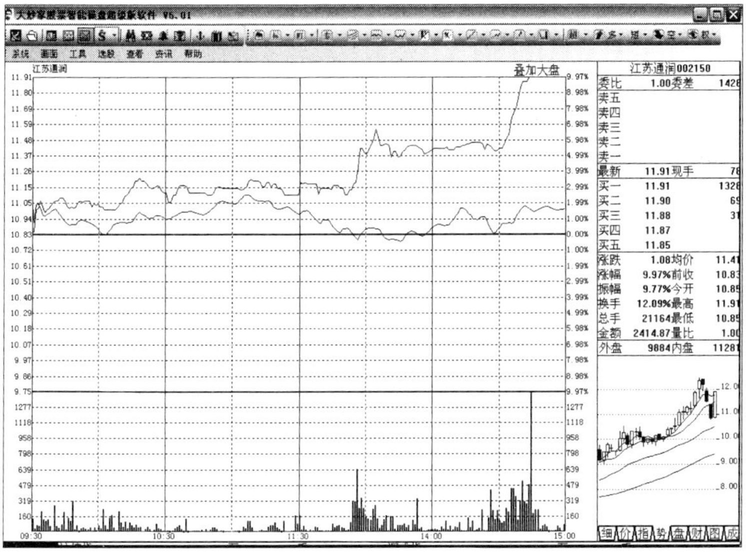

图 3–81　江苏通润后市

要说的是：看好认准了就早买上，股价说不定什么时候就起来了，不一定与大盘回升起点同步，有大盘始跌他开涨的，有大盘跌中他先起的，不要再等等看，一等可能就等没了，不是看别的什么东西去了，再不就有阵子精神溜号了，错过了时机，等涨起来再追抓股价就上高点了。

2 月 20 日，过午不久，大盘走势下调两波后欲做双底，在刚上翘时点击“日线大形态”(图 3-82)，想借时利用“形态突破”指标选股。

选出“日线大形态”个股后，又点击“形态突破”指标(图 3-83)，看有多少刚突破 15 分钟线“蓄势形态”的个股。

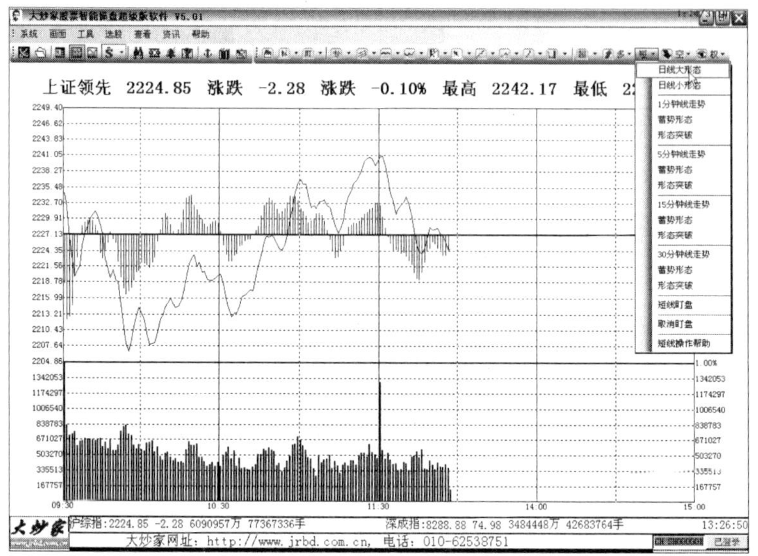

图 3-82 点"日线大形态"

	代码	名称	昨收	最新	涨幅	现手	最高	最低	总手	总额	均价		
1	SH600259	NST聚酯	8.88	9.13	2.82%	3	9.18	8.80	25573	2309.35	9.03		
2	SZ002269	美邦服饰	29.85	29.70	-0.50%	3	29.98	29.02	19885	5880.39	29.57		
3	SZ002267	陕天然气	13.81	14.01	1.45%	5	14.17	13.78	25223	3529.56	13.99		
4	SZ002261	拓维信息	30.71	32.29	5.14%	5	33.00	31.20	14310	4629.99	32.35		
5	SH600850	华东电脑	5.72	5.63	-1.57%	20	5.72	5.48	14665	821.83	5.60		
6	SH600848	自仪股份	7.74	7.93	2.45%	5	8.04	7.62	14233	1117.81	7.85		
7	SH600845	宝信软件	19.19	18.54	-3.39%	5	18.95	18.00	8594	1574.86	18.33		
8	SH600844	丹化科技	15.37	15.17	-1.30%	12	15.60	14.92	15375	2320.79	15.09		
9	SH600840	新湖创业	9.53	9.52	-0.10%	32	9.65	9.35	35299	3350.52	9.49		
10	SH600838	上海九百	4.79	4.82	0.63%	6	4.88	4.75	42629	2050.96	4.81		
11	SH600837	海通证券	12.94	12.87	-0.54%	67	13.09	12.67	693722	89279.47	12.87		
12	SH600835	上海机电	11.67	12.01	2.91%	22	12.14	11.67	91383	10893.29	11.92		
13	SH600834	申通地铁	7.80	7.94	1.79%	10	8.00	7.75	25125	1984.94	7.90		
14	SH600833	第一医药	6.79	6.78	-0.15%	1	6.86	6.67	18786	1275.68	6.79		
15	SH600832	东方明珠	8.78	8.90	1.37%	70	8.98	8.76	131011	11663.77	8.90		
16	SH600830	香溢融通	6.19	6.26	1.13%	44	6.29	6.11	55352	3444.06	6.22		
17	SH600827	友谊股份	11.09	11.50	3.70%	184	11.62	11.02	40222	4583.85	11.40		
18	SH600825	新华传媒	15.66	15.78	0.77%	10	16.05	15.40	10956	1718.99	15.69	0.12	4.15%
19	SH600821	津劝业	3.63	3.73	2.75%	94	3.78	3.55	43307	1591.60	3.68	0.10	6.34%
20	SH600817	ST宏盛	2.87	2.88	0.35%	391	2.93	2.84	21086	608.06	2.88	0.01	3.14%
21	SH600816	安信信托	16.75	17.03	1.67%	24	17.15	16.51	19767	3348.49	16.94	0.28	3.82%
22	SH600814	杭州解百	5.69	5.76	1.23%	5	5.77	5.60	25442	1451.33	5.70	0.07	2.99%
23	SH600811	东方集团	5.95	5.99	0.67%	7	6.06	5.86	122087	7275.67	5.96	0.04	3.36%
24	SH600809	山西汾酒	13.90	14.39	3.53%	83	14.45	13.90	18764	2660.22	14.18	0.49	3.96%
25	SH600807	天业股份	4.80	4.82	0.42%	10	4.87	4.72	9582	459.63	4.80	0.02	3.13%
26	SH600806	昆明机床	11.60	12.07	4.05%	5	12.12	11.40	63427	7530.45	11.87	0.47	6.21%

沪综指:2225.01 -2.11 6096149万 77426400手 深成指:8287.46 73.56 3485982万 42699160手 13:26:55

大炒家网址: http://www.jrbd.com.cn, 电话: 010-62538751

图 3-83 点"形态突破"指标

选出 18 只个股(图 3-84)，下面仔细查看一下个股突破形态的具体情况。

当翻到长江投资(图 3-85)时发现，第一根阳 K 线自平台突破上涨，但随即被阴 K 线砸回，发现时又吞掉阴线欲重拾上涨，这是从 18 只选出中突破上涨幅度最小的个股，其他大多已涨高不能追了，这还是在大

	代码	名称	昨收	最新	涨幅↓	现手	最高	最低	总手	总额	均价	涨跌	振幅
1	SZ002035	华帝股份	5.77	6.12	6.07%	21	6.17	5.80	86410	5215.32	6.04	0.35	6.41%
2	SH600229	青岛碱业	6.35	6.69	5.35%	26	6.71	6.34	136219	8843.13	6.49	0.34	5.83%
3	SH600363	联创光电	5.38	5.65	5.02%	5	5.69	5.32	137609	7623.81	5.54	0.27	6.88%
4	SH600195	中牧股份	16.22	17.03	4.99%	5	17.04	16.20	33802	5655.11	16.73	0.81	5.18%
5	SH600857	工大首创	5.14	5.37	4.47%	1006	5.38	5.10	76186	4018.10	5.27	0.23	5.45%
6	SH600167	联美控股	6.28	6.53	3.98%	151	6.53	6.23	17338	1105.01	6.37	0.25	4.78%
7	SH600166	福田汽车	8.78	9.11	3.76%	24	9.17	8.40	271948	23906.38	8.79	0.33	8.77%
8	SH600455	交大博通	7.75	8.04	3.74%	1	8.08	7.66	6299	494.93	7.86	0.29	5.42%
9	SZ000520	长航凤凰	5.21	5.39	3.45%	80	5.45	5.22	80881	4281.64	5.29	0.18	4.41%
10	SH600113	浙江东日	5.52	5.68	2.90%	50	5.70	5.50	10837	606.26	5.59	0.16	3.62%
11	SH600131	岷江水电	4.57	4.70	2.84%	69	4.72	4.50	44737	2056.54	4.60	0.13	4.81%
12	SZ002057	中钢天源	6.36	6.54	2.83%	9	6.55	6.31	6751	434.32	6.43	0.18	3.77%
13	SH600119	长江投资	5.53	5.68	2.71%	129	5.70	5.46	35494	1993.78	5.62	0.15	4.34%
14	SH600087	长航油运	5.54	5.69	2.71%	16	5.74	5.47	164023	9175.94	5.59	0.15	4.87%
15	SH600379	宝光股份	9.98	10.25	2.71%	1	10.28	9.67	55106	5502.65	9.99	0.27	6.11%
16	SH600990	四创电子	15.40	15.69	1.88%	3	15.75	15.15	6223	958.15	15.40	0.29	3.90%
17	SZ000679	大连友谊	7.68	7.78	1.30%	5	7.80	7.47	26314	2005.02	7.62	0.10	4.30%
18	SH600686	金龙汽车	6.99	7.04	0.72%	141	7.09	6.80	89657	6205.54	6.92	0.05	4.15%

图 3-84　选出突破形态个股

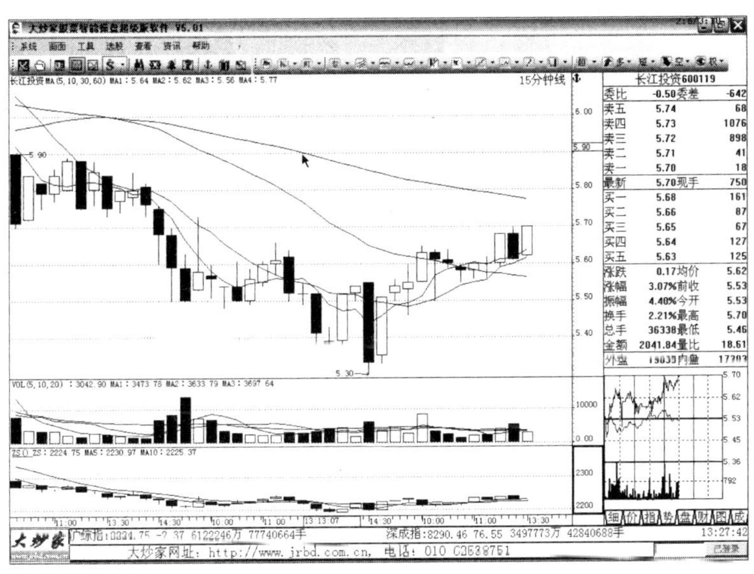

图 3-85　长江投资

盘刚翘头时选的，若再晚可能都升高了。

从长江投资分时走势看(图 3-86)，在大盘做双底、一波还在下时，长江投资就断断续续往上蹭，大盘刚翘起就有加速上涨的迹象，这张图比图 3-85 显示的大盘刚上翘时的情形明显多了。

因此，鉴于个股自 15 分钟蓄势形态突破时起涨速度之快，所以要

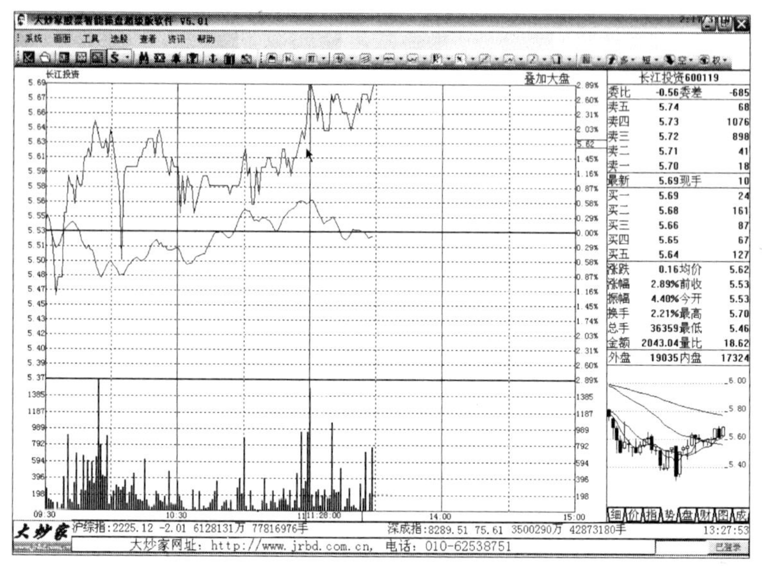

图 3-86 长江投资分时

求启用“形态突破”指标，起码要赶在大盘下跌企稳或刚翘头之时，不能等到已翘过高时。

长江投资(图 3-87)是加速了，但又遭大盘回调下跌但能抗跌横盘，后来直线拉升，遗憾没冲上涨停，先直完了再上冲的劲没了，尽管大盘尾市又继续回升。

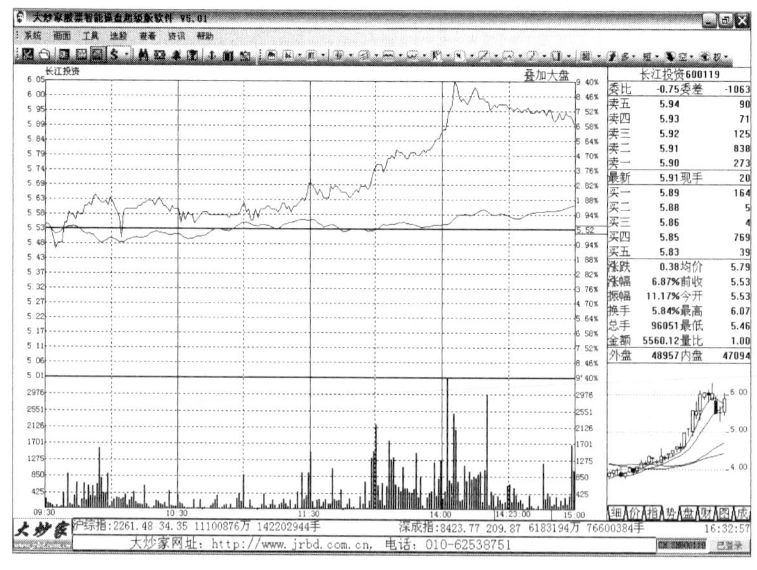

图 3-87 长江投资后市

各分钟线指标选股都是基于“日线大形态”而进行的，即选股的对象必须当时是处在平台、五弯十或回调浅的回调形态上，而具备了这一点即使联系到“四个层次”意识和对“选时”的考虑，哪怕不十分相符也不必太在意，自大形态起涨无论如何不至于只涨一天，况且能选到不少个股也说明市道不会太差，市道不好大盘走势就下调的比较深了，那时很少有在做蓄势大形态的个股，选不出“日线大形态”个股，自然就不能再往下进行“分钟线走势”指标选股。

2009 年 3 月 16 日，在大盘走势反弹不过前高还要往下时，启用“起涨 3+1”指标(图 3-88)，看看这时有没有较长时间横盘的股票，不会被大盘拖下去的。

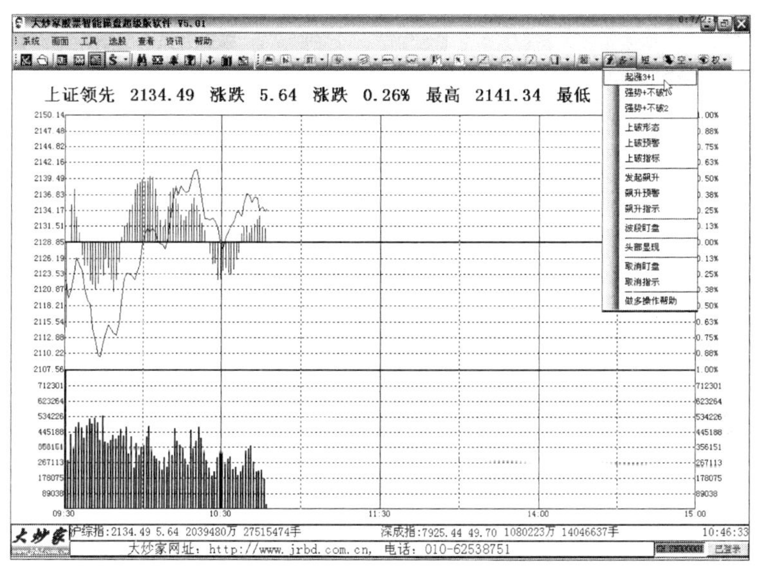

图 3-88 点启“起涨 3+1”指标

大约选出 30 多只个股(图 3-89)，这个表不是涨幅排序的图表，是为说明“起涨 3+1”指标只选分时走势上涨 0.5 个点以上的个股，往下不大可能涨人的不被选中，以后还准备再提高一些。

宏润建设(图 3-90)被选在其中，日线走势正处“五弯十”形态，上午的上涨使自大形态起涨出现了明显的苗头。

大炒家股票智能操盘超级版软件 V5.01

系统 画面 工具 选股 查看 资讯 帮助

	代码	名称	昨收	最新	涨幅↑	现手	最高	最低	总手	总额	均价	涨跌	振幅
1	SZ000619	海螺型材	6.15	6.19	0.65%	231	6.26	6.05	5549	343.54	6.19	0.04	3.41%
2	SH600568	*ST潜药	8.64	8.70	0.69%	5	8.82	8.61	4805	419.45	8.73	0.06	2.43%
3	SH600660	福耀玻璃	5.61	5.65	0.71%	34	5.71	5.55	20969	1186.25	5.66	0.04	2.85%
4	SH600241	辽宁时代	7.03	7.09	0.85%	1	7.17	6.96	2970	210.71	7.09	0.06	2.99%
5	SH600068	葛洲坝	10.01	10.10	0.90%	59	10.14	9.95	10887	1095.34	10.06	0.09	1.90%
6	SZ000540	中天城投	9.86	9.95	0.91%	5	10.08	9.72	19923	1974.59	9.91	0.09	3.65%
7	SH600208	新湖中宝	5.96	6.02	1.01%	5	6.08	5.85	30708	1836.90	5.98	0.06	3.86%
8	SZ002223	鱼跃医疗	24.60	24.85	1.02%	2	25.13	24.50	3182	791.14	24.86	0.25	2.56%
9	SH600301	南化股份	5.65	5.71	1.06%	10	5.76	5.56	4127	234.95	5.69	0.06	3.54%
10	SH600067	冠城大通	6.21	6.28	1.13%	1	6.34	6.11	41134	2577.35	6.27	0.07	3.70%
11	SH600383	金地集团	8.64	8.74	1.16%	10	8.85	8.46	188557	16396.36	8.70	0.10	4.51%
12	SH600391	成发科技	19.87	20.12	1.26%	2	20.34	19.80	4270	857.05	20.07	0.25	2.72%
13	SZ002205	国统股份	17.18	17.40	1.28%	1	17.61	16.80	3554	615.91	17.33	0.22	4.71%
14	SZ000599	青岛双星	3.85	3.90	1.30%	33	3.94	3.82	31621	1230.36	3.89	0.05	3.12%
15	SZ000010	S ST华新	6.85	6.95	1.46%	13	7.03	6.71	3920	271.58	6.93	0.10	4.67%
16	SH600830	香溢融通	5.90	5.99	1.53%	10	6.02	5.79	26483	1576.08	5.95	0.09	3.90%
17	SH601009	南京银行	11.60	11.78	1.55%	30	11.88	11.39	50842	5951.38	11.71	0.18	4.22%
18	SH600641	万业企业	10.85	11.02	1.57%	10	11.10	10.68	12457	1365.10	10.96	0.17	3.87%
19	SZ002003	伟星股份	13.93	14.16	1.65%	45	14.29	13.84	13461	1900.37	14.12	0.23	3.23%
20	SH600000	浦发银行	18.19	18.50	1.70%	31	18.70	17.90	225161	41350.97	18.37	0.31	4.40%
21	SZ000002	万 科A	7.71	7.85	1.82%	250	7.91	7.61	530141	41378.43	7.81	0.14	3.89%
22	SH600190	锦州港	6.23	6.35	1.93%	10	6.45	6.23	21574	1372.69	6.36	0.12	3.53%
23	SZ002212	南洋股份	17.85	18.20	1.96%	15	18.20	17.66	4315	778.91	18.05	0.35	3.03%
24	SH600307	酒钢宏兴	6.32	6.45	2.06%	38	6.50	6.21	47355	3040.24	6.42	0.13	4.59%
25	SH600104	上海汽车	8.86	9.05	2.14%	747	9.09	8.86	64072	5773.24	9.01	0.19	2.60%
26	SZ002242	九阳股份	45.20	46.20	2.21%	1	46.60	44.70	2902	1329.40	45.81	1.00	4.20%

分时选股

沪综指:2134.06 5.21 2042885万 27555774手　深成指:7924.78 49.04 1082656万 14078008手　10:46:48

大炒家网址：http://www.jrbd.com.cn，电话：010-62538751

图 3-89　选出来个股

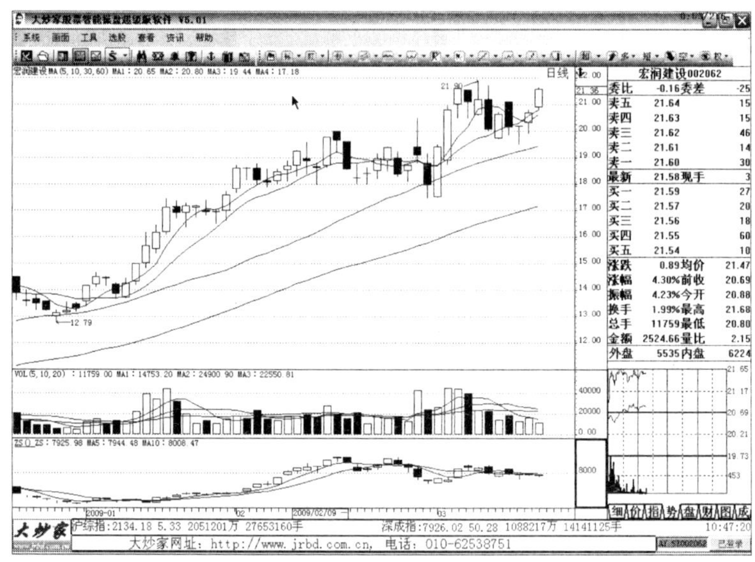

图 3-90　宏润建设

再看宏润建设(图 3-91)的分时，早市一条腿支上来后一直在走势横盘，大盘早市急下也没跟着跌大，大盘后来强劲反弹也没跟着涨大，现在大盘看样要下，他想干什么？

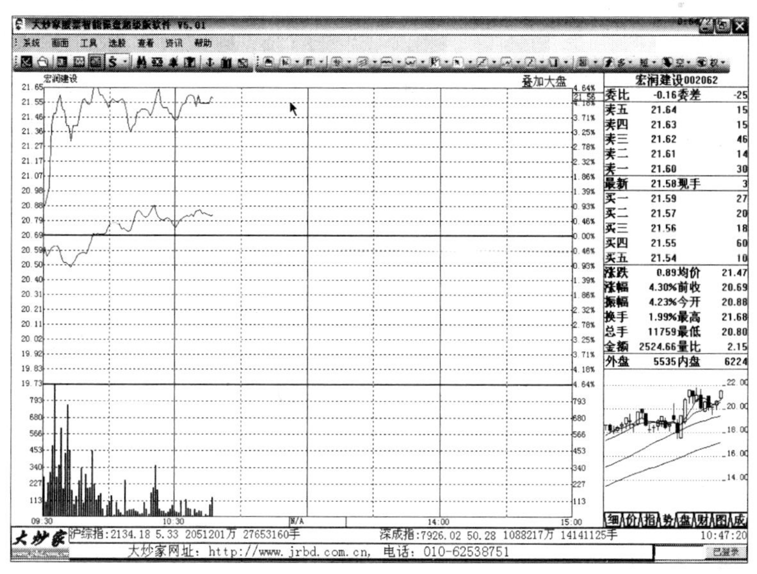

图 3–91　宏润建设分时

这类只一个台阶的较长时间横盘的走势最为稳当，远比一个台阶一个台阶上到午前二个或三个台阶的横盘走势令人放心。

选股之前还没想“四个层次”的意识，选出后需要联想了，大盘走势现正在回调的底部盘整，前低位有支撑不然早下破了，既然盘整对个股不造成太大的威胁，那么这时就是个股可表现的时机，抗跌、同步的个股中有的就要率先动一动，“起涨 3+1”选出的个股包括宏润建设就属于此一类。

有的读者在论坛上问，这个横盘为什么涨，那个横盘为什么不涨等。除了横盘本身的问题，比如对该股“一个台阶的较长时间横盘的走势”与“一个台阶一个台阶上到午前二个或三个台阶的横盘”的比较，还有相关的因素需要联系考虑，比如上面“四个层次”、大盘走势分析、对个股的影响及个股可能的反应，不借多方面的辅助分析，可能不敢进，或有时盲目进了后市被施下去，就算今天的“一个台阶的较长时间横盘的走势”遇着大盘变盘向下，即便之后上涨了后市也太有可能下来，就算今天“一个台阶一个台阶上到午前二个或三个台阶的横盘”，遇着大盘单边上扬，也太有可能后市捅上涨停板。

大盘双头成立、后市走势下来了，而宏润建设却就此开涨起来(图

3-92)，所以有时不能等大盘跌大了再用指标选，起码选这一类走势个股，当然那时会选上别的，也许更低更好。该股上两波后又是长时间横盘，第一台阶四个点中短线进都好，长横盘算第三台阶 6、7 个点了，短线操作就算了吧，再找低一点的去吧，起涨 3+1 指标这么高都不选了。

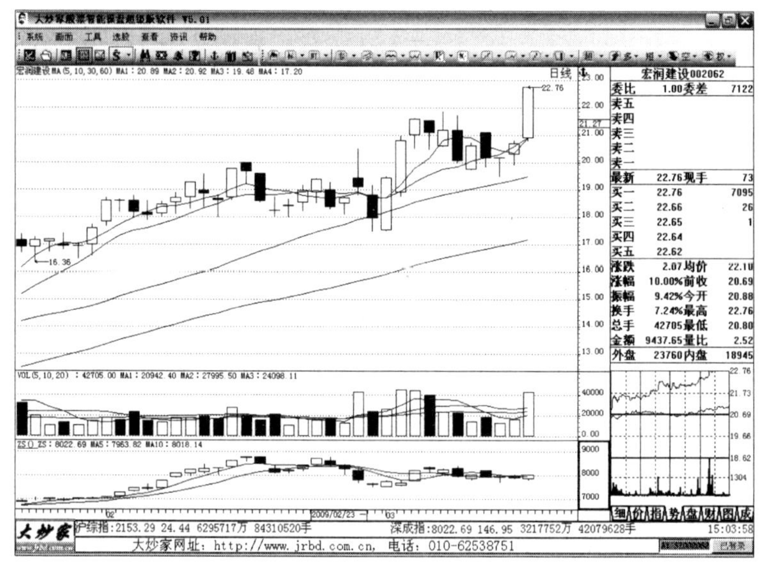

图 3-92 宏润建设后市

可能有人嫌麻烦，赚钱不麻烦点行吗，那有白捡的，不过就是那几个惯常固定的套路，想多了养成习惯了，也就不怎么费事。

次日开市后，宏润建设就表现出上下振荡之势，不像有意思接昨日大上的架势，如果对做短线还是中线持有拿不定主意，见早市这个松散的样子就该处理掉，先把昨天的获益兑现，即使想对这只个股波段操作，后市也自有机会寻低再入。

于是对宏润建设实施了“短线盯盘”(图 3-93)，差几分十点翻白出来了，若想卖的细点再看一下分时走势。

这时大盘走势反弹，宏润建设到前高不过弯头(图 3-94)，两个卖出规则都出来了，卖吧。

宏润建设(图 3-95)真是昨天累了今天要歇息了，大盘单边上扬，多少“同态势”突破底部盘局的个股随市蜂拥而上，若耽误在该股上实

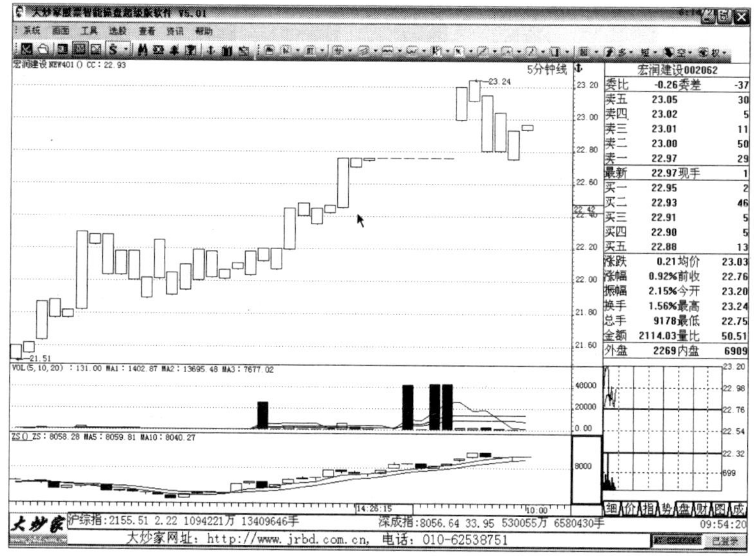

图 3–93　宏润建设“短线盯盘”

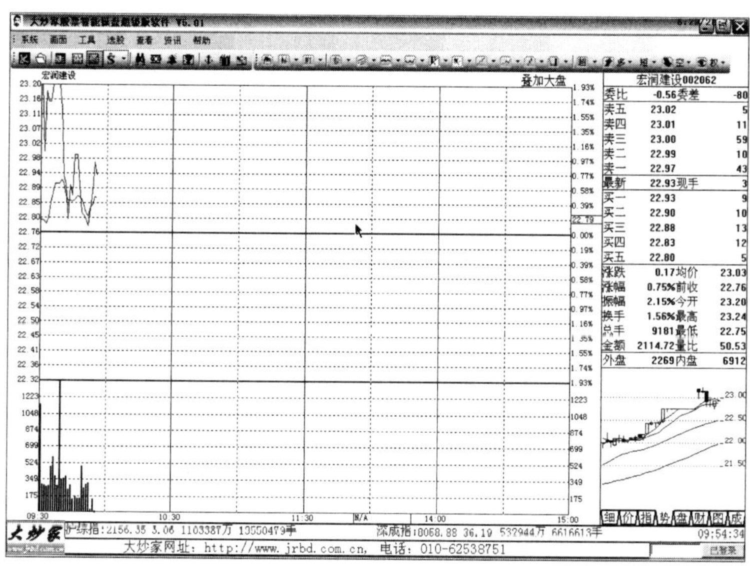

图 3–94　宏润建设分时卖点

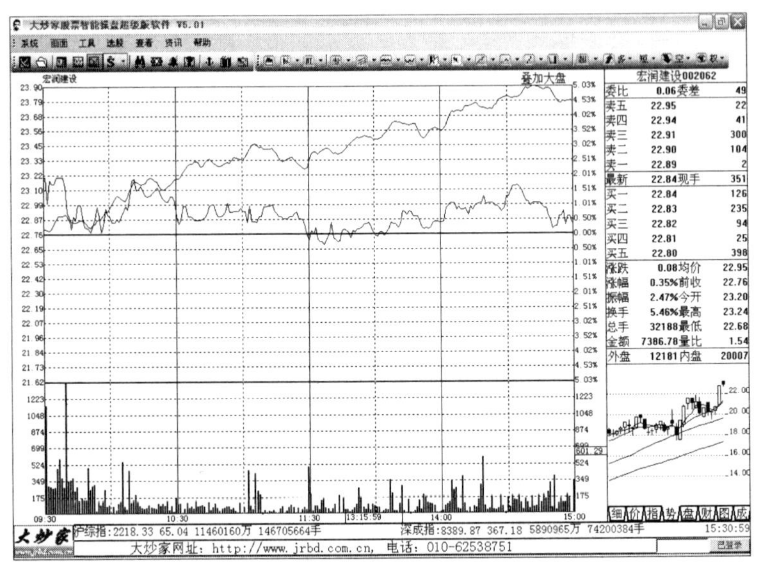

图 3-95 宏润建设收市

在是浪费大好时光。

在我所有的方法中，从读者和用户的应用情况反馈中得出：个股分时走势横盘对于他们来说是操作难度最大的。即便是看个股也对照了大盘显示有抗跌的行为，但表现出来的样式多数不尽相同，不由得难辨好坏、为取舍大伤脑筋。有人能悟出蹊跷、不太费劲就能认准抓着好票，有人却始终找不到感觉、总是错过一次次的机会，对这些人而言还不如不晓得横盘的概念，知道又抓不着、过后看又是那样上去的，简直气煞人也。

此次推出“短线操作”的指标，其中分钟线“蓄势形态”无疑能开解他们的苦恼，摆脱分时走势上对横盘识别的困扰，殊途同归较为好办地抓到好票。各分钟线蓄势形态中的平台其实就是分时上的走势横盘，以K线走势形式表现就显得有个盘的架，像个横的样，齐整的不像分时走势横盘曲线那样走的乱。蓄势形态中的五弯十形态也好认，但在分时走势上表现的下跌了一些，不免就令人下意识地给弃舍了。这就是说分钟线“蓄势形态”指标，不但可以取代分时走势上抓“横盘”，而且还是容易地抓到；另对不是横盘同样有可能上涨的下跌着的分时走势，有了在分时走势上不敢抓不愿做变为在分钟线走势上，敢抓愿做并大有可能突破起涨，这无疑给分钟线“蓄势形态”增色不少。

看分时走势横盘也有个好处，大盘与个股分时走势叠加，对比起来一目了然容易出感觉，虽然个股分钟线与大盘分钟线也能上下对比，但感觉效果差一些。不过，别忘了在启用分钟线“蓄势形态”指标时，有要求在先——须在大盘走势下跌时才用，这就基本上解决了看个股抗不抗跌这个问题了，虽然不是直观是间接对比，但能起到同样作用、不误事就可。

分时走势横盘还有个不知何时起的疑难，有点经验的看大盘下跌上翘，认为那是结束横盘上涨之时，是的，但那不过是一种可能，因还有先起的也还有后起的，这就给提前判断和即时把握带来不确定。而分钟线“蓄势形态”下面设有 5 个分钟 K 线的均线和 10 个分钟线 K 线的均线，就像日线上的 5 日均线和 10 日均线一样，当短均线和长均线交汇的夹当，乃是股价自“蓄势形态”起涨的主要时刻，为什么个股在分时横盘上有早起同时起晚起，是跟分钟线“蓄势形态”调整到没到位有关系。这样看来分钟线“蓄势形态”要比在分时走势横盘上较易地把握起涨的时刻。由此，相信以前对分时走势横盘鉴定感到束手无策、把握不准起涨机会的朋友，现在来依靠分钟线“蓄势形态”能实现抓第一起涨点的久违愿望。

除了抓分时走势横盘的一大难题，还有个连带的对大盘当天走势不确定的二大难题，通过分钟线“蓄势形态”解决了一大难，但二大难也不能轻视，个股上有办法了，但大盘后市能怎么样不知道？无不存有要买上不涨或被砸下来的担忧，大盘不给阳光个股怎么灿烂。如是乎，对当天大盘走势的预断，又成了很多人(多的要比不会抓分时横盘的人更多)感到是个极其困扰的难题，似乎不搞定这个二大难，就是看准了个股分时横盘也不敢抓呀，抓了被后市大盘变坏祸及秧池怎么办？

当天买票要顾及大盘后市的好坏，是我针对“不预测大盘当天走势买了票跌下去”普遍存在的问题而提出的，我也就看大盘日线上升中走势的乖离、盘整时阴阳上下的箱体运行规律、分时走势上早市第一个多空回合、盘中的双底和头肩底图形等等，通过对这些前市状况的观察以预测当天大盘后市好与坏，提出过有关一些可参考的依据，照顾全了也能测出个大概。

但不知投资者能不能领会，是不是能照做，我想收效一定是有限的，能养成全面考察的习惯是不容易的，特别在盘中选股买进决策的紧张之时，再说个股盘口的诱惑远大于对其他因素的顾盼。觉得光凭说道即使是照图说法也难以奏效，我出了这么多书还有光盘视频也深有此感，如能和软件联系上加以配套，也许才能彻底解决二大难，规范的作用才是伟大的，不过此课题暂时还未想妥，待哪天出灵感再说。

预测当天大盘走势有必要，但对于抓自大形态第一天起涨的个股来说，就不是绝对不可或缺的，当然懂联系是有好处，不预测也没什么了不得，只要能在大盘分时走势下跌时启用分钟线“蓄势形态”指标，或启用带有分时用抓横盘指标或功能就行。要想到：我们不是在有获利盘分分钟出逃的波段上涨后半段上启用，更不是在大盘冲头危险的时候启用，绝不是在大盘向下变盘要命的时候启用，是在经过大洗筹调整到位、重新起涨的大形态上启用，即使是有第一选择不为第二选择的“日线小形态”指标，也是在经过震仓了一两天的再返点位上启用，是在大盘走势下跌显示出抗跌行为的个股走势上启用，这类个股当天往上涨的欲望第一强烈，而且是不骗人、走坏只能坑其主力自己，即便大盘后来下跌、不过也是振荡走势，坏不到哪里，主力不会在单边下跌势中死扛着，这一点人家自己最清楚，毋须忙人忧天，就是万一后市被拖累下跌收上影，次日亦会报复性大涨……还能说出好多好多，难道这些还不足以让你壮起胆量买进吗！

我这套分钟线指标选股短线操作的路子，并不完全是为我国证券市场而设计的，若只用于不能 T+0 交易、又没有杠杆倍率的 A 股市扬未免有些大材小用。我有两个学员在加拿大电子即日操盘公司工作，每天专事美股 T+0 操作，我已叫他们在那着手开一家电子即日操盘公司，门槛很低、20 万美金就可注册。

同时，我正咨询有关部门，如允许我要把炒美股引进来，组建国内的电子即日操盘公司，让我们在国内炒外盘赚老外的钱。外国资本可以跑到中国来大赚人民币，难道我们的资本就不能赚美金吗？

美盘数据源不是问题，现在的关键是买卖交易系统用在国内、远程交易能否顺畅，炒权证、炒A股一比一太没劲了，反正我决心已下，万一国内推不了炒美股就推炒港股，还有炒汇炒现货黄金炒期货(这些软件我部已完成在即，不久推向市场)。有人借教会徒弟饿死师傅那句话来劝我，从哪方面讲都不可能，就算可能我怕什么，全世界包括任何市场我都有把握去炒好；还有人说，炒股能挣到钱还出什么书卖什么软件，燕雀安知鸿鹄之志哉。

操作流程链条：

指标功能选股→买入短打个股→启用短线盯盘→翻白卖出

注解：“指标功能选股”是指依据个股行情四个层次的意识，利用“四个层次”功能，或“起涨3+1”、或“上破形态”、或分钟线“蓄势形态”、或“分时选横盘”等指标、功能选股。

“买入短打个股”，是指从某一指标或功能选出的个股中，择优买进符合契合3+1起涨及其他适合短线操作条件的个股。

“启用‘短线盯盘’”，是指对买进个股的今买明卖，启用“短线盯盘”功能实施监视。

“翻白卖出”，是指走势翻出白框卖出个股，红框表示继续持有。

炒作套路四：瞄上强势股，飞身骑飙升

飙股炒作取之于上升趋势中的波段，针对的是持续上涨的强势个股，区别于抓第一起涨点的波段操作，也不同于今买明卖的短线操作，从初显强势抓起至之后的波段持有形成了一个独立的操作体系，既能避免波段操作介入后遇强遇弱没选择，也能避免短线操作可能痛失一大段犀利的走势，是一左右逢源的炒作选择，能在市场难得出现的火热行情时期，不误战机积极主动地去争取出类拔萃的飙股行情，有办法地去实现任何投资者都梦寐以求的幸运之事。

通常个股走势是在一个既定的上升通道中运行，上有压力下有支撑、不破上轨不穿下轨，这就有了一些技术指标对个股常规走势中高位低位、量大量小含义的指示，标值高了超买提示注意头部，标值低了超卖提示别卖个地板价，这对一般性持股而言不无益处，但对买入个股可算是低级的做法，对买入即刻大涨的走势个股更是缺乏相关的根据，而这些技术指标在高低值钝化时却出现大涨或大跌的现象，就不免令人大跌眼镜了，也使那些迷信和遵从指标操作的人错失大涨行情或蒙遭巨大的损失。

反指标应跌不跌反而大涨就是飙股的特性，一改循规蹈矩变为超常发挥，后续一发不可收拾的飆升行情令人惊羡不已，于是怎样才能骑上飙股乘飞大段飙升行情，就成了广大投资者可遇不可求而又十分向往的期盼了。

这得先把飙股的走势分为几类，分好了才能对应找出介入点位，因为其操作方法不是像波段和短线买入那样统一，举例讲解和演示也只能一对一地展开，以使读者在今后赶上有飙股炒作的时候能清晰地按照相应的套路进行。

安凯客车(图 4-1)自正式起涨大阳后连续大幅飙升，上升中每日几乎不给买入的机会，开市后高开下打，瞬间拉上涨停，在书中我对这种走势交待过对应的战法，前提是在大盘走势向好的波段上涨中，逢个股初期大阳上涨次日可利用早市下打的机会买进，低买通常套不了人，远比大阳后追高在分时走势的危险性要小的多，哪怕是后市不涨停、走势振荡，过日也有回摸的时机出来，也可在波段盘头时不赚不亏地卖出。

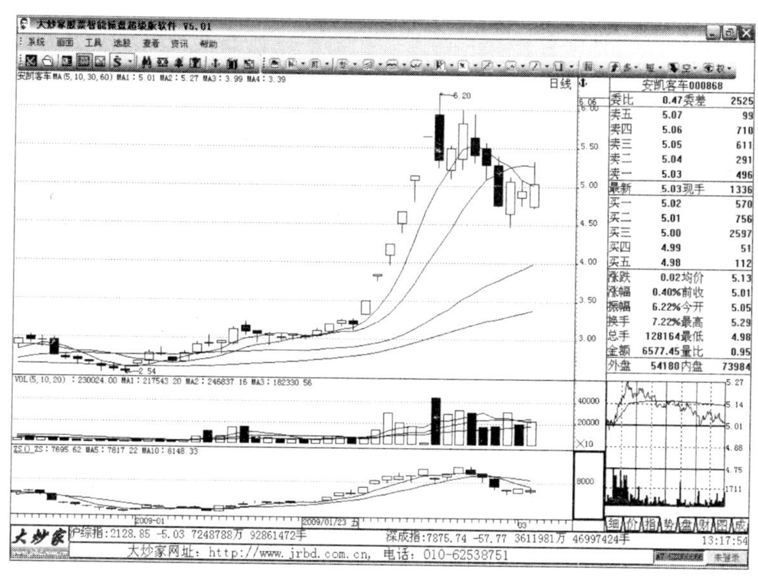

图 4-1 飙升走势 1

这类连着高开下打返板的走势在几种飙股走势中算是顶级的，在每次市道大热行情中也属凤毛麟角，有市场的热烈氛围，有初涨对波段未了的预期，有不涨自有盘头卖出最坏的打算，没有什么不敢进的，就是在下打的那一刻要眼尖手快。

罗平锌电(图 4-2，图上箭头是大炒家软件选出所示)的飙升走势抓起来相比高开下打就容易一些，毕竟能给人缓过劲来有较长时间考虑的时间，而往往在分时上出现横盘或早市冲高后市回落不破前低的买点走势，又使人对后市向好的判断增多了有把握买入的胆量(图 4-3)。

以上两例同属连续大阳飙升的个股走势，安凯客车少见、罗平锌电也不多见，多见的是起步后不是连续大涨，而是或间中有整理、或不规

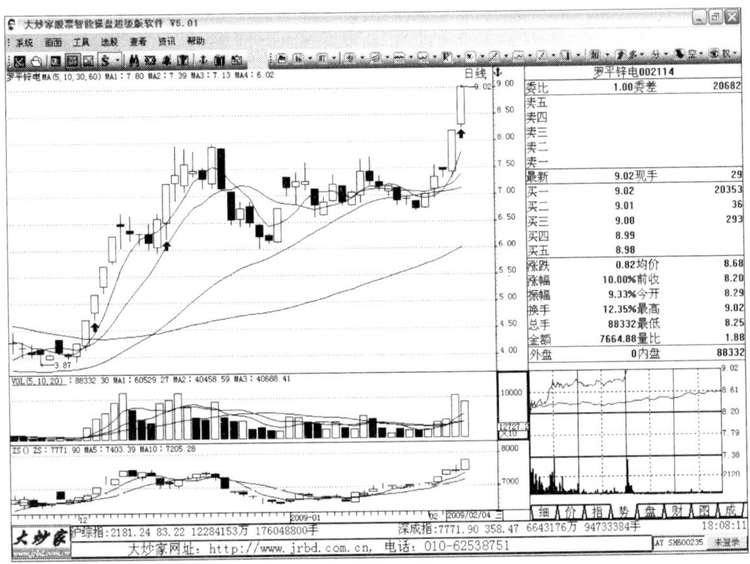

图 4-2 飙升走势 2

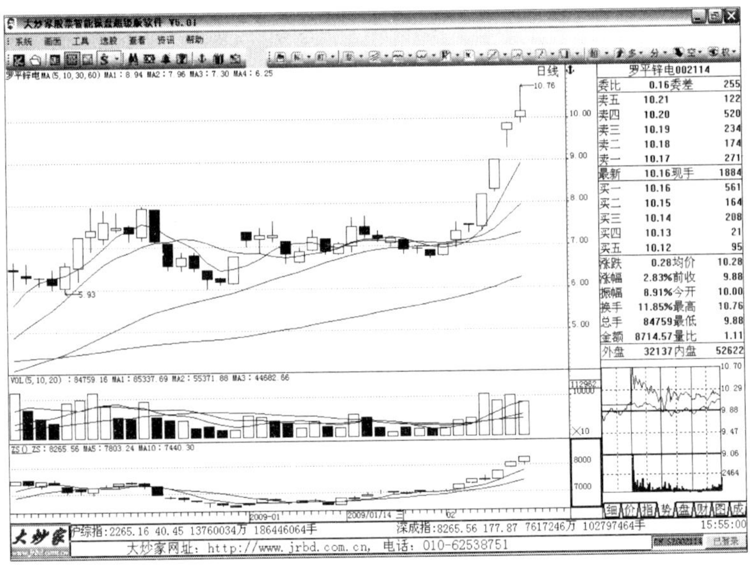

图 4-3 罗平锌电后市

则走势，前期没有飙兆仅有强势特征，尔后可能看大市不坏还有涨头，于是乎接着又涨或跟着发疯了起来。

海星科技(图 4-4)同步于大盘起涨，一日大涨后做了两日整理又再返涨，按着就此形成的斜率时而上涨时而整理，直到冲至最大乖离才停止飙升的波段行情。

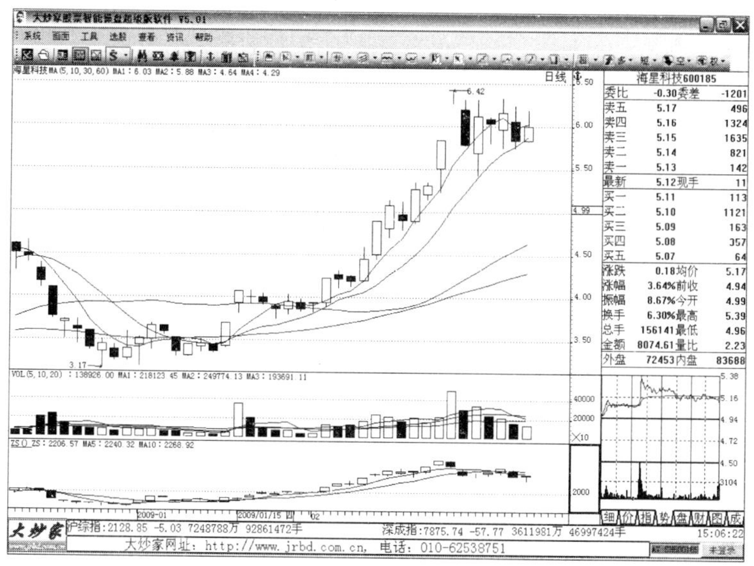

图 4–4　飙升走势 3

这种波段中有整理形态的走势很有规律，也易于把握和寻机介入，每整理到靠近 5 日均线时是考虑要买进的时机，要求在第一次整理返涨时买进为好，第二次要看大盘还有没有涨头了，若有还可以，三次以上就免了吧、风险大了。

相对于整理后返涨的要求，还是尽量找起涨大阳、越大越好，起涨幅度大、以后上涨的乖离就允许大、返涨的阳线就大，起涨幅度小以后上涨的乖离就允许小、返涨的阳线就小，虽然个案也有涨大的，但那不成规律。

对整理形态要求，最好是一日整理，有可能升成连续大涨走势，两日整理是最低限度，在大好的市道歇两天不涨就够有耐性了，三天以上不涨不但难以忍受，返涨起来也没太大出息。

至于买点，既可在整理至五日均线的当日尾市，也可在返涨那天分时走势出横盘时，这都是在个股起涨大阳之后和赶在大盘波段走势起来的初期，安全问题不大。

华天酒店(图 4-5)的飙升走势不是很飙，但在起涨 6 个多点的中大阳线后，接着还能以如此大的步子上涨，算起来涨幅也跟有整理形态的飙股走势的涨幅差不许多，介入在偏大阳起涨后、以持股等待后期大

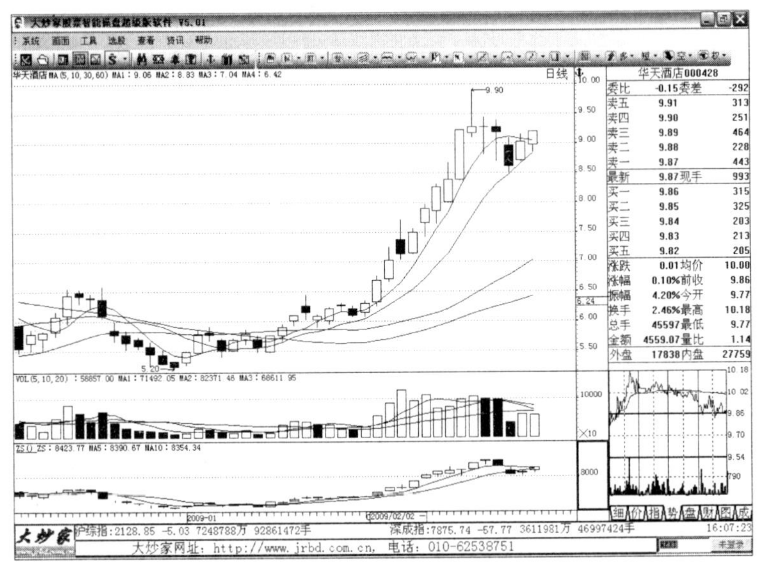

图 4-5　飙升走势 4

冲，也能获得这个时期的不小收益，比更小起涨、中小幅上升的个股强的多，虽然后者个别也有多冲几天的，但前者也有多冲几天的，就是没发生在该股身上而已，做什么还得讲个概率、讲个眼前既得利益。

虽然以上几例是在前段大市好光景时出现的，请相信多少年来如遇市道好，飙股的飙升走势也就是那四类的表现形式，不信就翻翻历史上的走势看看，如同契合买点 3+1 一样恒久不变。除以上四类典型的飙升走势外，还有其他比较强势的个股走势，但比较起来就算不上飙了，不值得在轰轰烈烈的市道中浪费宝贵时间选做，有了以上足够大赢特赚的了，就四类而言还是应以前二类为主，尽管少也要努力寻找找机会下手，不枉机会难得也不枉我教了一场。

大家千万不要以为在大盘持续上涨的时候，拿什么持什么股票都能大涨，统计了一下在今年 2 月 3 日起的行情中，有一半的股票没跑赢大盘，飙股的数量就更少了。

宏润建设（图 4-6）在那段好日子里过得不风光，还有比他更艰难的，人家有的几近翻番，他才爬了个 10 来点，可能这有点前期先涨了些的原因，也许还有以后轮涨的希望，不过那阵谁进或持有可能要骂他无能了，不知道究竟是谁无能。

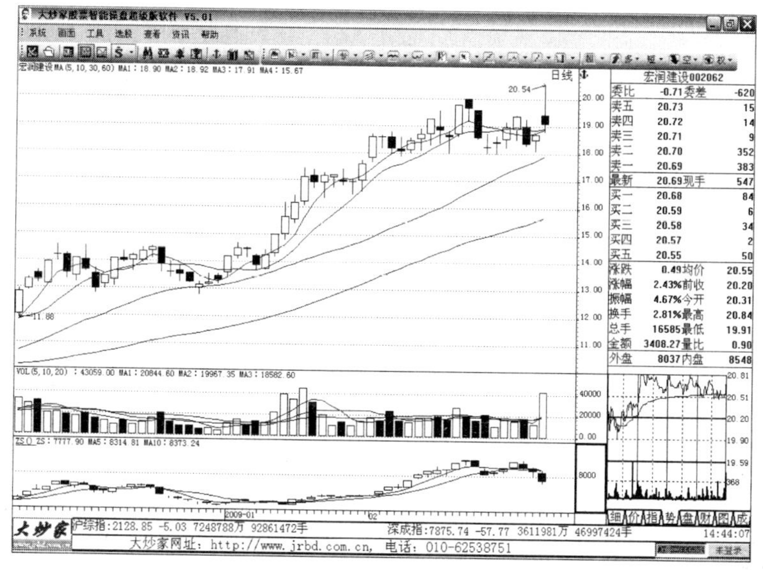

图 4–6　非飙升走势

对于买入飙股之后的持股和卖出，如同波段炒作持股卖出一样没有什么特别要交待的，而且作为强者恒强的飙股来说，有的大盘行情完了仍在上冲，至少每只飙股到顶自会有盘头，到那时大可从容地卖出。飙股走势与大盘走势的同步上行在没有显示到顶迹象之前，也会给持有者放心待涨的安全感觉。

在买入飙股时有必要联系“个股行情四个层次”，而且是太有必要、不联系绝对不行，这是个大大的前提，从以上案例中也可以清楚地看到，哪只飙股的产生都与“同态势”不无关联。因为我们提出的是在起涨大阳后介入，不同于中短线的起涨一日介入，那至少有涨了获利的回旋余地，次日见不好大不了出来，介入只是预想飙股，还不能肯定会飙升就被当天给砸了进去，岂不冤哉。脑子里装有“四个层次”的意识，就不至于盲目地介入起涨大阳后不符“选时”的走势个股上。

要求对预想飙股的买入，一定要个股走势与大盘走势“同态势”自大形态起涨大阳，差前差后倒也不必计较。诚然也有轮涨、逆市上涨的走势个股成为飙股，但那完全可以用那时层次的意识和相应的手法去实现抓起涨，没必要在大阳过后冒险行事，即使大阳后有机会有把握介入，也要以平常心对待强势股那样，别有高期望值，毕竟市场不火爆。

对“率先起涨”的个股视情况另眼看待，多数到“同态势”之时还会借机大涨，但那也只是早先买上而赶上“同态势”更坚定持股决心而已，早买上也是与“率先”有关，不是起因于飙股。紧密联系自大形态起涨“同态势”，对应“选时”，个股做波段也好做短线(如有整理)也罢，就毋须多加顾虑了。

飙股炒作的着眼点，于是就由从一般波段炒作的自大形态起涨，上移到了自大形态起涨的大阳，弃中小阳，因为大阳之后再连续大涨的几率远大于起涨中、小阳。如此看炒“飙股”须有冒险精神了，但不意味着在什么情形下都可以冒险追涨。追对了侥幸、追错了认栽，逢低买进逢高派发、追涨不追高也都只是中听不中做的无用论，低、涨不起来有什么用？涨、涨到哪为高？哪有标准尺度可量。杀入飙股显然不是逢低，低在没突破起涨的蓄势形态里边，上涨一两天也可说不高，但涨一天也有昙花一现的。高低是相对的、不应以此而论，关键在于得有个依据，得符合股市客观规律长期形成的大概率上涨的基本依据，而我们有选择地主动介入在波段走势初起仅涨一日的大阳后，并有着“同态势”意识一贯准确的支持，这个基本依据可说是既聪明地甩去了不大可能大涨的走势个股，又睿智地精选出大有可能成为飙升走势个股，获取当期火爆市场的最大化收益已在不远的将来。

通过以上主要对几类飙股走势炒作买入时机的举例描述，让我们了解到个股“同态势”自大形态起涨一日大阳，是关注强势股成为飙股走势早期的恰当着眼处；过日继续大涨和自小形态返涨的当日分时买点上，是参与飙股炒作最适度的买入点位；虽然没再有重复演示，同样是依托5日均线斜向而上，是不为所扰不为所骗的持股待涨期；天量冲顶或盘头，不同程度标志着飙股行情的完结，是个人酌情了结飙股炒作的卖点。

如此这般飙升个股的炒作套路，再利用大炒家软件的指标和功能变为实盘操作流程，相信广大投资者会在市场大有可为之时，有意识有准备地主动去抓骑飙股，以不误那时可赚取暴利的不寻常机会。

实盘操作流程：

先介绍一下抓飙股的软件指标，一是"强势+不破"1选飙股指标；二是"强势+不破"2选股指标。"强势"是指选股对象日线已突破上涨，并表现出日幅5%以上到强劲的势头；"不破"是指当时分时走势出有横盘或不破前低买点，不破是不破前低的简称，本指标中的不破前低其中包括了"横盘"，故"强势+不破"1或"强势+不破"2选飙股指标，都省去了单独横盘一项的设置。

"强势+不破"1选飙股指标，同时兼顾日线、分时走势，"起涨3+1"选股指标日线针对的是蓄势大形态，分时针对的是单一的横盘，"强势+不破"1选股指标日线针对的是起涨后的强势股，分时针对的是分时走势不破前低。"强势+不破"1组合形成的选股指标，既省去了原指标一步步选股操作的麻烦，也同时相互限制一些日线符条件、分时不符的个股、或符分时但日线不符飙升潜力的个股，使合二为一的选股指标趋于合理化。选出的比原来"发起飙升"单项指标选出的少，减少了用户人工鉴别的时间和精力，更重要的是使选飙股的成功率大为提高。

同时，考虑到这个"强势+不破"1选飙股指标，存在着有的个股先小幅上涨后冲顶的情况，给应用操作带来一定的风险，但倘要把指标编的收紧一些，很多个股就选不出来，用户会提意见、怪大涨的个股为啥选不出来。

这样看来一个选飙股指标难能两全，为此，我们再增设一个"强势+不破"2的指标，包含"强势+不破"1指标的优处，除去"强势+不破"1指标不能顾及的弱处，所选个股是大涨起动的飙升走势，不选先小幅后冲顶的个股，这方面的风险是控制住了，但选出的个股非常之少，少也许是精确的表示，未必不是件好事。

"强势+不破"2，指标当启用在大盘走势自大形态起涨大阳后的第二天，再多天就选不出来了，这还是为了防范风险，的确操作起来也比较保险，选出的个股视当时的市场状况为数多少，一般情况较少，再受分时"不破前低"走势的约束，剩下的真可谓是极品了。选出买进后5

日均线助涨、支撑有效、放心持股，也就用不着空仓急着去找走高的个股追涨了。

两项选飙股指标各有所长各有所短，要求用户在选用的时候，一定要联系“个股行情四个层次”的意识，考察是否符选飙股操作的“选时”，虽然不是启用“四个层次”中的软件功能，选的又是起涨大阳后或大阳整理后，但非常需要市场强烈的做多氛围配合。而且飙股行情多发生在市场的主行情期，即在大盘走势一段像样的波段大涨中，过后即有自大形态起涨，也可能仅是短暂的回抽行情，那时的同态势个股只是轮涨，缺少大盘一定程度的支持，以轮涨心态对之，少点飙股奢望为好。

由于几项有关于选飙股的指标，不能替人顾及到当时大盘走势的状况，那么“四个层次”中哪个意识可利用指标选股？利用这些指标逢不逢时?或干脆就不应该利用这些指标选飙股操作？这些在于操作者本人，如果利用指标选的话，有可能在恰当不恰当的时候皆能选出大阳个股，因而有必要在此予以警示。

有关短线操作，什么时候都可以利用指标和功能选股操作，个股能有一日行情就值得利用、值得操作；有关波段操作，除了“补涨”层次意识，其他层次“选时”选股都是时候，都可利用指标和功能选股操作，个股有波段走势行情的机会，大可利用、大可操作；有关长线操作，把局部的“率先起动”，“同态势”意识，扩大范围到更广的趋势走势中联系，是长线走势个股选股操作的时候，那利用“四个层次”功能就不是只框局部的走势形态了，要框起周期更长的趋势走势；有关“飙股”操作，只有“同态势”这一个层次的意识，是“飙股”选时的时候，其他三个层次的意识都不可以“选时”，因为与个股走势不同步不同态、大盘走势不稳定，难能确保其个股走势飙升，或维持长一点时间，故不敢强用选“飙股”指标。

同时，在符合“同态势”意识，到了选飙股指标可利用的时候，还要务必参考大盘的走势状况，是起涨大阳就适用“强势 + 不破”2 指标；是起涨了两三天就适用“强势 + 不破”1 指标；再以上天数最好就什么也不要启用了，虽然“强势 + 不破”1 指标还能继续选出，但只给有冒险精神的人去做吧。记住一点：快进快出、看不妙赶紧跑；眼见大盘走高快要见顶了，再大胆的也不要强用了，套进去可不是闹着玩的。

还有早先设置现也保留的“发起飙升”选股指标，只针对日线走势不兼顾分时走势，虽然糙点，但能照着上几段话的要求去做不会有大的风险，也许在 1、2 指标的严格要求下被漏网的大鱼被这项指标捕到了。

还有“下打五日线”中“下打支撑”和“强势助涨”指标，“下打支撑”指昨日大阳，今早市高开下打；“强势助涨”指昨日大阳，今盘中分时出现横盘或不破前低走势，虽那是为抓强势股而设，但也适用于抓飙股。

还有“日线小形态”中的分钟线“蓄势形态”、“形态突破”可利用，针对的是波段中有一或两日整理的首次返涨的走势，设计的原意是为了介入个股波段走势的初期，是对抓自大形态起涨的一个补充，也适合于抓飙股。

以上这些指标用在选飙股上，也同样须在个股与大盘“同态势”的时期。其他如“起涨 3+1”等选股指标几乎不存在什么大的风险，因为大都抓的是起涨，而只有强势、飙升的指标是带些轻度的追涨，故此，广大投资者在利用时还须慎重从事。

打开“多”图标，点击“强势 + 不破”1 选飙股指标(图 4-7)，平时应用当选在大盘走势下调时，这时启用是看大盘走势长时间盘而不跌有上的可能。

随后出来一框(图 4-8)，系统默认分别是 2.0 和 30，于是点“确定”。

选出“强势 + 不破”1 个股的排序(图 4-9)，即使限制了涨幅 5%以上和 1%以下个股不选，也选出的较多，说明当前市道挺火。

2009 年 2 月 9 日，选择在午后选股，以防午前上涨午后下落。在查看排在 17 位的唐纲股份中发现能较长时间横盘(图 4-10)，起涨大阳后整理两天，再涨还不再给个大阳啊。

唐钢股份比大盘起涨晚上一天，虽然不是与大盘同态势起涨，但只少一天也算能挂上，“选时”也不成问题，第一次自小形态返涨，后市

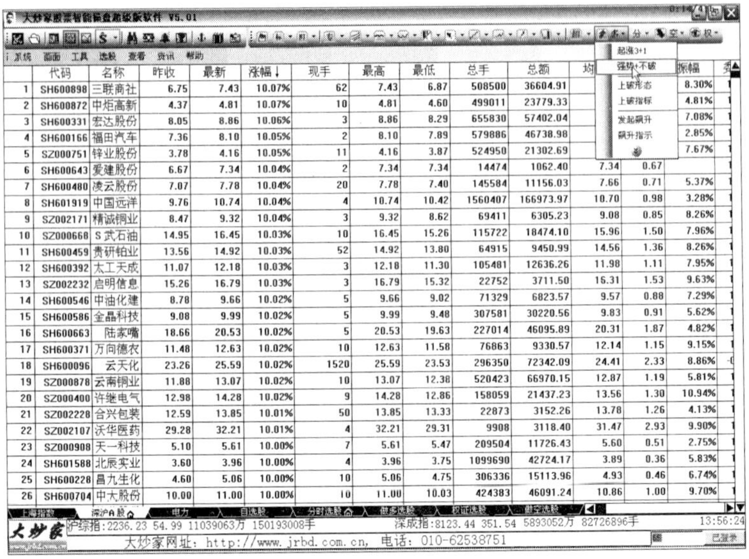

大炒家股票智能操盘超级版软件 V5.01

系统 画面 工具 选股 查看 资讯 帮助

起涨3+1
强势+不破
上破形态
上破指标
发起飙升
飙升指示

	代码	名称	昨收	最新	涨幅↓	现手	最高	最低	总手	总额	均		振幅
1	SH600898	三联商社	6.75	7.43	10.07%	62	7.43	6.87	508500	36604.91			8.30%
2	SH600872	中炬高新	4.37	4.81	10.07%	10	4.81	4.60	499011	23779.33			4.81%
3	SH600331	宏达股份	8.05	8.86	10.06%	3	8.86	8.29	655830	57402.04			7.08%
4	SH600166	福田汽车	7.36	8.10	10.05%	2	8.10	7.89	579886	46738.98			2.85%
5	SZ000751	锌业股份	3.78	4.16	10.05%	11	4.16	3.87	524950	21302.69			7.67%
6	SH600643	爱建股份	6.67	7.34	10.04%	2	7.34	7.34	14474	1062.40	7.34	0.67	
7	SH600480	凌云股份	7.07	7.78	10.04%	20	7.78	7.40	145584	11156.03	7.66	0.71	5.37%
8	SH601919	中国远洋	9.76	10.74	10.04%	4	10.74	10.42	1560407	166973.97	10.70	0.98	3.28%
9	SZ002171	精诚铜业	8.47	9.32	10.04%	3	9.32	8.62	69411	6305.23	9.08	0.85	8.26%
10	SZ000668	S 武石油	14.95	16.45	10.03%	10	16.45	15.26	115722	18474.10	15.96	1.50	7.96%
11	SH600459	贵研铂业	13.56	14.92	10.03%	52	14.92	13.80	64915	9450.99	14.56	1.36	8.26%
12	SH600392	太工天成	11.07	12.18	10.03%	3	12.18	11.30	105481	12636.26	11.98	1.11	7.95%
13	SZ002232	启明信息	15.26	16.79	10.03%	3	16.79	15.32	22752	3711.50	16.31	1.53	9.63%
14	SH600546	中油化建	8.78	9.66	10.02%	5	9.66	9.02	71329	6823.57	9.57	0.88	7.29%
15	SH600586	金晶科技	9.08	9.99	10.02%	5	9.99	9.48	307581	30220.56	9.83	0.91	5.62%
16	SH600663	陆家嘴	18.66	20.53	10.02%	5	20.53	19.63	227014	46095.89	20.31	1.87	4.82%
17	SH600371	万向德农	11.48	12.63	10.02%	10	12.63	11.58	76863	9330.57	12.14	1.15	9.15%
18	SH600096	云天化	23.26	25.59	10.02%	1520	25.59	23.53	296350	72342.09	24.41	2.33	8.86%
19	SZ000878	云南铜业	11.88	13.07	10.02%	10	13.07	12.38	520423	66970.15	12.87	1.19	5.81%
20	SZ000400	许继电气	12.98	14.28	10.02%	9	14.28	12.86	158059	21437.23	13.56	1.30	10.94%
21	SZ002228	合兴包装	12.59	13.85	10.01%	50	13.85	13.33	22873	3152.26	13.78	1.26	4.13%
22	SZ002107	沃华医药	29.28	32.21	10.01%	4	32.21	29.31	9908	3118.40	31.47	2.93	9.90%
23	SZ000908	天一科技	5.10	5.61	10.00%	7	5.61	5.47	209504	11726.43	5.60	0.51	2.75%
24	SH601588	北辰实业	3.60	3.96	10.00%	4	3.96	3.75	1099690	42724.17	3.89	0.36	5.83%
25	SH600228	昌九生化	4.60	5.06	10.00%	10	5.06	4.75	306336	15113.96	4.93	0.46	6.74%
26	SH600704	中大股份	10.00	11.00	10.00%	10	11.00	10.03	424383	46091.24	10.86	1.00	9.70%

上海指数 深沪A股 电力 自选股 分时选股 做多选股 权证选股 做空选股

大炒家 沪综指:2236.23 54.99 11039063万 150193008手 深成指:8123.44 351.54 5893052万 82726896手 13:56:24

大炒家网址：http://www.jrbd.com.cn，电话：010-62538751

图 4–7 启用“强势+不破”1 指标

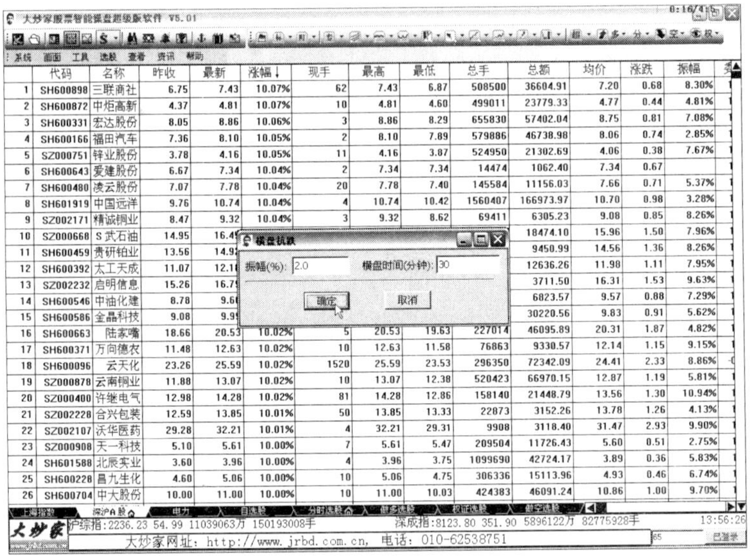

大炒家股票智能操盘超级版软件 V5.01

系统 画面 工具 选股 查看 资讯 帮助

	代码	名称	昨收	最新	涨幅↓	现手	最高	最低	总手	总额	均价	涨跌	振幅
1	SH600898	三联商社	6.75	7.43	10.07%	62	7.43	6.87	508500	36604.91	7.20	0.68	8.30%
2	SH600872	中炬高新	4.37	4.81	10.07%	10	4.81	4.60	499011	23779.33	4.77	0.44	4.81%
3	SH600331	宏达股份	8.05	8.86	10.06%	3	8.86	8.29	655830	57402.04	8.75	0.81	7.08%
4	SH600166	福田汽车	7.36	8.10	10.05%	2	8.10	7.89	579886	46738.98	8.06	0.74	2.85%
5	SZ000751	锌业股份	3.78	4.16	10.05%	11	4.16	3.87	524950	21302.69	4.06	0.38	7.67%
6	SH600643	爱建股份	6.67	7.34	10.04%	2	7.34	7.34	14474	1062.40	7.34	0.67	
7	SH600480	凌云股份	7.07	7.78	10.04%	20	7.78	7.40	145584	11156.03	7.66	0.71	5.37%
8	SH601919	中国远洋	9.76	10.74	10.04%	4	10.74	10.42	1560407	166973.97	10.70	0.98	3.28%
9	SZ002171	精诚铜业	8.47	9.32	10.04%	3	9.32	8.62	69411	6305.23	9.08	0.85	8.26%
10	SZ000668	S 武石油	14.95	16.4						18474.10	15.96	1.50	7.96%
11	SH600459	贵研铂业	13.56	14.9						9450.99	14.56	1.36	8.26%
12	SH600392	太工天成	11.07	12.1						12636.26	11.98	1.11	7.95%
13	SZ002232	启明信息	15.26	16.7						3711.50	16.31	1.53	9.63%
14	SH600546	中油化建	8.78	9.6						6823.57	9.57	0.88	7.29%
15	SH600586	金晶科技	9.08	9.9						30220.56	9.83	0.91	5.62%
16	SH600663	陆家嘴	18.66	20.53	10.02%	5	20.53	19.63	227014	46095.89	20.31	1.87	4.82%
17	SH600371	万向德农	11.48	12.63	10.02%	10	12.63	11.58	76863	9330.57	12.14	1.15	9.15%
18	SH600096	云天化	23.26	25.59	10.02%	1520	25.59	23.53	296350	72342.09	24.41	2.33	8.86%
19	SZ000878	云南铜业	11.88	13.07	10.02%	10	13.07	12.38	520423	66970.15	12.87	1.19	5.81%
20	SZ000400	许继电气	12.98	14.28	10.02%	81	14.28	12.86	158140	21448.79	13.56	1.30	10.94%
21	SZ002228	合兴包装	12.59	13.85	10.01%	50	13.85	13.33	22873	3152.26	13.78	1.26	4.13%
22	SZ002107	沃华医药	29.28	32.21	10.01%	4	32.21	29.31	9908	3118.40	31.47	2.93	9.90%
23	SZ000908	天一科技	5.10	5.61	10.00%	7	5.61	5.47	209504	11726.43	5.60	0.51	2.75%
24	SH601588	北辰实业	3.60	3.96	10.00%	4	3.96	3.75	1099690	42724.17	3.89	0.36	5.83%
25	SH600228	昌九生化	4.60	5.06	10.00%	10	5.06	4.75	306336	15113.96	4.93	0.46	6.74%
26	SH600704	中大股份	10.00	11.00	10.00%	10	11.00	10.03	424383	46091.24	10.86	1.00	9.70%

横盘抗跌

振幅(%): 2.0 横盘时间(分钟): 30

确定 取消

上海指数 深沪A股 电力 自选股 分时选股 做多选股 权证选股 做空选股

大炒家 沪综指:2236.23 54.99 11039063万 150193008手 深成指:8123.80 351.90 5896122万 82775928手 13:56:26

大炒家网址：http://www.jrbd.com.cn，电话：010-62538751

图 4–8 振幅和时间

大炒家股票智能操盘超级版软件 V5.01

系统 画面 工具 选股 查看 资讯 帮助

	代码	名称	昨收	最新	涨幅↓	现手	最高	最低	总手	总额	均价	涨跌	振幅
1	SZ000677	山东海龙	4.21	4.42	4.99%	1	4.48	4.15	419724	18005.62	4.29	0.21	7.84%
2	SH600299	蓝星新材	10.08	10.58	4.96%	97	10.58	10.16	151861	15691.08	10.33	0.50	4.17%
3	SH600141	兴发集团	15.11	15.83	4.77%	5	15.85	15.11	70708	10895.59	15.41	0.72	4.90%
4	SH600840	新湖创业	9.28	9.73	4.85%	25	9.82	9.18	116457	11078.69	9.51	0.45	6.90%
5	SZ000655	金岭矿业	15.48	16.23	4.84%	5	16.28	15.51	81936	13048.32	15.92	0.75	4.97%
6	SH600311	荣华实业	7.67	8.04	4.82%	8	8.20	7.52	411279	32379.64	7.87	0.37	8.87%
7	SH600740	山西焦化	6.25	6.55	4.80%	35	6.58	6.27	357823	22969.60	6.42	0.30	4.96%
8	SH600291	西水股份	7.93	8.31	4.79%	94	0.56	8.01	106591	8806.28	8.26	0.38	6.94%
9	SZ002181	粤传媒	7.10	7.44	4.79%	214	7.47	6.92	109856	7849.32	7.15	0.34	7.75%
10	SZ000504	赛迪传媒	3.97	4.16	4.79%	24	4.28	3.93	103627	4238.05	4.09	0.19	8.82%
11	SH600079	人福科技	5.86	6.14	4.78%	34	6.18	5.81	102741	6155.58	5.99	0.28	6.31%
12	SZ000001	深发展A	13.19	13.82	4.78%	69	14.04	13.45	312562	43139.39	13.80	0.63	4.47%
13	SZ002089	新海宜	9.64	10.10	4.77%	38	10.47	9.52	114434	11300.45	9.88	0.46	9.85%
14	SZ000416	华馨实业	4.83	5.06	4.76%	62	5.15	4.85	114604	5722.16	4.99	0.23	6.21%
15	SZ000503	海虹控股	5.67	5.94	4.76%	66	6.09	5.74	417945	24643.70	5.90	0.27	6.17%
16	SZ002233	塔牌集团	10.31	10.80	4.75%	2	10.90	10.30	89170	9488.91	10.64	0.49	5.82%
17	SZ000709	唐钢股份	5.07	5.31	4.73%	258	5.32	5.14	947974	49737.88	5.25	0.24	3.55%
18	SZ002129	中环股份	8.27	8.66	4.72%	80	8.75	8.23	68057	5791.58	8.51	0.39	6.29%
19	SZ002060	粤水电	8.12	8.50	4.68%	1	8.70	8.37	116945	9958.55	8.52	0.38	4.06%
20	SZ000897	津滨发展	3.67	3.84	4.63%	87	3.92	3.63	546136	20626.34	3.78	0.17	7.90%
21	SH600861	北京城乡	7.01	7.33	4.56%	2	7.34	6.96	154549	10990.13	7.11	0.32	5.42%
22	SZ000718	苏宁环球	6.58	6.88	4.56%	15	6.92	6.57	209829	14150.06	6.74	0.30	5.32%
23	SZ000695	滨海能源	5.27	5.51	4.55%	3	5.54	5.20	89534	4815.98	5.38	0.24	6.45%
24	SZ000900	现代投资	14.38	15.03	4.52%	11	15.09	14.51	122847	18238.70	14.85	0.65	4.03%
25	SH600436	片仔癀	23.25	24.30	4.52%	9	24.35	23.26	27479	6504.65	23.67	1.05	4.69%
26	SH600158	中体产业	6.23	6.51	4.49%	13	6.57	6.25	569566	36672.47	6.44	0.28	5.14%

上海指数 深沪A股 电力 自选股 分时选股 做多选股 权证选股 做空选股

大炒家 沪综指:2236.75 55.51 11046468万 150304000手 深成指:8125.57 353.68 5899161万 82821352手 13:56:35

大炒家网址：http://www.jrbd.com.cn，电话：010-62538751

图 4-9 选出“强势+不破”1 个股

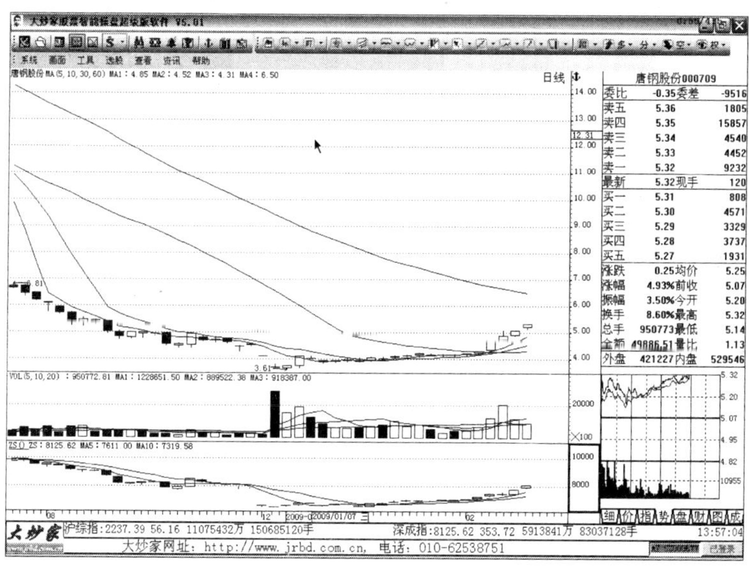

图 4-10 唐钢股份

应有波段上升空间，大盘波段走势方兴未艾，还恐该股不随之而上不成。

规律就是规律，唐钢股份又重拾起涨大阳的幅度(图 4-11)。虽然后市大盘有落，该股也曾被打下，但还是能爬起来冲过高点上涨停，长时间横盘和两日整理都有不小的功劳。

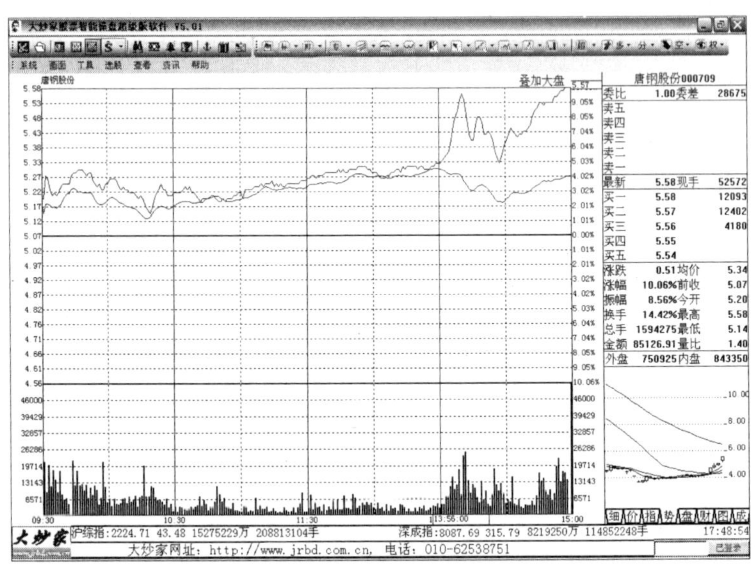

图 4-11 唐钢股份后市

次日开市就启用“波段盯盘”（图 4-12），一天下来四个红框无一翻白，一直可以安心持股到收市涨停，轻轻松松地获取了进入飙升后的一天大涨。

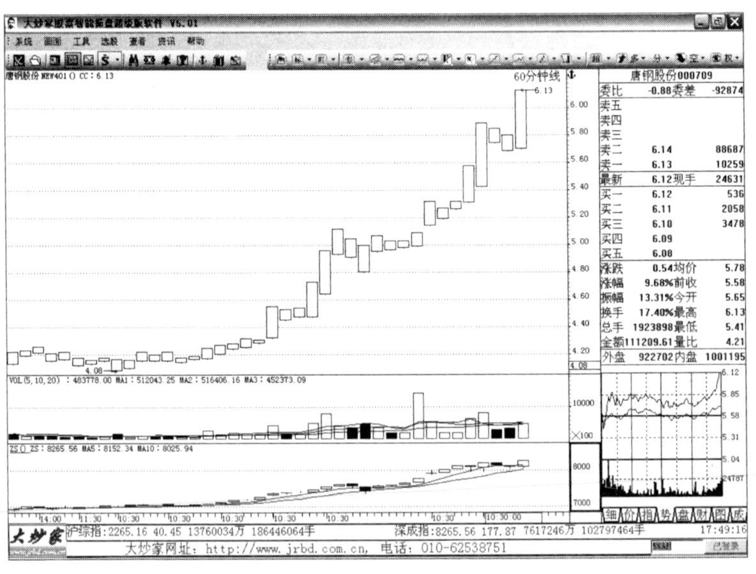

图 4-12 “60 分钟线”盯盘

下个交易日唐钢股份(图 4-13)整理，60 分钟线盯盘显红，未见翻白继续持有。

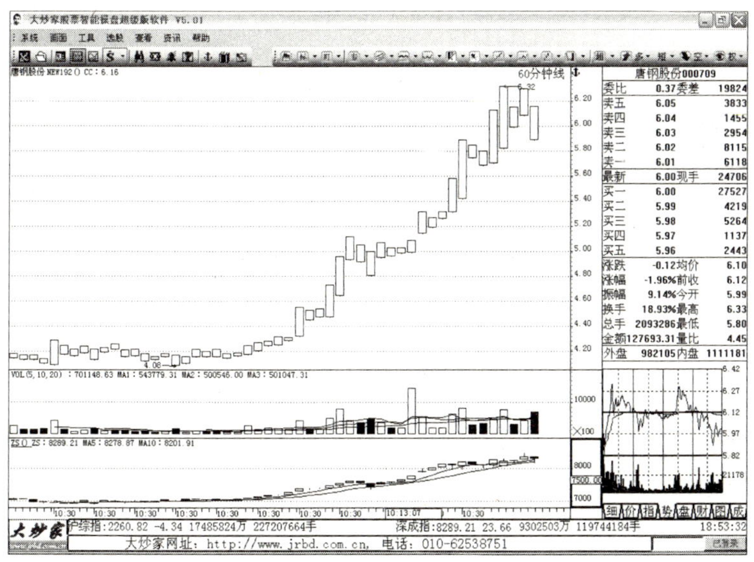

图 4-13　唐钢股份盯盘

2 月 12 日唐钢股份(图 4-14)开市不到一分钟，60 分钟线盯盘就显示出来翻白，应放弃持股当即卖出。

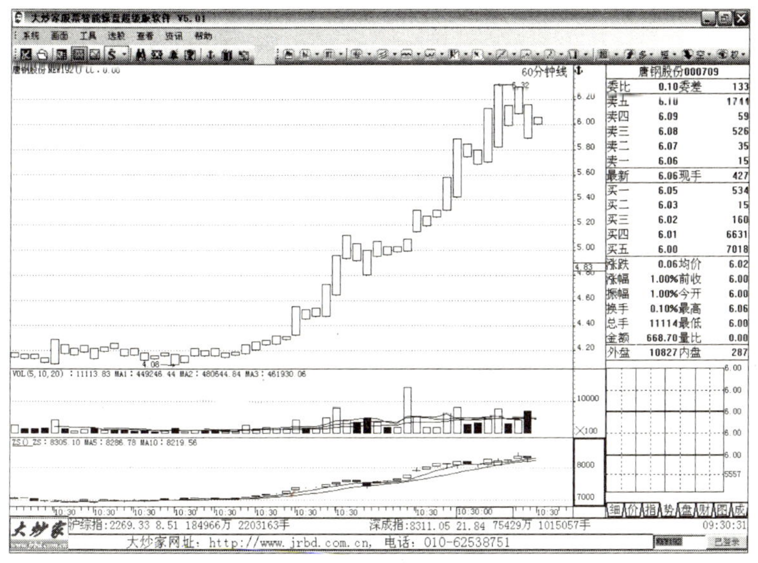

图 4-14　唐钢股份卖出

唐钢股份(图 4-15)收盘报跌 4.67%，若按日线盯盘现在也没翻白(图 4-16)，看来 60 分钟线盯盘能卖在波段的高点。持股不用焦躁地度日，为日线、分时走势的变化闹心，红框放心拿着白框狠心扔掉，就是这么简单。

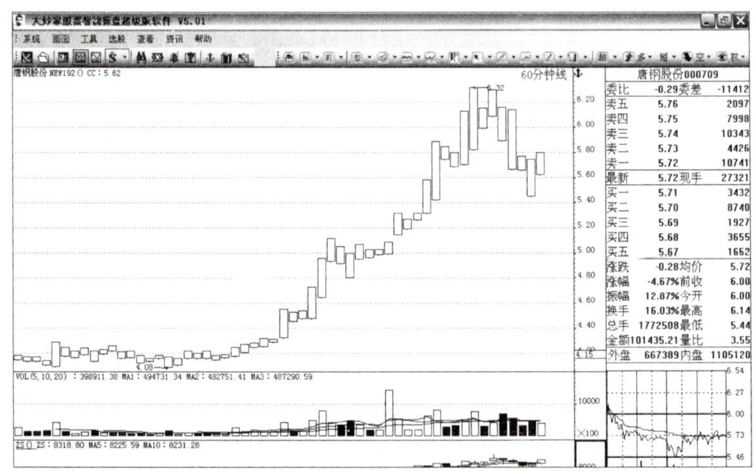

图 4-15 唐钢 60 分钟盯盘收市

图 4-16 唐钢日线盯盘

2009 年 3 月 18 日，在大盘走势上涨回落两波时，启用“下打 5 日线”图标中的“强势助涨”指标(图 4-17)，此指标专为抓昨日起涨大

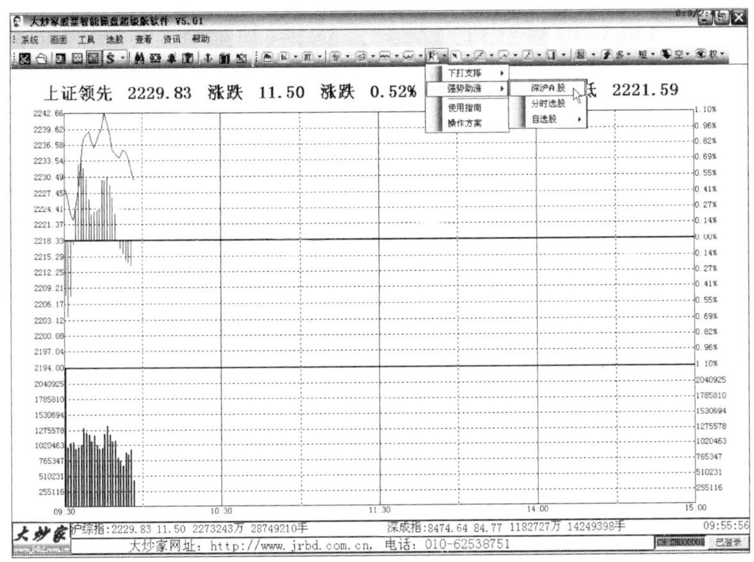

图 4-17　下打五日线之“强势助涨”指标

阳次日还可能连续大阳上涨的强势股而设，当然飙股亦更在被抓之列。

选出一些可能走出飙升行情的个股(图 4-18)，有两只已冲上涨停板，可见市场存在着产生飙股的衍生土壤。

	代码	名称	昨收	最新	涨幅↓	现手	最高	最低	总手	总额	均价	涨跌	振幅
1	SZ000953	河池化工	5.02	5.52	9.96%	1583	5.52	5.14	71653	3786.50	5.28	0.50	7.57%
2	SH600823	世茂股份	9.44	10.38	9.96%	15	10.38	9.65	58042	5900.68	10.17	0.94	7.73%
3	SH600536	中国软件	17.55	18.85	7.41%	41	19.00	17.58	25952	4757.18	18.33	1.30	8.09%
4	SZ000980	金马股份	5.60	5.98	6.79%	1	6.16	5.80	46613	2801.26	6.01	0.38	6.43%
5	[illegible]	生益科技	5.82	6.15	5.67%	152	6.26	5.89	119391	7319.29	6.13	0.33	6.36%
6	SZ002146	荣盛发展	8.15	8.60	5.52%	52	0.00	8.40	72118	6214.72	8.62	0.45	6.01%
7	SH600348	国阳新能	14.18	14.96	5.50%	57	15.10	14.52	112253	16674.38	14.85	0.78	4.83%
8	SZ002177	御银股份	12.00	12.62	5.17%	14	12.63	12.11	10823	1341.02	12.39	0.62	4.33%
9	SZ000430	S ST张股	6.05	6.35	4.96%	31	6.35	6.35	1389	88.20	6.35	0.30	
10	SH600139	ST绵高	13.85	14.53	4.91%	5	14.54	14.12	11419	1644.71	14.40	0.68	3.03%
11	SZ000034	ST 深 泰	2.90	3.04	4.83%	2	3.05	2.98	46522	1413.78	3.04	0.14	2.41%
12	SH600812	华北制药	9.59	10.05	4.80%	72	10.08	9.66	122501	12132.98	9.90	0.46	4.38%
13	SH600971	恒源煤电	18.30	19.14	4.59%	4	19.30	18.42	29926	5681.19	18.98	0.84	4.81%
14	SZ000591	桐 君 阁	6.17	6.45	4.54%	12	6.52	6.19	28010	1787.82	6.38	0.28	5.35%
15	SZ000527	美的电器	10.19	10.63	4.32%	532	10.75	10.22	68508	7239.85	10.57	0.44	5.20%
16	SH600745	ST天华	5.57	5.81	4.31%	10	5.85	5.65	13591	784.46	5.77	0.24	3.59%
17	SH601168	西部矿业	9.48	9.86	4.01%	1005	10.00	9.49	800306	78163.85	9.77	0.38	5.38%
18	SH600666	西南药业	7.20	7.48	3.89%	10	7.55	7.35	30110	2250.73	7.47	0.28	2.78%
19	SH600241	辽宁时代	7.61	7.90	3.81%	15	8.10	7.62	12537	989.12	7.89	0.29	6.31%
20	SH600997	开滦股份	16.02	16.62	3.75%	21	16.90	16.11	46524	7727.74	16.61	0.60	4.93%
21	SZ000878	云南铜业	15.26	15.82	3.67%	178	15.98	15.40	200969	31612.15	15.73	0.56	3.80%
22	SH600056	中国医药	12.60	13.06	3.65%	2	13.10	12.70	15419	1997.67	12.96	0.46	3.17%
23	SH600123	兰花科创	17.86	18.48	3.47%	228	18.51	18.00	51405	9436.13	18.36	0.62	2.86%
24	SH600120	浙江东方	5.57	5.76	3.41%	66	5.95	5.68	60861	3550.80	5.83	0.19	4.85%
25	SH600322	天房发展	4.77	4.93	3.35%	683	5.04	4.90	351496	17427.28	4.96	0.16	2.94%
26	SZ000739	普洛股份	5.74	5.92	3.14%	182	6.02	5.81	70690	4189.96	5.93	0.18	3.66%

图 4-18　选出可能走出的飙股

排在 21 位的云南铜业分时走势显示(图 4-19)，早市曾三波上扬，此时正抗跌横盘，右下日线走势显示已突破前期高点，给未来打开了上升空间，这在两市“同态势”上涨个股中较为少见。而处在相对较低位置的大盘走势自起涨后无疑不会止步，这些都给介入该股增添了很大的信心。

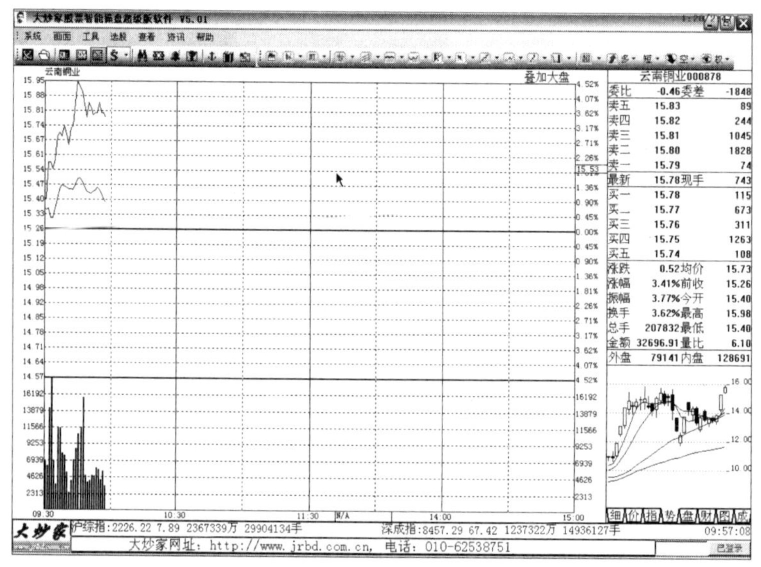

图 4-19　云南铜业

云南铜业(图 4-20)随即与大盘走势同步回升，后在盘中一直抗跌横盘，在大盘回落做完双底反弹时又拉升至涨停，尾市大盘走势跳水受到拖累略松涨板。从该股全天走势看，逢大盘回落抗跌横盘，逢大盘反弹不失时机回升，充分表现出自起涨大阳后仍强势上升的飙股风姿，这与同大盘携步整理的大多个股的走势形成了鲜明的对比。

大盘走势昨天整理今天又会怎样？对云南铜业(图 4-21)两天大涨还得有防备之心，尽管有“波段盯盘”在线监控，还须不时逢大盘下跌的时候启开看看。

该股与大盘走势大半天基本保持振荡格局，盯盘显示也一直在红着，可就在尾市竞价前几秒钟突然那根红框由红变白，之前在分时走势冲高回落的几波时还没变白。这是因为 60 分钟线盯盘系统的走势框体，

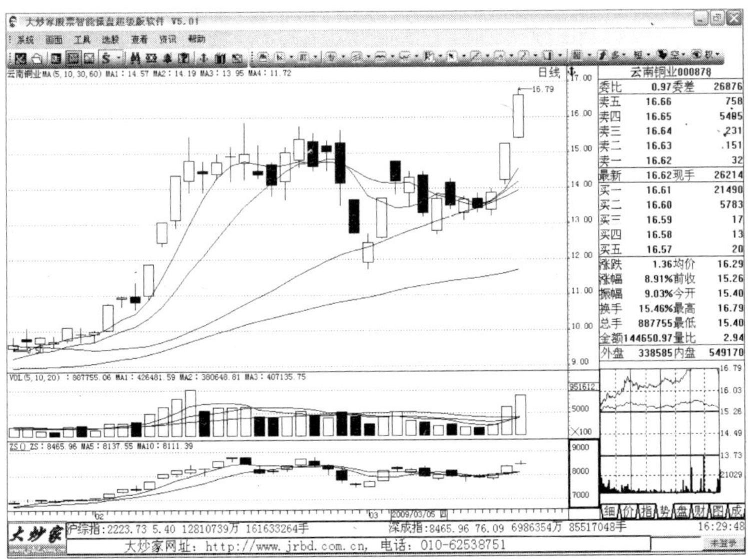

图 4-20 云南铜业后市

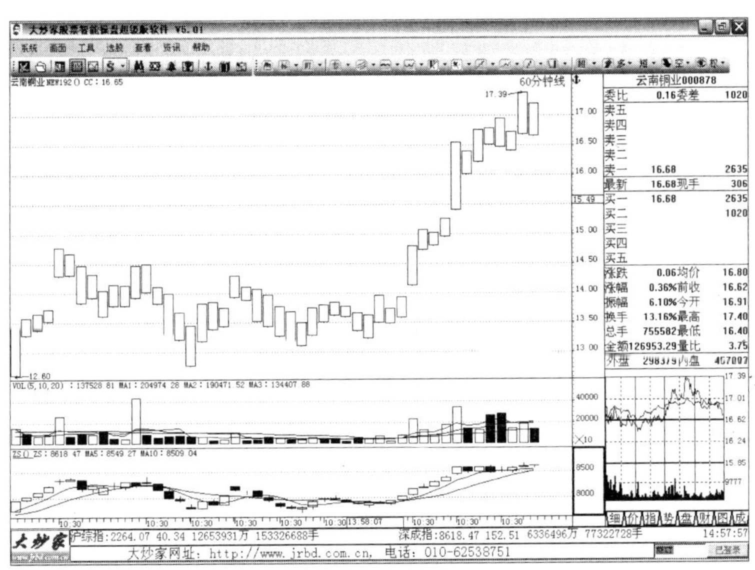

图 4-21 云南铜业盯盘

是按上涨与下跌的大小比例而随时变化的，不是起头红就一直红，之前是上涨加横盘的比例大于下跌，于是还红着，57 分 57 秒的一笔卖单把下跌的比例加大了，于是就骤然由红变白了，若是在盘中再有一笔回单买多也许又把下跌的比例缩小，使框体由白变红，可恰巧这时赶在寸劲的尾盘竞价不交易的时刻，既不能等反弹视情况再说也不能即刻卖出，都得无可奈何拖到次日处理。

由此也引来对盯盘系统(短、中线盯盘一样)出现同一时间内的框体红白有变情况的解释，本来也想找个机会给用户说明，以免应对不知所措。这似乎是个不该发生的变化，应该红就红白就白一直保持到框体限定的分钟完，过钟再变对卖出上也容易决断，但以上说过“分钟线盯盘系统的走势框体，是按上涨与下跌的大小比例而随时变化”，似乎这又是一个更合情合理的变化依据，毕竟客观上的事实就是如此。

我们设在各分钟线上的盯盘翻白，是对应在各分钟线走势的关键点位，不是变盘向上继续翻红，就是变盘向下予以翻白。而在分钟线关键点位上是有争夺的，多空有番较量，这就使得盯盘系统随之出现戏剧性的变化，有时在固定的分钟线盯盘框体内红白变换，我为此跟踪给出了一个相应的办法，即以前多次提到过的：分时走势下跌，这时盯盘系统翻白，不计较图省事就卖，因大多时候翻白卖出是对头的，盯盘是针对大概率而设定的，不能周全到百分百；如想还做得更好或遇到时红时白的秒间变化现象，可再等分时走势反弹不过前高时卖出，除了能赚点就赚点的小市民意识之外，其实还有个更大的期望就是别为“一个偶尔瞬间的变化暂时影响一个整体大的比重失衡”，也许有次较大的反弹使白变红又持续下去，就因一个闪一下的白而错失仍有的不小行情，不免令人惋惜故等片刻为好，反弹弱仍不变回红再作处置。

3 月 20 日，依据“可再等分时走势反弹不过前高时卖出”的办法，在云南铜业(图 4-22)开市后上涨每次过前高不卖，到 10 点正不过前高时卖出。

云南铜业(图 4-23)后来并没有大跌，而是经过了盘中的振荡小跌又顽强地上升涨停，从而全天带动金属板块个股的走强。

飙股的特点是强者恒强，不等大盘走势明确表现方向性改变的时候不肯收手，非得显出在一次市场行情中的霸主地位不可。为此，如果对飙股实施“波段盯盘”的 60 分钟线设定不满意，怕踏空行情，对“可再等分时走势反弹不过前高时卖出”的办法也觉得参与了人工难把握，

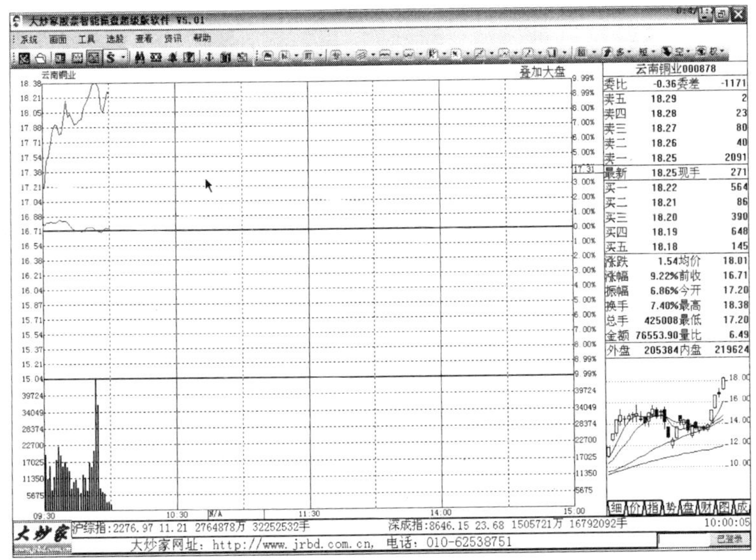

图 4-22　云南铜业卖出

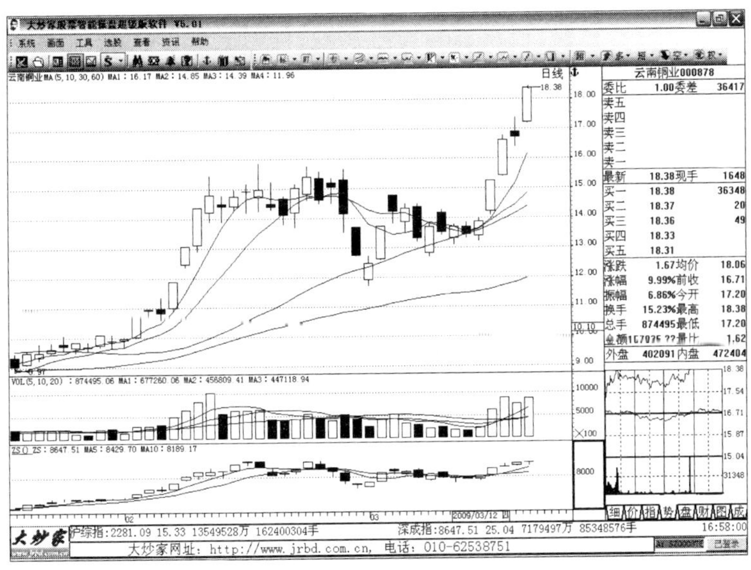

图 4-23　云南铜业收市

也可以利用日线设定盯盘卖出，那样有利的是绝对踏空不了行情，但有弊的是要等待更长的时间，才会在日线盯盘上出现翻白，想知道究竟？那么就跟着云南铜业的后期走势，看一看日线盯盘的结果是什么样。

自 2009 年 3 月 20 日之后，云南铜业在大盘走势盘整期间又继续上涨，3 月 26 日又冲出全阳，之后进入长达五日的高位盘整。4 月 2 日早市开盘后，云南铜业日线盯盘即显翻白(图 4-24)，当时分时走势处于下跌中，待反弹不过前高时再作处置。

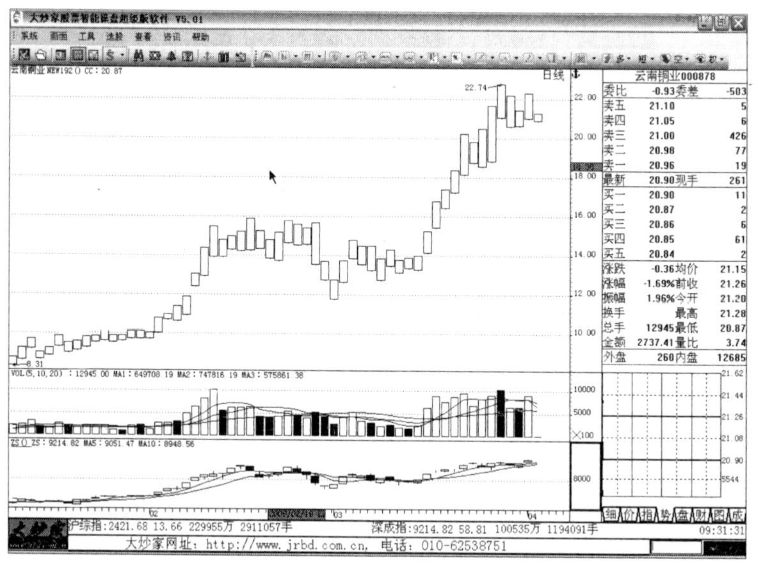

图 4-24　云南铜业日线盯盘

云南铜业(图 4-25)分时走势反弹至开盘点位弯头，大盘走势此时也正弯头，卖出该股正当时节。

云南铜业(图 4-26)后来在前日收盘线下振荡，大盘走势盘中走高也未拉动该股上涨，往日雄风不再一显颓势，而近期表现的是前期没涨该“轮涨”层次的个股集群。

该股在尾市又有拔高，但那不过是盘头上下而已，再靠在里边就有些多余了，趁是“轮涨”个股表现的时候，还是跑那边去赚些大钱吧。

日线盯盘翻白是显在波段走势头部盘局下破之时，波段行情是完整赚满了，但不利的是盘头期间熬时过长，影响赚此间其他层次个股表现的机会。60 分钟线盯盘翻白通常是显在波段走势头部的次高点，刚要进入头部盘整之时，但由于飙股在那一段时期内走强于大盘，只要大盘不坏或不赶上“层次”转换就会依然上攻，使本来原以为到头却又有上拉出一段或多或小的行情，若赶早的 60 分钟线盯盘卖出就不可避免地

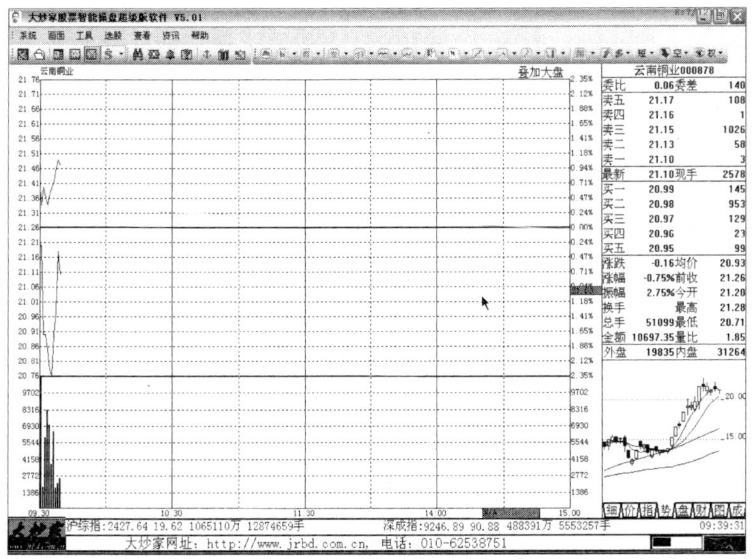

图 4-25　云南铜业卖出

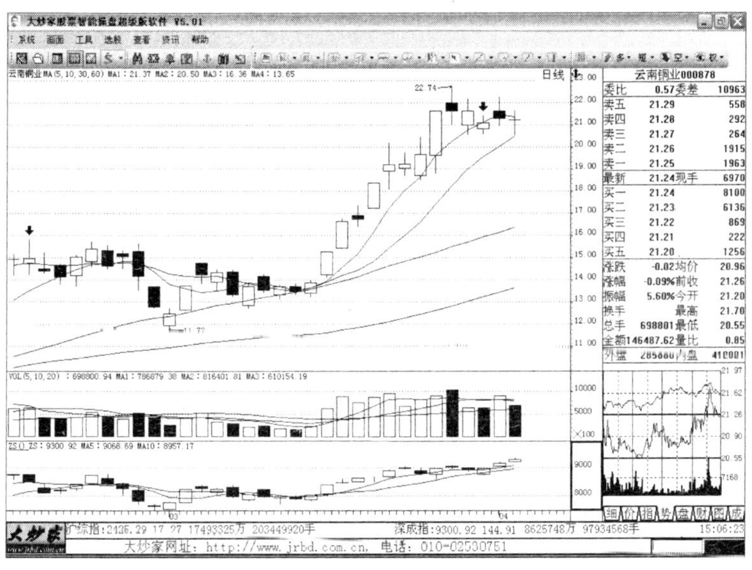

图 4-26　云南铜业后来

踏空了这段走势。因而在对待飙股持的卖出上，是利用 60 分钟线盯盘还是日线盯盘，就要看操作者或取或舍的意愿了，显然在就云南铜业本身的走势上合适启用日线盯盘，但趟在别的飙股走势上就未必是这样了，因此，两种盯盘因各有各的利弊和难以确定的未知状况，须加以酌情考虑以定。如果不怕等非要在一只飙股上赚个爆满就不啰嗦启用“日线盯盘”。

另外，还有两可之间的“头部显现”功能可以补充考虑选用，该功能介于60分钟线盯盘与日线盯盘之间，比前者出现的晚显现在波段走势头部的盘整期，既可部分避免可能出现的踏空行情，又不必等到经过更长日期的盘头下破，但由于多麻烦应用一个功能，没有盯盘系统一项就可以一路盯下来搞定省事，可实实在在也是个两全之策不妨利用。上图显现在云南铜业盘整中间的下箭头，就是点开“头部显现”功能出现的指示。

操作流程链条：

“指标、功能”选股→买入飙股→启用波段盯盘(或60分钟线改日线)→翻白卖出。

注解：利用“强势+不破1、强势+不破2、“发起飙升””，或“下打五日线”中“下打支撑”和“强势助涨”，或“日线小形态”中分钟线“蓄势形态”，或“分时选横盘”指标、功能选股。

“买入飙股”，是指从某一指标或功能选出的个股中，择优买进符合“飙股”要件的个股。

“启用‘波段盯盘’”，是指对买进飙股的持股待涨，启用“波段盯盘”功能实施监视。

“翻白卖出”，是指走势翻出白框卖出飙股，红框表示继续持有。

后　记

终于在较短的时间把内有四套终极解决方案的《完胜股市——炒作套路及操作流程》完成了，顿时有一种如释重负并有所成就的感觉。夜以继日地写作和盘中紧张地选股操作，使自己的身体消瘦眼睛红肿了许多，这次集中投入精力与隔几年才出一部作品的紧迫感无法相比，一心想早日奉送给卡在瓶颈、急待寻找突破的我的众多迪迷们。我尽心尽力了，但愿我的努力不会白费，相信将会化作广大读者和用户实际操作中的进步，交易账单上的资金不断地累积增长，也使我最在意的口碑得到多一些的称誉。

四个人工炒作的套路，四个利用软件操作的流程，具体在“长、中、短线、飙股炒作的套路”中我都尽所能地讲解如何联系“四个层次”意识，结合“选时”寻找长中短线飙股的炒作机会，以及从如何买入到怎样持股及卖出，无保留地给人工操作以全方位的指导，比“操作流程”诠释的更加细致入微，此举真的希望有人不用大炒家软件亦能炒好股票，不然何必呢？中国哪有一款股票软件能如此暴光底细(如果软件有基于正确的思想)，最好是掖着藏着少露点勾引投资者，能忽悠的越神秘越好越妙，我要是那样做会使人觉得大炒家软件的无比神化呀。

话又说过来，我是把股票的底、炒股的招都翻揭了出来，但即使有心照我教的方法套路去做，也不敢保证有几人光靠人工能操作好股票，连我本人都做不到应有的程度，况且半深不透的你们，因这里有个在操作过程中无处不在的“人无法战胜自己”的症结，会导致人工操作难以规范，最终怕使理想难能变成现实。不能不坦承人工操作缺乏计算机软件所具有的特性和优势，是个人本身任凭怎样也无法达到和做到的。因而我才发誓发狠要研发出软件，并不间断地创新优化升级指标功能以达臻精，以求尽善尽美地体现我的理念方法的真正价值，为自己轻松大赚(不止我股市)；也为寄惠于陷于股市泥潭不能自拔的弱势群体；也为一生未能爬上个高官显要，至少也应在一领域做出非凡成就不枉人世走一趟。

扬名天下不是谁人夙愿！我要争取，金钱积赚到花不完的份上就变得次要，饱暖不仅思淫欲也思追求，曾被调侃的人生理想反而会变成真实的向往，成为克己力行的最现实追求，为能追求国际金融市场的一席名位，为中华儿女争光，我愿耗尽余生心血。

既然我能把奥秘的股票操作都研究的透透彻彻，那聘来高手编软件实现明清的方法岂更不在话下，表面上人工操作在选股盲迟、持股卖出上的优柔寡断都不堪于软件自动规范化相比，隐形的因紧张在实盘中所忘却的理念意识，也许在利用相关指标功能时被唤起综合考虑，恰恰这方面的利害关系直对整个操作的成败。如果说看了“炒作套路”能一定程度地人为炒好股票，那利用大炒家软件跟随“操作流程”就能完胜股市，完美你的投资人生。

我是国内最早使用软件的那拨人(在营业部不算)，那时钱龙近一万元只收看行情。到有人看我出书劝我也出软件时自己却是排斥的，一是不懂计算机、对软件其他效能不了解，那时只是为了回家炒自在，二是也不信人工就炒不好股票，三是怕人说是为了赚钱有损名节，出书都被有的人埋汰的不轻。

可后来操作越来越觉得有些问题是人再努力也难以克服的，非得有个什么来帮助定夺或规范制约一下才好，再说选股也太费事太耽误时间了。为了实现我的想法，也为试着解除一下困惑，于是找了一家很有名的股票软件公司，不想收了材料却被婉拒了，过一阵在他们自己的软件上出了“分时横盘突破”，虽然很恼火也拿他们没办法，后又找了一家股票软件公司，因完成不了我的想法而没合作太久。这才找人加盟，天天泡在一起，面对面交待，不时地改来改去，人手不够再加人，编程中问题解决不了再高薪请高手，就这样“大炒家软件”一步一步由普及版到标准版、专业版、超级版，将来还有自动交易版，还将全球各市场只要能弄来数据全都配上“大炒家软件”，这日子已经不远了。

在研制软件中，在为测试指标功能的实盘操作中，我越发体会到计算机是个好东西，软件程序不得了，确实是人脑不如电脑，手快不如鼠标快，这当然得有好的思想作编程依据，不好的编上也没用，也许有反作用。而且我这套理念和方法最适合编软件，指标和功能都能一一地实现，随着进一步地不断细究优化反复修改再加上创新，人工操作所存在的不足不良包括手眼内心，皆能得到如愿以偿地改善，甚至有些地方可以被完全取替，就拿一个盯盘来说，彻底完好地解决了从持股到卖出炒股三大环节中，两大环节最不容易把握做到好处的大难题，这是个多么了不起的作用呵！何况还有“起涨 3+1”、“飙股指标”、“四个层次”、“分时选横盘”功能等等，简直是点到擒来不费吹灰之力，我为之欣喜兴奋，我要通过软件把欣喜传递给我广大的读者和与我有缘相识的人，让他们都兴奋。我感谢软件帮助完成了我“帮人帮到底”的心愿，仅通过书或其他方式恐难办到，谁做不到就会质疑我理念方法的不是，我岂不是好心赚个驴肝肺。

就是这样，还可能有人会把上述当成是忽悠，那也没有办法，我也不能为只管排斥不认事实不认理的人而放弃，我为自己的良心而做，为大多数相信我的迪迷们而做，无愧无悔，相信所有使用大炒家软件的用户学用适应以后，也会像当初看我的书一样看我的软件，来确认对我的为人、对我的人品没走了眼。

人工炒股欠善炒家软件补全无谓信与不信诚心货真无虚

国人炒股上亿奢赚小小比例钱没花完何必英名留世儿男

撰写《完胜股市——炒作套路及操作流程》期间赶上可操作的实战案例实在有限，更多更精彩的实例待今后有机会遇着选做加以补充，付梓印刷和再版时会增多一些应时案例。或请到网站首页“软件指标应用案例”和“软件实战视频”中浏览更新的页面。

吴迪作品

《大炒家》(图书)　定价：48.00 元

《大师秘笈》(图书)　定价：30.00 元

《完胜股市——炒作套路及操作流程》(图书)　定价：30.00 元

《大师秘笈》(VCD)　定价：980.00 元

《大炒家》(软件)　定价：3800.00 元

公司：北京融软创鑫科技发展有限公司

地址：北京市海淀区苏州街 49-3 号盈智大厦 507 室

电话：(010) 62538751、(010) 62578713

网址：www.jrbd.com.cn

信箱：jrbd@163.com

舵手书店

地址：北京丰台北大地 100071-93 信箱 301 号

网址：www.zqbooks.com

电话：(010)63838440、63897439

QQ：361340833、734519135